Kurze Geschichte
Judentum

Micha Brumlik, geb. 1947, lehrte nach Assistenzjahren in Göttingen, Hamburg und Mainz Erziehungswissenschaften mit dem Schwerpunkt Sozialpädagogik an der Ruprecht-Karls-Universität Heidelberg. Seit dem Jahr 2000 lehrt er Allgemeine Erziehungswissenschaft mit dem Schwerpunkt »Theorien der Bildung und Erziehung« an der Johann Wolfgang Goethe Universität Frankfurt, wo er von 2000 bis 2005 zugleich Direktor des »Fritz Bauer Instituts, Studien- und Dokumentationszentrum zur Geschichte und Wirkung des Holocaust« war.

© 2009 Verlagshaus Jacoby & Stuart, Berlin
Alle Rechte vorbehalten
Layout und Gestaltung: typocepta, Wilhelm Schäfer, Köln
Satz aus der Myriad und der Proforma
Printed in Italy

ISBN 978-3-941087-53-8

www.jacobystuart.de

Micha Brumlik

KURZE
GESCHICHTE
JUDENTUM

Verlagshaus Jacoby 🏠 Stuart

Inhalt

Kurze Vorrede

Das Judentum – eine von der Religion geprägte Traditionsgemeinschaft

Wer als Nichtjude heute mit dem Begriff Judentum konfrontiert wird, denkt spontan zuerst an die Israeliten des Alten Testaments, an den Staat Israel im Nahostkonflikt oder an den Holocaust – und damit in keinem Fall an das, was die Gemeinschaft der Juden in aller Welt ausmacht.

Rabbinen werden im Unterschied zu den Rabbinern oder Rabbis, die für die Juden so etwas sind wie die Pfarrer für die Christen, die großen jüdischen Gelehrten der Geschichte genannt.

Das Judentum, wie es sich heute als Religionsgemeinschaft in seinen unterschiedlichen religiösen Strömungen von ultraorthodox bis liberal und als Traditionsgemeinschaft darstellt, ist nicht die Religion des Alten Testaments – denn dieses besitzen die Juden mit den Christen und einigen kleineren Glaubensgemeinschaften wie den Samaritanern und Karäern gemeinsam. Nein, das Judentum in all seinen Schattierungen ist die Schöpfung der zur Zeit der römischen Soldatenkaiser wirkenden rabbinischen Autoritäten. Diese Rabbinen haben ihre Sicht der Tora – der göttlichen Weisung – in kalendarischer Normierung und Steuervorschriften, in Heirats- und Konversionsregeln festgelegt und durch Missionare und Bevollmächtigte verbreitet. Das heutige Judentum ist also nicht die Religion der historisch nicht nachweisbaren biblischen Patriarchen oder der historisch nur schwach belegten Könige Israels und Judas. Das heutige Judentum ist schließlich auch nicht jene – nun historisch sehr viel besser belegte – Religion, die die persischen Hofbeamten Esra und Nehemia als monotheistischen Tempelkult im fünften Jahrhundert in Jerusalem

Die Tora (oder Thora) ist das heilige Buch der Juden. Sie entspricht dem Pentateuch (fünf Bücher), das heißt den fünf Büchern Mose im Alten Testament.

gründeten, also jene Religion, auf deren prophetische Texte sich um die Zeit des Kaisers Augustus die unterschiedlichen

Sekten der Sadduzäer, Pharisäer, Essener, Zeloten, Jesusanhänger und Gnostiker ebenso beriefen wie jene asketisch lebenden Einsiedler im griechischen Ägypten, die sich Therapeuten nannten.

Das Judentum in all seinen heutigen Formen ist eine historisch vergleichsweise junge Religion, die ihre definitive Gestalt im frühen dritten Jahrhundert christlicher Zeitrechnung erlangt hat: in der Abgrenzung gegen verschiedene Gruppen von Jesusanhängern und Gnostikern, in der durchaus nicht immer von Feinschaft geprägten Auseinandersetzung mit dem römischen Imperium und nicht zuletzt unter dem Einfluss der griechischen Philosophie. Dieses Judentum war ein in die Sprache des biblischen Glaubens gekleidetes System von ethisch und ethnisch gebundenen Lebensregeln, das sich in seinem menschheitlichen Universalismus von der stoischen Philosophie der herrschenden Schicht Roms nur wenig unterschied. Wie die Stoiker vertraten die Juden aufgrund bitterer historischer Erfahrungen einen politischen Quietismus, waren aber gleichwohl – anders als das Christentum des Augustinus – nicht bereit, deshalb die moralische Verantwortlichkeit der einzelnen Juden, der einzelnen Menschen, zugunsten der Unterwerfung unter die unerfindliche Gnade Gottes preiszugeben.

Die Juden waren und sind demnach eine von einer gemeinsamen – religiös begründeten – Ethik geprägte Gemeinschaft, kein »Volk« im Sinne des modernen Nationalismus, auf den die Juden gleichwohl mit der nationalen Idee des Zionismus reagiert haben, und erst recht keine »Rasse«, wie der pseudobiologische Antisemitismus behauptete.

Eine – vor allem kurze – Geschichte dieses Judentums zu schreiben, ist sowohl angesichts der Sache als auch angesichts der Fülle der seit etwa einhundertundfünfzig Jahren angesammelten Forschungsergebnisse eigentlich unmöglich. Um der gestellten Aufgabe auch nur annähernd entsprechen zu können, waren eine Reihe grundlegender Entscheidungen zu treffen. Anders als in Betrachtungsweisen, bei denen die Geschichte des Judentums mit dem antiken Israel seit Abraham und Sarah beginnt, setzt die vorliegende Darstellung erst mit

Schriften aus dem sechsten Jahrhundert v. Chr. ein, in denen erstmals der Begriff »Jude« erwähnt wird. Weiterhin war es nicht möglich, auf die große Vielfalt jüdischer Regionalgeschichten einzugehen. Wer daran interessiert ist, hierfür ein tiefenschärferes Bild zu bekommen, sei auf das von E.-V. Kotowski u.a. herausgegebene vorzügliche *Handbuch zur Geschichte der Juden Europas* (2001) verwiesen. Ebenso wurde, und nicht nur wegen der Ungeheuerlichkeit des Themas, die Geschichte des Holocaust weitgehend ausgespart. Denn es lässt sich mit guten Gründen darüber streiten, ob dieses Menschheitsverbrechen wirklich Teil einer Geschichte der Juden ist oder nicht vielmehr Teil der Geschichte jener Gruppen und Nationen, die das Verbrechen arbeitsteilig begangen haben. Auch war die Geschichte des Nahost-, des Palästinakonflikts weitgehend auszuklammern. In diesem Falle weniger aus Kapazitätsgründen als aus der Annahme heraus, dass ein auch die unmittelbare Gegenwart politisch umtreibendes Thema dem Autor nicht jene Distanz lässt, die eine historische Darstellung fordert. Daher endet die hier behandelte Geschichte des Zionismus mit der »zweiten Gründung des Staates Israel« (T. Segev) im Juni 1967 und der jüdischen Besiedlung des Westjordanlandes. Wer an der politischen Perspektive des Autors auf diesen Konflikt interessiert ist, dem sei sein Buch *Kritik des Zionismus* (2007) empfohlen.

Endlich konnte auch das, worum es eigentlich gehen musste, nämlich die theologische und kulturelle Kreativität der Juden, nur in groben Zügen dargestellt werden – wo ich auf sie eingehe, tue ich das dort, wo ich sie selbst gut kenne: im Bereich des deutsch-jüdischen Denkens, das auch nach Ansicht außenstehender Beobachter die jüdische Moderne insgesamt wie kein anderes geprägt hat. Was nach der Ausklammerung der genannten Themen bleibt, ist dies: Die Erzählung von den

Die Menora, der siebenarmige Leuchter, ist das bekannteste Symbol des Judentums. Diese ist dem Leuchter im 70 n. Chr. zerstörten Tempel in Jerusalem nachgebildet.

Juden als einer seit der griechisch-römischen Antike vor allem durch ihre Religion geprägten Gruppe, die wesentliche Abschnitte ihrer Geschichte im christlichen Abendland durchlebte, die als historisch wirkungsmächtige Gruppe die Kultur Europas in großem Maße beeinflusst hat und ihrerseits von der europäischen Kultur nachhaltig geprägt wurde – bis in die letzten Einzelheiten ihres religiösen, kulturellen und politischen Selbstverständnisses hinein.

Die enge Verbindung des Judentums mit der Kultur Europas hat gleichwohl nicht verhindern können, dass die Geschichte des europäischen Judentums im »Zeitalter der Extreme« (E. Hobsbawm) in eine Katastrophe mündete. Das neunzehnte und zwanzigste Jahrhundert, also das Zeitalter des – auch jüdischen – Nationalismus, des Antisemitismus und der verschiedenen Spielarten des Sozialismus – in denen sich auch Juden vielfach engagierten – endete für die Juden Europas, anders als für die Nordamerikas, mit der Ermordung der meisten von ihnen in der Schoah, im Holocaust. Endete vorläufig, wage ich zu behaupten.

Wie sich das Judentum in einer postnationalen, postzionistischen Konstellation in Deutschland, Europa und der globalisierten Welt entwickeln wird, das werden spätere Historiographen beschreiben.

An den Wassern von Babylon

Die Entstehung des jüdischen Monotheismus

Die historisch dokumentierte Geschichte der Juden beginnt
mit der Nennung ihres Namens. Dieser Name, »Jehudim« oder
griechisch »Iudaioi«, findet sich in einigen eher späten biblischen Schriften sowie auf einigen außerbiblischen archäologi-
schen Zeugnissen, vor allem auf Münzen. Der Name selbst bezieht sich auf eine Provinz des persischen Reiches, auf »Jehud«
beziehungsweise auf eine ansonsten unbekannte kleine Stadt
im Siedlungsgebiet des Stammes Dan. Die biblischen Bücher,
in denen sich dieser Name – im Unterschied etwa zu »Israel«
oder »Haus Jakobs« – findet, sind das Prophetenbuch des Jere-
mias, das Zweite Buch Könige, die Bücher Esra und Nehemia
sowie das Buch Ester – alles Bücher, die bereits das Ende des
kleinen Königreichs Juda, die Zeit des babylonischen Exils,
die Rückkehr aus diesem Exil sowie Begebenheiten aus dem
späteren persischen Exil kennen. Diese biblischen Bücher
umspannen den Zeitraum vom Jahr 587 v. Chr., als der babylonische König Nebukadnezar Jerusalem eroberte, den ersten,
den sogenannten salomonischen Tempel zerstörte und nach
einem von den Assyrern übernommenen Brauch die führenden Schichten des Landes in die Verbannung ins Kernland
seines Reichs, nach Babylon, führte, bis zum Jahr 538 v. Chr.,
als der persische Großkönig Artaxerxes ein Edikt erließ, das
es den Exilierten gestattete, nach Jerusalem zurückzukehren.
Ein Jahr nach dem Edikt des Artaxerxes wurde der Grundstein
des zweiten Tempels gelegt, und wahrscheinlich 520 v. Chr.
wurde der Bau beendet und eingeweiht. Im fünften Jahrhundert v. Chr. – im Westen hatten soeben die Griechen den Angriff der Perser erfolgreich abgewehrt – begründeten zwei am
persischen Hof ausgebildete Männer, Esra und Nehemia – Esra
ein Priester und Nehemia ein Hofbeamter – die Religion und

politische Verfassung der kleinen Satrapie um Jerusalem, die im Rahmen des persischen Reiches eine begrenzte Autonomie genoss, ohne indes politisch unabhängig zu sein. Davon zeugen in der Mitte des fünften Jahrhunderts geprägte Münzen. Andererseits beweisen das biblische Buch Ester und Papyri aus einer ägyptischen Militärkolonie sowie Tontäfelchen aus Babylon, dass Juden um dieselbe Zeit als »Juden« auch außerhalb der persischern Satrapie »Jehud« eine bekannte und wohlsituierte Gruppe darstellten. Die biblischen Bücher Jeremia, 2 Könige, Esra und Nehemia sowie Ester wurden aller Wahrscheinlichkeit nach im vierten oder dritten Jahrhundert vor der Zeitrechnung auf der Basis älterer Quellen verfasst – mit Ausnahme des prophetischen Buches Jeremia, von dem man annehmen kann, dass es tatsächlich zweihundertundfünfzig Jahre früher, zu Beginn des sechsten Jahrhunderts vor der christlichen Zeitrechnung, verfasst wurde. Hält man sich daran, dann wird der Begriff »Juden« erstmals von Jeremia erwähnt – anlässlich eines heftigen Wortwechsels, den der letzte König von Juda, Zidkija, im belagerten Jerusalem mit Jeremia führte. Zidkija, der mit Jeremia in Streit geraten war, weil dieser jeden weiteren militärischen Widerstand gegen die militärisch übermächtigen Babylonier für sinnlos hielt, hielt dem Propheten entgegen: »*Ich habe Angst vor den Juden, die zu den Chaldäern* [Babyloniern] *übergelaufen sind, dass man mich ihrer Gewalt preisgibt und sie ihren Mutwillen an mir auslassen.*« (Jeremia 38, 19)

Älter als der Name der Juden ist der der Landschaft **Juda**. Er bezeichnet in der biblischen Überlieferung die Landschaft um Jerusalem. Als David Jerusalem von den Kanaanitern eroberte und zu seiner Hauptstadt machte, begründete er das Königreich Juda, das bis zur endgültigen Eroberung durch die Babylonier 587 v. Chr. exisitierte.

Der Eintritt der Juden als »Juden« in die Geschichte vollzieht sich in einem Zeitraum von mehr als zweihundert Jahren: Zwischen der Zerstörung des ersten Tempels im Jahr 587 v. Chr. und dem nachexilischen Erlass, demzufolge alle männlichen Angehörigen der israelitischen Stämme, die in Israel zurückgeblieben waren, sich aus religiösen Gründen von Frauen, die anderen Völkern angehörten, trennen sollten.

Die biblischen Zeugnisse berichten somit von einer etwa einhundertundfünfzig Jahre währenden »Ethnogenese« der Juden. In diesem Zeitraum entstanden eine Ethnie und eine

Religion, die sich zwar sehr wesentlich auf die Überlieferungen und Glaubensbücher des ältesten Israel und der Könige von Juda stützen konnten, aber dennoch insofern als neu zu betrachten sind, als sie ohne die Erfahrungen der kleinen exilierten israelitischen Oberschicht in Babylon nicht zu denken sind.

Die jüdische Religion entstand also weder in Israel noch in Juda, sondern am babylonischen Hof; und während die Wiedererrichtung des Tempels ein Wiederanknüpfen an die Vergangenheit der mythischen Könige David und Salomon suggerierte, stellte Esras Trennungsedikt doch etwas anderes dar: die Neugründung der Gemeinschaft der Juden auf der Basis göttlicher Weisung, die wiederum von einem Nichtjuden, dem persischen König Artaxerxes, befohlen worden war. Es war Artaxerxes, der Esra, einen aus vornehmer priesterlicher Familie stammenden Schreiber, anwies, all jene Abkömmlinge exilierter Familien, die nach Jerusalem und Juda zurückkehren wollten, anzuführen: *»Du aber Esra«*, so lautete die Vollmacht, die der König Esra ausstellte, *»bestelle nach der Weisheit des Gottes, die du besitzt, Schreiber und Richter, dass sie dem ganzen Volk jenseits des Stroms Recht sprechen, allen, die das Gesetz deines Gottes kennen. Wer es aber nicht kennt, den sollt ihr belehren! Über jeden, der das Gesetz deines Gottes und das Gesetz des Königs nicht pünktlich beobachtet, soll schnell ein Urteil gefällt werden, sei es zum Tode, zur Verbannung, zu Geldstrafe oder Gefängnis.«* (Esra 7, 25–26)

Artaxerxes hatte den Gott Israels mit dem ihm bekannten Himmelsgott identifiziert, so wie umgekehrt nicht wenige exilierte Judäer den ihnen bekannten Gott JHWH im Licht von Gestalten und Formen der babylonisch-persischen Götterwelt neu erfuhren. Die alttestamentliche Bibelwissenschaft geht jedenfalls davon aus, dass wesentliche Teile der Tora, der fünf Bücher Mose im babylonischen Exil entstanden sind. Zumal das Buch Genesis mit seinen anthropomorphen Vorstellungen eines allmächtigen, mit der Technik eines Töpfers wirkenden Schöpfergottes, der wie

Das Tetragramm, das heißt die vier Buchstaben JHWH, ist die hebräische Schreibweise des Gottesnamens. Da im Hebräischen keine Vokale geschrieben werden, ist die übliche Transkription als »Jahweh« nicht gesichert, kommt der Aussprache jedoch sicher näher als das früher verbreitete »Jehowa«. Im jüdischen Schrifttum wird der Gottesname oft entweder vermieden oder in Großbuchstaben als Tetragramm wiedergegeben.

ein absoluter orientalischer Herrscher allein durch seine Anweisungen eine Welt in die Existenz rufen kann, zeugt von der babylonischen Vorstellungswelt, ebenso wie die Schlange, die Adam und Eva versuchen sollte. In Babylon oder später in Jerusalem entstanden während dieses Zeitraums zudem die Prophetenbücher *Maleachi* und *Obdaja*, womöglich die Weisheitsbücher *Hiobs* und das *Buch der Sprüche*, die Liebesdichtung des *Hohen Lieds* sowie die theologische Novelle Rut, die eine Kritik an Esras Scheidungsedikt enthält.

Im Buch Rut wird das heilsgeschichtliche Lob einer frommen Moabiterin gesungen, die sich ohne Wenn und Aber zu ihrer jüdischen Schwiegermutter bekennt. Damit löst sich die entstehende jüdische Religion von der Eingrenzung auf eine stammesbezogene Herkunft und proklamiert den in dieser Religion verehrten Gott Israels ganz im Einklang mit den großen Propheten als den Gott aller Menschen. Neben diesem Universalismus ist es vor allem die Erfahrung des Exils, die die jüdische Religion schon früh prägt. Manche Psalmen, vor allem Psalm 137, berichten in stark stilisierter Weise vom Heimweh nach Zion und von einer Verbannung, die zugleich als Entfremdung von Gott erfahren wird. Babylonische Erfahrungen artikuliert auch der Prophet Jeremia, der zu denen gehörte, die von Jerusalem nach Babylon zogen, und der die wichtigste Schlüsselfigur des universalistischen Judentums der Diaspora ist. Zu den Exilierten gehörte auch Ezechiel, dem die entstehende jüdische Religion visionäre Ausblicke auf Gott und sein himmlisches Königreich sowie den Gedanken einer Aufer-

Modell des Ischtar-Tors in Babylon (Berlin), so wie es zur Zeit des babylonischen Exils stand

stehung der Toten verdankt. Das Buch Rut allerdings nennt als erstes biblisches Buch Gott den »*Gott der Lebenden und der Toten.*« (Rut 2, 20)

Das Judentum, das im Perserreich der Ächämeniden unter Bezug auf altisraelitische Traditionen von einer Gruppe um die persischen Hofbeamten Esra und Nehemia gegründet wurde, hatte im Tempelkult in Jerusalem ein Zentrum. Neu und ungewöhnlich daran war die Exklusivität dieses Kultes. Dass Götter und Göttinnen in der Antike in zentralen Heiligtümern verehrt wurden, war nichts Außergewöhnliches: Artemis im Tempel zu Ephesus, Zeus in Dodona, Apollon in Olympia oder der ägyptische Sonnengott Re in Memphis. Neu und außergewöhnlich war, dass die Bekenner des in Jerusalem verehrten JHWH ihn und nur ihn anbeteten, ihm und nur ihm opferten. Damit wiederholten sie in gewisser Weise ein einige Jahrhunderte zuvor im Pharaonenreich gescheitertes Experiment – den Versuch des jungen Pharao Amenophis IV., der sich in Echnaton umbenannte, als er auf Kosten der Verbannung und Auslöschung aller anderen Mitglieder des ägyptischen Pantheons nur noch den Sonnengott Aton gelten ließ. Dieses nach einigen Jahren unter heftigen Konflikten mit den Priesterschaften anderer Gottheiten blutig gescheiterte Experiment gilt spätestens seit Sigmund Freuds letzter Schrift, »*Der Mann Moses und die Entstehung des Monotheismus*«, als heimlicher Vorläufer des jüdischen Monotheismus, ohne dass dafür wirklich überzeugende Beweise vorgelegt werden konnten – sieht man von dem Umstand ab, dass die biblischen Schriften tatsächlich Moses als jemanden beschreiben, der am Pharaonenhof groß geworden ist.

Die biblischen Schriften dokumentieren zwar gut die Entstehung des Ein-Gott-Glaubens in den beiden Staaten des alten Israel im Rahmen einer gegen vielfältigen Widerstand durchgesetzten Zentralisation des Kults; hinsichtlich der Frage, ob die Existenz anderer Götter zwar eingeräumt wurde, die Ehre indes nur JHWH zukam oder ob die Existenz anderer Götter überhaupt verneint wurde, ergeben sie kein klares Bild. Doch so oder so: Ob nur anderen Göttern der Respekt verweigert oder grundsätzlich ihre Existenz bestritten wurde – beides ließ die Anhänger JHWHs in der ganz und gar polytheistischen Alten Welt als »gottlos« erscheinen. Vieles spricht dafür, dass die Vollendung des Monotheismus, also die Annahme, dass nicht nur ein Gott verehrungswürdig sei, sondern dass es überhaupt nur einen Gott gebe, im babylonischen Exil entstanden ist. Erst dieser – wenn man so will – systematische, theologische oder auch philosophische Monotheismus ist es, der die Neuartigkeit und Eigentümlichkeit der jüdischen Religion ausmachte. Und nur dadurch, dass diese außerhalb des Landes Israel entstandene Religion im Rahmen der persischen Großmachtpolitik ein eigenes Kultzentrum erhielt, in dem genau dieser Gott verehrt wurde, und zwar in dem kleinen Vasallenstaat Jehud oder Judäa, entstand die für das Judentum charakteristische Spannung zwischen Universalismus und Partikularismus, von diasporischer Existenz und dem Streben nach einer geographisch-religiösen Heimat.

Gleichzeitig mit der historischen Konstitution des Judentums tritt auch das erste Mal politisch organisierter Judenhass, ja ein geradezu eliminatorischer Antisemitismus auf. Das Buch Ester, das Begebenheiten aus der Zeit und am Hof des Artaxerxes schildert, berichtet von dem königlichen Wesir Haman, der die Juden im persischen Reich ausrotten wollte:

»»*Es gibt ein Volk‹« so der Wesir zu seinem König, ›das zerstreut und abgesondert unter den Völkern in allen Provinzen deines Reiches lebt. Ihre Gesetze unterscheiden sich von jedem Volk, und die königlichen Verordnungen beobachten sie nicht. Deshalb ist es nicht angemessen für den König, sie in Ruhe zu lassen. Wenn es dem König gefällt, soll man ein Schriftstück abfassen, sie auszurotten.‹«* (Ester 3, 8–9)

Der König verfasste dieses Edikt, das ausdrücklich vorsah, dass alle Juden, einschließlich ihrer Frauen und Kinder, mit dem Schwert ausgerottet werden sollten, damit »*die Staatsgeschäfte ständig wohlgeordnet und unerschüttert bleiben.*« (Ester 3, 13) Dank der jüdischen Gemahlin des Artaxerxes, Ester, konnte dieser geplante erste Verwaltungsmord der Weltgeschichte mit der Folge vereitelt werden, dass Haman und seine Anhänger aufgehängt und umgebracht wurden. Als was, so ist abschließend zu fragen, wurden die »Jehudim«, die da im ganzen(!) Reich des Artaxerxes (also immerhin von Anatolien bis zur Ostgrenze des heutigen Afghanistan) lebten, wahrgenommen? Und wie verstanden sie sich selbst? Das Buch Ester spricht von »Volk« – in der hebräischen Fassung *Am*, in der griechischen *Ethnos*. Handelte es sich um eine bestimmte, von der persischen Staatsreligion abweichende Kultform? Um eine abgegrenzte Sprach- oder gar um eine Siedlungsgemeinschaft? Das Buch Ester, gewiss keine hundertprozentig zuverlässige historische Quelle, geht davon aus, dass die Juden zerstreut lebten, dass sie demnach keine Siedlungsgemeinschaft darstellten, aber gleichwohl eigenen, abweichenden Gesetzen folgten – von Glaube und Kult ist hier nicht die Rede; Stein des Anstoßes waren »eigene Gesetze«. Welche königlichen Gesetze die »Jehudim« angeblich nicht beachtet hatten, lässt sich heute nicht mehr klären.

Das Gründungszeitalter des Judentums endet mit der Eroberung des persischen Reiches durch den makedonischen König Alexander den Großen. Vor seiner Eroberung des geschwächten und überdehnten persischen Reiches entstehen in Jerusalem wahrscheinlich die Bücher *Chronik*, die Bücher Esra und Nehemia, die Prophetenbücher *Joel* und *Sacharja* sowie die erbaulichen Bücher *Jona* und *Tobit*. Als letzten Propheten führt

Dieser in glasierten Ziegeln skulpierte Löwe aus Babylon symbolisiert Macht und Stärke. In diesem Sinn ist der Löwe auch in die biblische Emblematik eingegangen.

der jüdische, der sogenannte masoretische Bibelkanon den Propheten Maleachi auf.

Er polemisiert gegen die Priesterschaft des Tempels und beschwört einen Tag Gottes, der die Gottlosen bestrafen wird. Viele Ausleger deuten Maleachis Eifer wider den Gräuel, der in der Freiung der »Tochter eines fremden Gottes« bzw. in der Scheidung von der Frau der eigenen Jugend bestehe, sozialgeschichtlich als Wiederaufnahme von Esras Polemik gegen »Mischehen«. Dabei geht es immer um die Gefährdung des Glaubens durch Ehepartner, die zu anderen Göttern beten. Indes hatten schon andere Propheten das Verhältnis Gottes zu Israel im Bilde einer Ehe gedeutet, und so spricht doch manches dafür, dass die Aussage: »*Denn Juda hat entweiht das Heiligtum JHWHs, das er liebt, und hat die Tochter eines fremden Gottes gefreit*« (Mal 2, 10–16) so zu lesen ist, dass im Tempel zu Jerusalem auch andere Götter als der bildlose JHWH verehrt wurden – und nicht nur Götter, sondern auch Göttinnen. Dasselbe beobachtete auch der wie Maleachi in Babylon lebende Prophet Ezechiel. Ohne Zweifel ist der biblische Eigenname Juda bei Maleachi als Bezeichnung für die Juden insgesamt gemeint, und dafür, dass die Juden sich fremden Göttinnen zugewandt hatten, sprechen aus der Perserzeit überlieferte Dokumente nichtbiblischer Art, wonach jüdische Militärkolonisten in Oberägypten dem JHWH eine Gemahlin, die Fruchtbarkeitsgöttin Aschera, zuordneten und diese auch anbeteten. Dass diese kultische Praxis das strikte Endogamiegebot des Esra unterhöhlen konnte, liegt auf der Hand.

Die Formationsperiode der jüdischen Religion zwischen dem Ende des Königreichs Juda, dem Edikt des Esra und der Eroberung des persischen Reichs durch Alexander beginnt mit Jeremia, mit einer das Exil und eine universalistische Erweiterung der Stammesreligion des alten Israel begrüßenden prophetischen Stimme auf der einen und mit einem auf strikte Grenzen und Konzentration aufs Eigene setzenden Beharren auf der anderen Seite, wie es sich bei Maleachi Bahn bricht. Im Wechselspiel zwischen Universalismus und Partikularismus,

Die Masoreten waren jüdische Gelehrte, die gegen Ende des ersten Jahrtausends christlicher Zeitrechnung den Wortlaut der jüdischen Bibel, des Tenach (oder Tanach), festlegten. Der **Tenach** entspricht im Wesentlichen dem Alten Testament der Christen.

Diaspora und Zion, wird sich in Zukunft das Selbstverständnis der Juden immer wieder neu entfalten. Dass das historische Schicksal einer Gruppe allerdings nicht nur nach ihren eigenen Sinnentwürfen gestaltet, sondern sehr viel mehr noch dem Wirken ungewollter fremder Einflüsse und Mächte unterworfen ist, sollte die weitere Geschichte des jüdischen Volkes zeigen.

Dieses jüdische Volk war spätestens seit dem dritten Jahrhundert v. Chr. den anderen Völkern der damaligen, nun unter dem Einfluss des Hellenismus stehenden Epoche wohlbekannt. Damit wurden die Juden von einer Erinnerungsgemeinschaft, die nur in ihrer eigenen Überlieferung existierte, zu einer objektiven historischen Größe.

Diaspora

Die Zerstreuung als Lebensform der Juden

Die schon im Buch *Ester* dokumentierte Gleichursprünglichkeit von Judentum und Judenhass verweist zumindest auf eines: Anders als es religiöse oder volkstümliche Überlieferungen oder auch die heutige israelische Nationalmythologie wissen wollen, war das Judentum seit Beginn seiner historischen Existenz vor allem die Kultur einer zerstreut oder diasporisch lebenden Menschengruppe. Nicht nur entstand seine Religion mitsamt ihrer Zionssehnsucht im Exil, in Babylon, nein, auch die tatsächliche Verteilung jener Menschen, die sich zu JHWH, dem Gott Israels, bekannten, erstreckte sich von allem Anfang an über die ganze Alte Welt – lange vor der Zerstörung des Jerusalemer Tempels durch die Römer im Jahre 70 n. Chr. und der blutigen Niederschlagung des Bar-Kochba-Aufstands im Jahre 132 n. Chr.

Eines der berühmtesten Bücher des jüdischen Historikers Josef Klausner, *Von Jesus zu Paulus*, erschien erstmals 1950 auf Hebräisch. Im zweiten Kapitel dieses Buches stellt Klausner fest, dass Angehörige israelitischer Stämme außerhalb Palästinas lebten und dass es zu dieser Diaspora nicht nur aufgrund der babylonischen Deportation gekommen sei, »*sondern auch als Folge einer freiwilligen Zerstreuung, die mit ihren Handelsgeschäften zusammenhing.*« In diesem Zusammenhang nimmt Klausner eine direkte Parallelisierung der Israeliten mit den Phöniziern und ihren Handelsnetzen vor. Des Weiteren erläutert er, dass Juden bereits zur Zeit der Perserkönige nach Ägypten kamen und später von anderen persischen Königen am kaspischen Meer angesiedelt wurden.

Der jüdische Historiker **Josef Klausner** (1874–1958) war nicht nur einer der berühmtesten judaistischen Gelehrten der ersten Hälfte des zwanzigsten Jahrhunderts. Er war auch – was minder bekannt ist – der von der rechtszionistischen, expansionistischen und nationalistischen, von Menachem Begin geführten Cherut-Partei aufgestellte unterlegene Gegenkandidat von Chaim Weizmann. Er war der von Ben Gurion für die Wahl des israelischen Staatspräsidenten 1949 vorgeschlagene Veteran des politischen Zionismus.

Dass Juden seit dem babylonischen Exil in großer Zahl in Babylonien lebten, wird dabei ebenso vorausgesetzt wie der Umstand, dass Alexander der Große Juden in Alexandria ansiedelte. Zur Makkabäerzeit, im zweiten Jahrhundert vor der Zeitrechnung, finden sich schließlich erste Zeugnisse jüdischer Ansiedlungen in Kleinasien – spätestens seit dem Ausgreifen Roms nach Kleinasien und Judäa unter Pompeius gelangten Juden über Ägypten und Griechenland nach Italien und schon früh nach Rom. Diese diasporische Existenzweise ist antiken Schriftstellern schon früh aufgefallen. So schreibt Strabo nach dem Zeugnis des Flavius Josephus bereits zu Beginn des ersten Jahrhunderts vor der christlichen Zeitrechnung, Juden haben sich »*schon über alle Städte verbreitet und man findet keinen Ort in der Welt, der jenes Volk nicht aufgenommen hat und von ihm nicht erobert worden ist.*«

Denselben Sachverhalt bestätigt etwa einhundert Jahre später auch der mittelplatonische jüdische Philosoph Philo in seiner Schrift *Legatio ad Caium*: »*Jerusalem ist die Metropole nicht nur Judäas, sondern auch der Welt wegen der Kolonien, die es zu geeigneter Zeit in die Nachbarländer aussandte: nach Ägypten, Phönizien, Syrien, Coelesyrien und in die noch entfernteren Länder: Pamphylien, Cilicien, in viele Teile Asiens bis Bithynien und in die entlegensten Winkel des Pontus; ebenso nach Europa: nach Thessalien, Böotien, Makedonien, Aetolien, Attika, Argos, Korinth, in viele der besten Landstriche des Peloponnes. So wie das Festland sind auch die bedeutendsten Inseln: Euboea, Cypern, Kaphtor voll von jüdischen Ansiedlern. Ich will*« – so schließt Philo diese Passage – »*gar nicht erst von den Städten jenseits des Euphrat sprechen; denn von einem kleinen Teil abgesehen, gibt es überall in Babylonien jüdische Einwohner und ebenso in anderen weniger großen Städten, die das sich ringsherum erstreckende fruchtbare Land umfasst.*«

Derlei war für die mobile griechisch-römische Antike nichts Außergewöhnliches: Phönizier gründeten von Tyrus aus in Nordafrika die Stadt Karthago, Griechen besiedelten den gesamten Mittelmeerraum bis hin nach Marseille. In einem freilich unterschied sich die auch von Philo sogenannte jüdische Kolonisation von anderen Siedlungsprojekten jener

Diaspora ist das griechische Wort für »Zerstreuung«. Es wird von Juden wie Christen benutzt, wenn die eigene Gemeinschaft eine Minderheit darstellt.

Philo(n) von Alexandria (um 15/10 v. Chr.–40 n. Chr.) war der bedeutendste Vertreter hellenistisch-jüdischer Gelehrsamkeit. Er machte die biblische Überlieferung für die Intellektuellen seiner Zeit akzeptabel, indem er lehrte, manche Darstellungen nicht wörtlich, sondern als allegorische Bilder zu verstehen.

Zeit: Sie führte mit Ausnahme von Alexandria, wo ein jüdisches »Politeuma«, d. h. eine verfasste bürgerschaftliche Einheit existierte, nicht zur Gründung ganzer Stadtstaaten, von Poleis.

Das historische Judentum entstand auf der Basis des Edikts des persischen Königs Artaxerxes mit Esra und Nehemia als unselbständiger Klientel- und Vasallenstaat. Die noch etwa fünfhundert Jahre, die bis zu seiner zweiten, heute noch gültigen Gründung als rabbinisches Judentum vergehen sollten, waren durch das immer wieder aufflammende Begehren nach relativer staatlicher Unabhängigkeit, durch den Kampf für oder gegen Einflüsse der griechisch-orientalischen Kultur sowie den Widerstreit zwischen dem priesterlichem Tempelkult und einer Religion kultisch gebundener moralischer Weisheit gekennzeichnet, in der es keine Trennung von sakraler und weltlicher Sphäre gab.

Alexander der Große in einer zeitgenössischen Darstellung

Nach dem Tode Alexanders des Großen zerfiel dessen Reich in Königreiche, die seine Feldherren, die Diadochen, usurpierten: die Ptolemäer in Ägypten und Nordafrika, die Seleukiden im Osten, mit Syrien als Zentrum, und in Griechenland und Makedonien die Antigoniden, deren Reich dann die Römer übernahmen. Die damit beginnende Epoche und Kultur wird in der Geschichtswissenschaft als Hellenismus bezeichnet. Dieser Begriff verweist auf eine Verschmelzung orientalischer Kulte und Kulturen mit der griechischen Philosophie und Wissenschaft und nicht zuletzt auf die führende Rolle der griechischen Sprache. Dabei entstanden durchaus unterschiedliche Konstellationen: Während sich das griechische Herrscherhaus der Ptolemäer in Ägypten weitgehend der traditionellen pharaonischen Kultur und ihrer Religion anverwandelte, überdauerte in den griechischen Staaten mit ihrem Zentrum Athen die griechische Kultur vor allem als von den Römern mit Hingabe angeeignete und studierte Philosophie. Im Syrien der Seleukiden hingegen versuchte die Dynastie den olympischen Kult mit zeitgemäßen Abänderungen durchzusetzen und allenthalben die griechische Kultur einzuführen – von der Aufführung von Dramen bis hin zu öffentlichen sportlichen Übungen und Wettkämpfen.

Bürgerkrieg in Judäa
Makkabäer gegen Hellenisten

Die ehemalige persische Satrapie Jehud mit ihrer Hauptstadt Jerusalem und dem Kultzentrum des JHWH kam im Zuge des Zerfalls des Alexanderreiches zunächst unter die mehr oder minder wohlwollende Herrschaft der in Ägypten regierenden ptolemäischen Könige. Jehud war ein kleiner Tempelstaat, der politisch vor allem von der Priesterschaft regiert wurde, tatsächlich aber mehr und mehr unter den wirtschaftlichen Einfluss wohlhabender jüdischer Laiengeschlechter geriet. Geographisch eine Landbrücke zwischen Syrien und Ägypten, war das Land Israel seit jeher als küstennahe Durchgangslandschaft umkämpft, und so war es auch während der Diadochenzeit, im Hellenismus. Der Jerusalemer Tempelstaat geriet zum Zankapfel zwischen Ägypten und Syrien, also zwischen Ptolemäern und Seleukiden, und es verwundert nicht, dass beide auch im Inneren des Jerusalemer Tempelstaates ihre Parteigänger hatten. Dabei kann grundsätzlich gelten, dass die Ptolemäer, also das mazedonisch-ägyptische Königshaus, dem Judentum insgesamt wohlgesonnen waren, denn in der hellenistisch-ägyptischen Großstadt Alexandria lebten mehr Juden als an jedem anderen Ort in der damaligen Welt. Die jüdische Religion mitsamt ihrem synagogalen Kultus in Alexandrien war für viele gebildete ägyptische Anhänger heidnischer – paganer – Religionen wegen ihrer moralisch-philosophischen Grundierung von großer Anziehungskraft.

Die Christen pflegen Angehörige anderer Religionen – mit Ausnahme der Juden – als **Heiden** zu bezeichnen. In der wissenschaftlichen Literatur spricht man lieber von **paganen,** also etwa »ländlichen«, Religionen im Unterschied zu den monotheistischen Religionen des Judentums, des Christentums und des Islam.

Anders die Lage im Syrien der Seleukiden: Dort bestanden – sieht man vom Land Israel diesseits und jenseits des Jordans ab – in dieser Zeit keine größeren jüdischen Bevölkerungszentren; besonders unter der jüngeren Generation

der Jerusalemer Tempelpriesterschaft aber gewann ein rein philosophisch verstandener, von den Restriktionen der kultischen Weisung befreiter Glaube an den universalistisch verstandenen Gott Israels an Attraktivität. Denn wie die Kulturen Ägyptens und Syriens, so war auch die Kultur der Juden und zumal der Bewohner des Jerusalemer Tempelstaates inzwischen durch und durch hellenistisch: in (griechischer) Sprache, Lebensformen und philosophisch-theologischer Haltung. In dieser Zeit entstanden auch die Begriffe »Hellenismos« und »Ioudaismos« – Begriffe, die nicht mehr eine ethnische Abkunft, sondern eine Lebensweise beschrieben. Dem Hellenismus anhängen konnte man ganz unabhängig davon, ob man ethnischer Ägypter, Syrer oder auch Judäer war, genauso, wie man dem »Ioudaismos« anhängen konnte, egal, in welcher Region man lebte oder welcher ethnischen Abkunft man war.

Doch als der Seleukide Antiochos IV. die weitere Hellenisierung des Judenstaats auch mit Gewaltmitteln vorantrieb und den Tempel zu Jerusalem in ein Heiligtum des olympischen Zeus umwandelte, kam es zu einem Aufstand des traditionellen Judentums, der siegreich endete.

An diesen Sieg erinnert im Judentum bis heute das Chanukkafest, jenes Fest um die Zeit der Wintersonnenwende, an dem acht Tage lang jeden Abend eine weitere Kerze angezündet wird. Das Chanukkafest, das aus dem Neuen Testament, dem Evangelium des Lukas, als »Lichtweihfest« bekannt ist, wird im heutigen Judentum als ein minder bedeutendes, vor allem von Kindern geliebtes Fest be-

Nach ihrem Stammvater, Hasmon, wurde das Geschlecht des Jehuda Makkabi (Judas Makkabäus) auf griechisch **Hasmonäer** genannt. »Hasmonäer« und »Makkabäer« wird meist gleichbedeutend benutzt.

gangen und erinnert an die legendäre Wiedereinweihung des Jerusalemer Tempels durch den Hasmonäer Jehuda Makkabi nach der Schändung und Entweihung durch seleukidische Griechen. Es gilt bis heute als Erinnerung an den zweiten Sieg von Juden über einen judenfeindlichen Politiker der Alten Welt nach dem Erfolg Esters zur Zeit des Artaxerxes, der die Ausrottungspläne des königlichen Wesirs Haman zunichte machte, woran bis heute das Purimfest erinnert.

Der nach verlustreichen Kämpfen errungene Sieg der von den Hasmonäern geführten Juden sollte dem Tempelstaat für etwa einhundert Jahre eine auch förmliche nationale Unabhängigkeit sowie eine territoriale Expansion bescheren.

Die in dieser Hinsicht wahrscheinlich zuverlässigen, in der *Septuaginta* – nicht aber in der hebräischen, masoretischen Bibel – kanonisierten, auf Griechisch verfassten Makkabäerbücher berichten über den Ausbruch des Konflikts:

»Der König sandte durch Boten schriftliche Anweisungen nach Jerusalem und in die Städte Judas, sie sollten den landfremden Sitten sich anpassen, die Brand-, Schlacht- und Trankopfer aus dem Tempel verbannen, die Feste entweihen und das Heiligtum und die Heiligen entheiligen. Dagegen sollten sie Altäre, Tempel und Götzenkapellen errichten sowie Schweine und andere unreine Tiere opfern, ihre Söhne unbeschnitten lassen und sich selbst durch allerlei Unreines und Gräuliches beflecken. So sollten sie das Gesetz vergessen und alle Satzungen abschaffen. Wer aber nicht nach dem Befehl des Königs handelte, sollte sterben.« (1 Makk 1, 41–50)

Antiochos IV. setzte diese Maßnahmen mit unbarmherziger Grausamkeit gegen all jene durch, die sich seinem Edikt widersetzten – in jener Zeit entstand jene Theologie des Martyriums, der Bereitschaft, für den eigenen Glauben in den Tod zu gehen, die später das Judentum und vor allem auch das frühe Christentum prägen sollte. Nach der militärischen Eroberung Jerusalems vollendete Antiochos sein Werk durch das Umfunktionieren des JHWH geweihten Tempels:

»Am 15. Kislev des Jahres 145 [Seleukidischer Zeitrechnung, d. h. 167 v. Chr.] *errichtete der König den Gräuel der Verwüstung auf dem Brandopferaltar, und ringsum in den Städten Judas erbauten sie Altäre. An den Haustüren und auf den Straßen brachten sie*

Rauchopfer dar. Die Gesetzbücher, die sie auftreiben konnten, zerrissen sie und warfen sie ins Feuer. Fand man bei jemand ein Buch des Bundes oder beobachtete einer das Gesetz, dann verurteilte ihn der königliche Erlass zum Tode ... Die Frauen, die ihre Kinder hatten beschneiden lassen, töteten sie gemäß dem Befehl, hängten ihnen die Kinder an den Hals, plünderten ihre Häuser und töteten auch jene, die die Beschneidung vorgenommen hatten.« (1 Makk 1, 54–61)

Das Umfunktionieren des Tempels selbst wurde unter professioneller Expertise vorgenommen – Ziel der gesamten Maßnahme war eine weitergehende Hellenisierung, eine Zwangshellenisierung, die die Juden zu Judäohellenen machen sollte:

»Nicht lange nachher sandte der König einen alten Athener, der die Juden zwingen sollte, von den Vätergesetzen abzufallen und nicht mehr nach Gottes Gesetz als Staatsbürger zu leben. Er sollte auch den Tempel zu Jerusalem schänden und dem olympischen Zeus weihen sowie den auf dem Garizim dem gastfreundlichen Zeus, wie es die Bewohner des Ortes selbst forderten. Schwer erträglich und zuwider war aber selbst dem Volk die Zunahme der Bosheit. Denn das Heiligtum wurde von den Heiden zu Ausschweifungen und wüsten Gelagen benützt. Sie suchten ihr Vergnügen mit Dirnen, ließen sich in den heiligen Vorhöfen mit Frauen ein und brachten auch sonst noch Dinge hinein, die sich nicht geziemten. Der Brandopferaltar wurde mit frevelhaften Sachen angefüllt, die vom Gesetze verboten waren. Es gab keine Sabbatfeier mehr, noch eine Beobachtung der von den Vätern überkommenen Feste. Man konnte sich überhaupt nicht mehr als Juden bekennen. Mit hartem Zwang führte man sie monatlich zum Opfermahl am Geburtstage des Königs, und am Dionysosfeste wurden sie gezwungen, mit Efeu bekränzt an der Dionysosprozession teilzunehmen. Auf Veranlassung der Leute von Ptolemais erging auch ein Befehl an alle griechischen Städte, sie sollten das gleiche Verfahren gegen die Juden anwenden und Opfermahlzeiten veranstalten. Die sich zur Annahme des griechischen Wesens nicht entschließen konnten, sollte man hinrichten.« (2 Makk 6, 1–8)

Unabhängig von allen anderen Aspekten belegt dieser Bericht zumindest, dass die immer wieder aufgestellte Mär von der grundsätzlichen Toleranz des paganen Polytheismus nicht zutrifft. So kam es, dass im gleichen Jahr in einer Jerusalem nahen Provinzstadt, in Modiin, ein nationalreligiöser Aufstand ausbrach, geführt von dem Priester Mattitjahu (Mattathias) und seinen fünf Söhnen, die das dem König darzubringende Opfer verweigerten, sich in die Berge von Judäa zurückzogen und von dort einen Guerillakrieg gegen die königlichen Truppen organisierten. Mattitjahu und seine Söhne waren die Ersten, die in diesem Krieg das Sabbatgebot außer Kraft setzten. Die Erfahrung, dass Juden, die sich gegen den König stellten und sich aufgrund der gebotenen Sabbatruhe nicht wehrten, zu Märtyrern wurden, führte zu einem neuen, kämpferischen Selbstbewusstsein. Wenige Jahre später hatten die Hasmonäer unter Führung des Jehuda Makkabi, Mattitjahus drittem Sohn, den Krieg gewonnen, Jerusalem erobert und den Tempel neu geweiht. Das damit begründete hasmonäische Königreich, das später von Brüdern Jehuda Makkabis regiert wurde, sicherte sich außenpolitisch durch Verträge mit dem aufstrebenden Rom ab, arrondierte seine Herrschaftssphäre durch die Eroberung Idumäas und wandelte sich Schritt um Schritt zu jener Staats- und Kulturform, gegen die die nationalreligiösen Aufständischen ursprünglich aufgestanden waren: zu einem hellenistischen Königreich, das sich schließlich, nach einem nicht enden wollenden Hin und Her, denn doch noch mit dem seleukidischen Herrscherhaus arrangierte – nicht zuletzt deshalb, weil dieses eingesehen hatte, dass es lediglich den religiösen Eigensinn der Juden zu respektieren hatte. Etwa um 145 v. Chr. dekretierte der seleukidische König Demetrios II. gegenüber dem hasmonäischen König Jonathan:

»König Demetrios entbietet dem Vater Lasthenes seinen Gruß. Wir haben beschlossen, dem Volk der Juden, das uns ein Freund und treuer Bundesgenosse war, zum Dank für seine Ergebenheit Vergünstigungen zu gewähren. Wir weisen ihnen das Gebiet von Judäa und die drei Bezirke Apherema, Lydda und Ramataim zu. Sie sollen Judäa von Samaria zugeteilt werden samt allem, was ihnen gehört. Allen aber, die zu Jerusalem opfern, soll es als königliche Abgabe angerechnet werden, die der König bisher von ihnen jährlich aus den Erträgnissen der Felder und Bäume erhielt. Auf alles, was uns von heute an zusteht an Zehnten und Zöllen und ferner auf die Salzteiche und die uns zufallenden Kronsteuern, auf all dieses verzichten wir

zu ihren Gunsten. Nichts von all dem soll widerrufen werden von heute an und für alle Zeit.« (1 Makk 10, 30–36)

Trotz der erzwungenen Zugeständnisse stellt sich die Frage nach den Ursachen der blutigen und im Allgemeinen für die Antike so nicht bekannten extrem intoleranten seleukidischen Religionspolitik. Hat man es hier mit einer Frühform nicht nur von Antijudaismus, sondern geradezu von Antisemitismus zu tun? Und was genau war es, das die seleukidischen Syrer im Jerusalemer Tempelstaat eine so große Gefahr erblicken ließ, dass man ihr nur mit Feuer und Schwert beikommen konnte? Ein genauerer Blick auf die zu Unrecht wenig gelesenen Makkabäerbücher zeigt freilich ein weitaus komplexeres Bild, als es die religiöse Überlieferung vom antisemitischen König Antiochos IV. hier und vom gläubigen jüdischen Widerstand dort suggeriert.

Tatsächlich berichten nämlich die Makkabäerbücher von drei sich wechselseitig hochschaukelnden Konflikten: von zwei unterschiedlichen innenpolitischen, sich zu einem Bürgerkrieg verschärfenden Konflikten innerhalb der jüdischen Bevölkerung und einem außenpolitischen Konflikt mit der seleukidischen Hegemonialmacht. Zu Beginn des zweiten Jahrhunderts v. Chr. scheint sich ein großer Teil der jüdischen Jerusalemer Stadtbevölkerung und der sie regierenden erblichen Tempelpriesterschaft der hellenistischen Lebensweise angepasst zu haben. Die Angehörigen der Priesterschaft trugen nur noch griechische, keine hebräischen Namen mehr, sie experimentierten mit Gottesdiensten unter freiem Himmel statt in den Hallen des Tempels, ihre Parteigänger errichteten mitten in Jerusalem ein Gymnasium, in dem die männliche Jugend nackt Sport trieb, manche von ihnen ließen sich aus kosmetischen Gründen sogar eine neue Vorhaut annähen und übernahmen wohl auch Formen der Homosexualität. Das Motiv dieser Gruppen war die Überzeugung, dass die kultische Absonderung den Juden nur Unheil gebracht habe. Innerhalb dieser hellenisierten Priesterschaft und der ihr zugehörigen Stadtbevölkerung entbrannte ein Kampf um Macht, Einfluss und nicht zuletzt die finanziellen Ressourcen des Tempels. Beide – hellenisierten – Parteien buhlten um den Schutz des seleukidischen Königs: der erste innenpolitische Konflikt. Die Bereitschaft des seleukidischen Königs Antiochos IV., sich auf eine dieser beiden Parteien zu stützen, bewog ihn bei der Nachricht von den Schwierigkeiten, in denen sein Schützling, der Hohepriester Menelaos, steckte, zum Einmarsch nach Judäa, zur Eroberung Jerusalems und zur Umweihung des Tempels: der außenpolitische Konflikt. Mit dem Aufstand der ländlichen Makkabäer sowohl gegen die jüdischen Hellenisten als auch gegen die Seleukiden werden innen- und außenpolitischer Konflikt ineinander und in einen nationalreligiös motivierten Unabhängigkeitskrieg gegen die syrischen Griechen überführt: der dritte Konflikt. Dieser letztere Konflikt nahm nicht zuletzt als innerjüdischer Religionskrieg besonders grausame Formen an. Die Geschichte von Mattitjahu und seinen Söhnen bietet reichlich Belege dafür, dass nicht wenige Juden den Anordnungen des seleukidischen Königs, den althergebrachten Glauben aufzugeben, willig nachkamen, weshalb gerade sie, gleichsam als Kollaborateure, die Rache der siegreichen Makkabäer zu erdulden hatten: »*Mattitjahu und seine Anhänger zogen umher und zerstörten die Altäre. Mit Gewalt vollzogen sie die Beschneidung an den noch unbeschnittenen Kindern, die sie im Gebiet Israels antrafen.*« (1 Makk 2, 46)

Alexandria

Zentrum jüdischer Gelehrsamkeit

Der Unabhängigkeitskrieg der Makkabäer bescherte der von
Gnaden des persischen Reiches in die Geschichte getretenen,
stets auch verstreut lebenden Gruppe der Juden zum vorläufig ersten Mal das, was die nationalistische Weltanschauung
des neunzehnten Jahrhunderts – im Falle der Juden der politische Zionismus – erträumte: einen innen- und außenpolitisch
mehr oder minder autonomen, mehr oder minder ethnisch
homogenen Staat – wobei hier offen bleiben muss, ob Kategorien des modernen, im neunzehnten Jahrhundert entstandenen europäischen Nationalstaats wirklich sinnvoll auf die
Staatenwelt des Hellenismus angewendet werden können. Auf
jeden Fall stellt sich der hasmonäische Staat als ein historisch
wohldokumentiertes Gebilde dar, während die von der modernen jüdischen Nationalbewegung betriebene Rückbesinnung
auf die antiken Königreiche Israel und Juda nicht nur daran
leidet, dass es für sie – bis auf wenige Ausnahmen – kaum
außerbiblische Quellen gibt, sondern vor allem daran, dass die
dort den biblischen Quellen zufolge ausgeübte Religion nicht
als »jüdisch« in einem historisch nachvollziehbaren Sinn zu
bezeichnen ist. Wenn man so will, waren David und Salomo
genauso jüdisch, wie Arminius, alias Hermann der Cherusker,
deutsch war.

Während sich im zweiten Jahrhundert v. Chr. der Staat der
Makkabäer als ein zunächst der Tora verpflichtetes und sich
dann immer stärker hellenisierendes Staatswesen heraus-
bildete, erlebte auch das diasporische Judentum, zumal im
ptolemäischen Ägypten, seine Blütezeit. Umstritten, nicht
widerlegt, ist bis heute die Angabe des Philo, dass im damaligen Ägypten eine Million Juden lebten und mithin ein Siebtel
der Bevölkerung stellten. Alleine in Alexandria lebten nach

zeitgenössischen Quellen etwa 180.000 Juden und bewohnten dort vornehmlich, nicht ausschließlich, ein jüdisch geprägtes Stadtquartier, keineswegs ein Ghetto. Sie taten dies, um ihren Sitten und Gebräuchen leichter nachgehen zu können und eine übermäßige Anpassung an die hellenistische Umwelt zu vermeiden. Die Juden Alexandrias besaßen – wie andere Minderheiten in der hellenistischen Stadt auch – eine eigene politische Verfassung unterhalb der Schwelle der Verfassung einer eigenen Polis. Sie bildeten ein kommunal verfasstes »Politeuma«, wobei wiederum strittig ist, ob sie wie Makedonen und Griechen das volle Bürgerrecht besaßen oder lediglich etwas andere Rechte als die ägyptische Bevölkerung. Quellen aus dem ersten Jahrhundert berichten, dass die in Ägypten lebenden Juden von einem »Ethnarchen« regiert wurden, nach dessen Tod Kaiser Augustus eine »Gerusia«, einen Ältestenrat, eingesetzt habe. Darüber hinaus besaßen die Juden Ägyptens eigene Gerichtshöfe, nicht nur in Alexandria, sondern auch in Ephesus und anderen Städten Kleinasiens. Zuvor schon hatten Ptolemaios IV. Philometor und seine Gemahlin Kleopatra II. wesentliche Ämter in ihrem Reich Juden anvertraut und ihre Armee jüdischen Strategen unterstellt. Darüber hinaus räumte ein weiterer Ptolemäer, Ptolemaios VI., einem wegen Zwistigkeiten mit der makkabäischen Partei aus Jerusalem geflohenen Mitglied der Tempelpriesterschaft, Onias IV., das Recht ein, in der ägyptischen Stadt Leontopolis einen eigenen jüdischen Tempelbezirk zu errichten.

Von herausragender Bedeutung war die Übersetzung der Texte der Hebräischen Bibel ins Griechische, die *Septuaginta*, die ihren Namen nach einer apokryphen Schrift des Alten Testaments, dem »Brief des Aristeas«, erhalten hat. Die Forschung legt ihre Entstehung auf

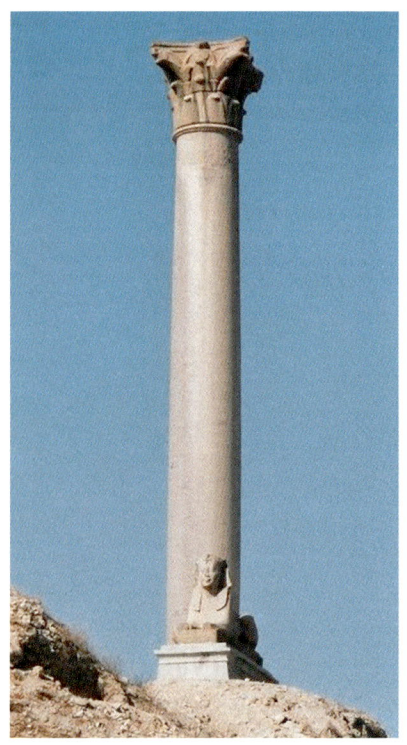

Hellenismus und ägyptische Tradition – die sogenannte Säule des Pompeius auf einem modernen Ausgrabungsfeld in Alexandria

die Mitte des dritten Jahrhunderts vor der Zeitrechnung fest. In Ägypten, keineswegs nur in Alexandria, sind zudem seit dem Anfang des dritten Jahrhunderts v. Chr. zehn Synagogen nachgewiesen, wobei Synagogen stets mehr umfassten als lediglich einen Betraum, nämlich Bibliotheken, Archive sowie rituelle Bäder. Und es sind keineswegs nur hellenistische, sondern auch rabbinische Quellen, die die Größe und Bedeutung der zentralen Synagoge Alexandrias – einer von mehreren Synagogen, die sich in allen Teilen der Stadt befanden – überliefert haben. Im Traktat *Sukka*, Abschnitt 51 b des babylonischen Talmuds ist zu lesen: »*Wer die Doppelstoa in Alexandrien in Ägypten nicht gesehen hat, hat die Herrlichkeit Israels nicht gesehen. Man erzählt, sie sei eine Art große Basilika gewesen, eine Galerie innerhalb einer Galerie, in der oft zweimal sechzig Myriaden, noch mal so viel Auszügler aus Mizrajim anwesend waren. Da waren einundsiebzig goldene Sessel, entsprechend den einundsiebzig Mitgliedern des großen Synhedrions, von denen jeder nicht weniger als einundzwanzig Myriaden Goldtalente hatte. In der Mitte war eine Tribüne aus Holz, auf der der Gemeindediener mit einer Flagge in der Hand stand, und wenn Amen zu sprechen war, schwenkte er die Flagge, und das ganze Publikum antwortete ›Amen‹. Dieses saß nicht durcheinander, sondern Goldarbeiter gesondert von Silberarbeitern, gesondert von Grobschmieden, diese gesondert von Kupferschmieden und Webern. Trat ein Fremder ein, so erkannte er seine Berufsgenossen und wandte sich an sie, um für sich und sein Haus Unterhalt zu bekommen.*«

Wie in allen aus verschiedenen Ethnien zusammengesetzten politischen Gemeinschaften war auch hier das Zusammenleben konfliktreich, und so verwundert es wenig, dass die Stadt Alexandria nach der ptolemäischen Zeit von judenfeindlichen Ausschreitungen erschüttert wurde. Juden waren nicht nur im Handwerk, sondern auch im Banken- und Reedereiwesen aktiv und übten im ptolemäischen Ägypten nicht nur politischen, sondern auch ökonomischen Einfluss aus, was spätestens unter römischer Herrschaft, unter der Regierung des Kaisers Claudius, im Jahr 38 zu Pogromen führte. Die römischen

Septuaginta ist das lateinische Wort für »siebzig«. Die in Alexandria entstandene griechische Bibelübersetzung erhielt diesen Namen, weil der Legende nach zweiundsiebzig Gelehrte – sechs aus jedem der zwölf Stämme Israels – das Werk in zweiundsiebzig Tagen fertigstellten. Die zweiundsiebzig wurde dann zu siebzig abgerundet.

Kaiser, als erster Augustus, hatten sich nämlich bereit erklärt, den Juden volle Bürgerrechte zuzugestehen. Diese maßvolle Reform provozierte unter den Nichtjuden Alexandrias heftige Reaktionen: Juden wurden in diesem Zusammenhang nicht nur angeklagt, den Kaiser nicht als Gott zu verehren, sondern auch den jüdischen König Agrippa I. in Alexandria zu herzlich begrüßt zu haben, allerdings ohne dass der ansonsten historisch übel beleumundete Kaiser Caligula dieses Eklats wegen antijüdische Maßnahmen ergriffen hatte. Nach dem Tode Caligulas freilich nahmen die sich bedrängt fühlenden Juden die Gelegenheit wahr, ihrerseits die Offensive zu ergreifen und ihre Feinde bewaffnet anzugreifen. Unter Caligulas Nachfolgern, den Kaisern Claudius und Nero, brach dann auch in Judäa selbst eine Revolte von Zeloten – Eiferern – gegen die römische Herrschaft aus, ein Geschehen, das auch in der Diaspora von allen beteiligten Seiten mit großer Anteilnahme verfolgt wurde. In Alexandria wurden nach Konflikten zwischen jüdischen und griechischen Besuchern eines Amphitheaters drei Juden von fanatisierten Griechen lebendigen Leibes verbrannt, was zu Rachemaßnahmen der Juden führte, die schließlich auch die römische Obrigkeit schmähten. Daraufhin sandte die römische Regierung zwei Legionen gegen die aufständischen Juden nach Alexandria. Bemerkenswert ist, dass der Befehlshaber dieser römischen Truppen, Tiberius Alexander, ein Jude war, ein Mann, der nach Auskunft des Historikers Flavius Josephus der Religion seiner Väter nicht treu blieb, ihr aber auch niemals förmlich abgeschworen hatte. Nach erfolglosen Versuchen, zwischen Juden und Griechen zu vermitteln, ließ Tiberius Alexander schließlich seine Legionen in die jüdischen Viertel Alexandrias einrücken – ein Blutbad unter den Juden, auch unter Kindern und Greisen, war die Folge. Flavius Josephus berichtet von insgesamt 50.000 getöteten Juden.

Flavius Josephus (37/38 –100 n. Chr.) ging 70 n. Chr. nach der Zerstörung des Tempels mit dem siegreichen Tiberius nach Rom und verfasste dort auf Griechisch seine Geschichte des Jüdischen Kriegs. Er vermittelte der nichtjüdischen Welt viele Kenntnisse über das Judentum. Seine Schriften erfreuten sich damals wie auch im Mittelalter großer Beliebtheit.

Flavius Josephus

Auch der Staat der Makkabäer geriet nach seiner etwas länger als hundert Jahre währenden Unabhängigkeit unter römische Oberherrschaft, nachdem der römische Feldherr Pompeius Judäa im Jahr 63 v. Chr. erobert hatte. Judäa war zu einem nur noch nominell selbständigen Königreich unter der Herrschaft eines Königs geworden, der einem von den Makkabäern zwangsjudaisierten Geschlecht angehörte: Herodes, den manche trotz seiner Morde an der eigenen Familie später als »den Großen« bezeichneten. Herodes erweiterte den Tempel zu Jerusalem und machte ihn zu einem Wallfahrtsort von nicht geringer ökonomischer Bedeutung.

Die jüdischen Aufstände

Auslöser der Entwicklung des rabbinischen Judentums

In den einhundertunddreißig Jahren zwischen der römischen Eroberung im Jahre 63 v. Chr. und der Zerstörung des zweiten, herodianischen, Jerusalemer Tempels 70. n. Chr. lebten die Juden Judäas unter wechselnden politischen Herrschaften, die ihnen zwar ihre religiöse, aber kaum eine politische Autonomie beließen. Als weitere sechzig Jahre später, nach der blutigen Niederschlagung des messianischen Aufstands des Simon Bar Kochba 135/36 n. Chr., die Provinz Judäa in »Palästina« umbenannt und Juden das Betreten der jetzt in »Aelia Capitolina« umbenannten Stadt Jerusalem strikt untersagt war, war die Rolle des Landes Israel als Zentrum jüdischen Lebens für mehr als achtzehnhundert Jahre beendet; der demographische Schwerpunkt des Judentums verlagerte sich von nun an endgültig auf die Diaspora.

Doch die Jahre der römischen Besatzung und der politischen Unselbständigkeit waren die Zeit, in der sich sowohl das heutige, das rabbinische Judentum als auch die jüdischen Vorformen der christlichen Religion herausbildeten. Spätestens nach der Zerschlagung des Bar-Kochba-Aufstandes entstanden aus dem Pharisäismus und dem messianischen Glauben der Jesusjünger durch wechselseitige Abgrenzung das Judentum und das Christentum in ihrer bis heute tradierten Form.

Für das Judentum bedeutet dies, dass es eine zweiphasige Gründungsgeschichte durchlief: Nach seiner Gründung durch Esra und Nehemia nimmt es fünfhundert Jahre später zunächst unter römischer Herrschaft, dann auch in der babylonischen Diaspora unter der Herrschaft der Sassaniden seine endgültige Form an.

In den Jahren unter der römischen Besatzung bildeten sich die vor allem durch die Schriften des jüdisch-römischen His-

Die Juden im Römischen Reich

Legende:
- Jüdische Siedlung
- Große jüdische Gemeinde
- Gebiet hoher jüdischer Bevölkerungsdichte
- Grenze des Römischen Imperiums

torikers Flavius Josephus dokumentierten Parteiungen und Abspaltungen innerhalb der damaligen jüdischen Bevölkerung der Provinz Judäa heraus. Im Widerstreit und in der Konkurrenz dieser Parteiungen, Flavius Josephus nennt sie den Lesegewohnheiten seines griechisch-römischen Publikums entsprechend »Philosophenschulen«, entstand das, was auch noch heute als Judentum gilt. Freilich konnte der griechische Begriff »Ioudaios« – lateinisch »Iudaeus« – damals mehreres bezeichnen: einen Einwohner der römischen Provinz Judäa oder einen Bewohner der Landschaft um Jerusalem, unabhängig von seiner Religion, dann aber auch einen im Land Israel oder in der Diaspora lebenden Anhänger des Tempelkults in Jerusalem, weiterhin den Angehörigen einer Volksgruppe, eines »Ethnos«, und endlich den Bekenner einer bestimmten Lebensweise – nämlich der Lebensweise des »Ioudaismos« im Unterschied zur griechischen Lebensweise, dem »Hellenismos«. Daraus folgt, dass für die Zeit zwischen der Zerstörung des zweiten Jerusalemer Tempels und der Niederschlagung des Bar-Kochba-Aufstandes zwar eindeutig von »Juden«, nicht aber von einer eindeutig identifizierbaren jüdischen Religion im heutigen Sinne gesprochen werden kann. Die religiöse Vielfalt unter den Juden jener Zeit entspricht nicht dem, was Wissenschaftler seit dem späten neunzehnten Jahrhunderts als »normatives Judentum« bezeichnet haben. Flavius Josephus nennt in seinen Schriften mindestens vier ganz unterschiedliche Strömungen in »Judäa«, die sich alle durch ihre Stellung zum Tempelkult definieren: die Sadduzäer, die Essener, die Pharisäer sowie die Zeloten. Zieht man weitere, spätere Quellen, etwa die Schriften des Neuen Testaments, hinzu, so wird man noch die Samaritaner und endlich die Anhänger des um das Jahr 30 n. Chr. von den Römern wegen seines messianischen Anspruchs gekreuzigten Jesus von Nazareth im Land Israel und in der Diaspora hinzurechnen müssen.

Die Samaritaner, die älteste dieser Gruppen, hatten sich schon früh, noch unter persischer Herrschaft, von den Juden abgespalten. Anlass war der Streit darüber gewesen, ob Angehörige des Priesterstandes im Gegensatz zum Edikt des Esra mit einer nichtjüdischen Frau verheiratet sein und gleichwohl weiterpraktizieren dürften. Als die Mehrheit der Priesterschaft eine Aufweichung des Heiratsverbots ablehnte, spaltete sich jener Teil, der diese Entscheidung nicht akzeptierte, ab und errichtete auf dem Berg Garizim einen eigenen Tempel, in dem ebenso wie in Jerusalem gemäß der Tora geopfert wurde.

Unter der römischen Herrschaft entsprach der mit Tieropfern und finanziellen Dotationen verbundene, von einer großen, in sich differenzierten Priesterkaste ausgeübte Tempelkult zu Jerusalem im Wesentlichen dem allgemeinen Modell antiker Religiosität. Einer Gottheit wurde an einem zentralen Heiligtum, das ihre Präsenz und Wirksamkeit in besonderer Weise verbürgte, geopfert. Doch der jüdische Tempelkult hatte auch seine wichtigen Besonderheiten: Die erste war sein entschiedener Monotheismus, der nicht nur die Verehrung anderer Gottheiten, sondern auch deren Existenz ausschlosss. Eine andere Besonderheit war die strikte Regelung der Zugangsberechtigung zum Heiligtum. Je nach Herkunft, Geschlecht, physischer Beschaffenheit und Gesundheit war es jeweils weniger Menschen gestattet, sich in die zunehmends als heiliger geltenden inneren Höfe des Heiligtums zu begeben, dessen Allerheiligstes, eine leere Kammer, ohnehin nur einmal im Jahr vom Hohepriester betreten werden durfte. Zu den Privilegierten beim Zugang zum Inneren des Tempels gehörten die Priesterkasten der Kohaniten und Leviten, der Hohe- und Dienstpriester, die sich in direkter Sukzession auf Moses' Bruder Aaron zurückführten. Sie bildeten den Kern der Partei der Sadduzäer, die dem Gott Israels in Opfer und Kult dienten, den unter babylonisch-persischem Einfluß entstandenen Glauben an die Auferstehung der Toten ablehnten, ungebrochen auf der sittlichen Entscheidungsfreiheit der Menschen beharrten und als selbstbewusste Aristokratie die Führerschaft über die jüdische Bevölkerung beanspruchte. An der Frage, ob das Amt des Hohepriesters ausschließlich von einem Abkömmling Aarons wahrgenommen werden darf oder unter besonderen Umständen auch von Mitgliedern wohlhabender und einflussreicher Laienfamilien, hatten sich bereits in der hellenistischen Zeit bürgerkriegsähnliche Konflikte entzündet. Nach der makkabäischen Erhebung wirkte die Tempelpriesterschaft zwar der Form nach so, wie das auch andere heidnische Priesterschaften taten; sie hatte aber ihre in der unmittelbar vormakkabäischen Zeit ausgeprägte Neigung, sich in Sport, Drama und Sexualität dem griechischen Vorbild anzugleichen, ein für alle Mal aufgegeben, um sich umso strikter an die in den biblischen Büchern aufgegebenen kultischen Vorschriften zu halten.

Josephus erwähnt weiterhin die heute als geheimnisvoll geltenden Essener, deren Leben und Glaube vor allem durch die in Qumram am Toten Meer gefundenen Schriftrollen bekannt geworden sind. Über ihren Ursprung vermutet man Folgendes: Im Unterschied zu den Makkabäern, die militärisch gegen die jüdischen und nichtjüdischen Hellenisten vorgingen, wählte jener Teil der Priesterschaft, der die Hellenisierung nicht mitmachen wollte und daran festhielt, dass die Priester vom Geschlechte Aarons sein sollten, den Auszug aus

Die Entdeckung der ersten **Qumram-Rollen** in einer Höhle am Toten Meer 1947 war eine archäologische Sensation. Nicht nur, dass die ledernen Schriftrollen originale religiöse Texte aus der Formationsperiode des Judentums enthielten; für die Christen bedeuteten sie auch, dass es im ersten Jahrhundert n. Chr. den Schriften des Neuen Testaments in manchem vergleichbare nichtchristliche Texte gab.

dem Tempel und den Rückzug in eine klösterlich-asketische Existenz. Die Essener lehrten eine unbeschränkte göttliche Vorsehung, die den Menschen ihre Handlungsfreiheit und sittliche Verantwortung letztlich benahm, beglaubigten indes die Auferstehung des Leibes.

Das Pharisäertum wiederum, in dessen Nachfolge nach der Zerstörung des Tempels das heutige, das rabbinische Judentum entstehen sollte, bildete sich auf der Basis der von den Propheten Israels und Judas vehement vorgetragenen Kritik am Tempel- und Opferkult heraus. Indem die Pharisäer die Idee eines von Gottes Weisung getragenen Lebens aus der räumlichen und zeitlichen Begrenzung auf den Tempel lösten und auf die ganze Fülle des alltäglichen Lebens ausdehnten, hoben sie die in der Antike vertrauten Grenzen von sakral und profan auf. Indem sie den Bereich des profanen Alltags heiligten, profanierten sie umgekehrt den Tempel und seinen Kult, dem sie daher fernblieben. Indem sie den häuslichen Tisch für ebenso heilig erklärten wie den Altar im Tempel und die Opferhandlungen durch Gebete ersetzten, brachen sie Jahre vor der Zerstörung dieses Tempels mit der älteren antiken Physiognomie des Judentums. Indem sie die Unsterblichkeit der Seele bekannten und die Tora intensiv auslegten, beglaubigten sie die menschliche Entscheidungsfreiheit mit der einschränkenden Annahme von Gottes Allmacht. Zur Zeit der makkabäischen Königinnen und Könige mal begünstigt, mal verfolgt, gerieten sie unter römischer Herrschaft, im Klientelkönigreich des Herodes, politisch zunächst in die Defensive, um in den letzten Jahren der Zeit des zweiten Tempels an gesellschaftlichem Einfluss zu gewinnen und endlich – nach seiner Zerstörung – neben den Jesusanhängern als einzige Gruppe übrig zu bleiben. Ähnlichen Grundüberzeugungen wie die Pharisäer hatte sich die vierte von Josephus genannte Schule, die der Zeloten oder »Eiferer Gottes«, verschrieben, die sich von den Pharisäern durch einen massiven politischen Aktivismus sowie das Streben nach einer politisch autonomen Theokratie im Sinne der Makkabäer unterschieden. Unmittelbarer Ausdruck dieses politischen Strebens war der Widerstand der Gruppe und ihrer Anhänger, dem römischen Steuersystem, dem »census«, Folge zu leisten. Dabei ging es nicht um die den Juden ohnehin eingeräumte Konzession, dem als göttlich verehrten römischen Kaiser nicht opfern zu müssen, sondern um die Herauslösung eines unabhängigen Judäa aus dem römischen Herrschaftsverband.

Die letzte der jüdischen religiösen Gruppierungen – sie ist von Josephus nicht mehr dokumentiert – waren die Anhänger des Jesus von Nazareth. Sie werden in der Literatur zum ersten Mal als »Chrestianoi« in den Schriften des römischen Historikers Sueton erwähnt. Da die Schriften des Neuen Testaments im Allgemeinen etwa einhundert Jahre nach der Kreuzigung Jesu verfasst wurden, lässt sich »historisch-objektiv« über die häufig als »Urchristen« bezeichnete Gemeinde der Jususanhänger wenig mehr sagen, als dass es sich um in Galiläa, Jerusalem und in der Diaspora lebende Jüdinnen und Juden handelte, die – wovon zeitgenössische Quellen in anderen Fällen ebenfalls berichten – einen jüdischen Mann für den Messias hielten. Dieser Glaube überdauerte auch dessen gewaltsamen Tod oder fand sich durch diesen vielmehr erst recht bestätigt. Da der überwiegende Teil der Anhängerschaft Jesu – auch vereinzelte Zeloten folgten ihm zunächst – ebenso wie die Pharisäer dem Tempelkult kritisch gegenüberstand und genauso wenig wie diese die Errichtung eines autonomen, theokratischen Staatswesens anstrebte, blieben auch die Jesusanhänger nach dem Fall Jerusalems zunächst unbehelligt. Den Sadduzäern und den Zeloten hingegen war mit der Zerstörung des Tempels der Boden ihrer Existenz entzogen, nicht anders erging es den Samaritanern, deren Tempel auf dem Garizim ebenfalls in römischer Zeit zerstört wurde. Sie existieren als kleine Gruppe bis heute.

Nach dem Fall Jerusalems zogen sich jüdische Kämpfer in die Bergfestung **Massada** im Süden des Toten Meers zurück, wo sie von den Römern belagert wurden. Die letzten Verteidiger der Festung gingen freiwillig in den Tod. Massada wurde in den sechziger Jahren des zwanzigsten Jahrhunderts archäologisch erschlossen und ist heute in Israel eine nationale Gedenkstätte.

Massada – Rekonstruktion der Festung mit dem herodianischen Palast

Auch der zelotischen, messianischen Idee eines autonomen jüdischen Staates gemäß der Weisung der Tora war für Jahrhunderte der Boden entzogen – erst mit der Gründung des Staates Israel 1948 und vor allem der Eroberung des Westjordanlandes 1967 sollte diese Idee nach mehr als achtzehnhundert Jahren erneut eine politisch hoch brisante, letzten Endes destruktive Wirkung erlangen.

Aus den beiden zunächst ohnmächtigen und randständigen Gruppen, dem pharisäischen und jesuanischen Judentum, sollten sich im Lauf der nächsten achtzehnhundert Jahre das heutige, rabbinische Judentum sowie die christliche Religion in intimer, bisweilen von tödlicher Feindschaft geprägter, Gemeinsamkeit entwickeln.

Zuvor jedoch besiegelte der von den Zeloten provozierte Aufstand gegen das römische Reich den Untergang des Jerusalemer Tempelstaates. Der in Galiläa beginnende Aufstand der Zeloten, der schließlich nach einem Bürgerkrieg mit den gemäßigten Kräften zu ihrer Machtübernahme in Jerusalem führte, hatte die blutige Niederschlagung des Aufstandes und vor allem die Zerstörung des Tempels durch die Römer unter dem späteren Kaiser Titus zur Folge.

Bei dieser Zerstörung handelte es sich »nur« um eine im weitesten Sinne politische, keine speziell judenfeindliche Maßnahme. Von allgemeinen antijüdischen Maßnahmen im Rest des römischen Reiches ist kaum etwas bekannt. Freilich kam das wirtschaftliche Leben sowie die Ökonomie der Wallfahrten durch die Zerstörung des Tempels in Jerusalem zum Erliegen, auch wurde die jüdische Bevölkerung des Landes durch den verheerenden Krieg um etwa ein Drittel dezimiert, und der Grundbesitz der gefangenen oder gefallenen Juden fiel an den römischen Staat. Endlich erhoben die Römer anstelle der nun gegenstandslos gewordenen Tempelsteuer eine Judensteuer, einen »fiscus judaicus«, die dem Jupiter Capitolinus in Rom zugute kam. Anders als vielfach vermutet, deportierten die Römer jedoch nicht – so wie es bei den Assyrern und Babyloniern üblich war – die jüdische Bevölkerung der Provinz. Sie verkauften jedoch die gewiss nicht wenigen jüdischen Kriegsgefangenen nach damaligem Brauch und Recht in die Sklaverei, was zu einem deutlichen Rückgang der jüdischen Bevölkerung führte. Wohlbegründete Überlegungen, die sich auf Flavius Josephus stützen, nehmen darüber hinaus an, dass es überlebenden Anhängern der zelotischen Partei gelang, über Ägypten nach Nordafrika, in die Cyrenaika, zu flüchten und dort Mission zu betreiben.

Lusius Quietus war ein Feldherr Trajans, der sich bei der – der jüdischen Überlieferung nach äußerst brutalen – Niederschlagung des jüdischen Aufstands von 115–117 im Osten des Reichs hervortat. 117 wurde er Statthalter von Judäa.

Der Aufstand der Zeloten gegen Rom um das Jahr 70 war der erste von drei jüdischen Aufständen gegen das Imperium.

Der zweite, der unter der Herrschaft Trajans in den Jahren 115–117 das Reich erschütterte, ging von der Diaspora aus – wahrscheinlich von Nordafrika, von der Cyrenaika, wohin sich eine Anzahl von Zeloten nach dem Jahre 70 zurückgezogen hatte. Die Ursachen für diesen Aufstand und seine grausame Niederschlagung im sogenannten Quietus-Krieg, der sich von Nordafrika bis nach Zypern erstreckte, sind bis heute nicht eindeutig geklärt. Als wesentliche Ursache dieser jüdi-

Die berühmte Darstellung der Plünderung des Tempels auf dem Titusbogen in Rom

schen Revolte im östlichen Mittelmeerraum gelten die Juden-feindschaft der Griechen sowie die messianische Bewegung um einen Juden aus Kyrene, einen gewissen Lucuas, der gelegentlich auch Andreas genannt wurde. Mit der Niederschlagung dieser Revolte endete die etwa sechshundert Jahre lang historisch bezeugte Geschichte der Juden in Ägypten. So wurde im Zuge des Aufstandes die große Synagoge von Alexandria zerstört, wurden weite Teile des Juden gehörenden Landes in den Städten Herakleapolis und Oxyrhynchus konfisziert und die bis dahin bestehende autonome Gerichtsbarkeit der Juden aufgehoben.

Für die Juden in Judäa selbst bedeutete der sogenannte zweite jüdischen Aufstand einen noch dramatischeren Einschnitt als der Krieg des Jahres 70 mit der Zerstörung des Tempels. Er brach knapp zwanzig Jahre nach dem Quietus-Aufstand als Reaktion auf den Plan Kaiser Hadrians aus, das zerstörte Jerusalem als Kultort des Jupiter, als »Aelia Capitolina«, wieder aufzubauen und die Praxis der Beschneidung per Gesetz zu erschweren. Der Führer der Aufständischen, Simon Bar Kochba, erneuerte die jüdische Verwaltung der Provinz, versuchte eine am römischen Vorbild ausgerichtete Armee aufzustellen und ließ eigene Münzen mit den Aufschriften wie »Für die Freiheit Jerusalems« oder »Jahr 2 der Freiheit Israels« prägen. Nach einem langwierigen Kleinkrieg fiel im Jahre 135 schließlich Bar Kochbas letzte Festung, Betar. Der ganze Krieg dezimierte die bereits durch den ersten Aufstand stark geschrumpfte jüdische Bevölkerung noch einmal um die Hälfte. Wiederum wurden kriegsgefangene jüdische Männer als Sklaven verkauft, wiederum der Grundbesitz von Juden dem römischen Staat übereignet. Die römische Verwaltung setzte nun alles daran, jede Erinnerung, dass es sich bei dieser Region um eine jüdische Region gehandelt hatte, vergessen zu machen. Nach dem Sieg über Bar Kochba wurde die Provinz Judäa offiziell in »Syria Palaestina« und der Name der Hauptstadt von Jerusalem in »Aelia Capitolina« umbenannt, zudem war es Juden verboten, nach Jerusalem zu reisen. Wiederum – wie schon im Jahr 70 – gab es diesmal mit Ausnahme des Sklavenverkaufs keine Deportationen, wohl aber eine Flucht- und Auswanderungsbewegung der jüdischen Bevölkerung, vor allem nach Syrien.

Für die Annahme, die Zerstreuung der Juden sei eine Folge römischer Deportationen, gilt somit, dass es dafür keinerlei historische Belege gibt – zumal die Römer im Unterschied zu den Assyrern zwar Kriegsgefangene in die Sklaverei brachten, aber niemals ganze Völker deportierten. Der israelische Historiker Michael Avi Jona stellte dementsprechend für die Zeit nach der Zerstörung des Jerusalemer Tempels fest:

Münze Bar Kochbas mit einer Darstellung des Tempels

»Jedoch blieb auch nach der Niederlage der größte Teil des jüdischen Volkes in Palästina sesshaft, und es gelang sogar, in Jawne eine zeitweilige Leitung, bestehend aus den Patriarchen des hillelschen Hauses und dem Sanhedrin, aufzurichten.«

Das heißt: Die jüdische Religion hat entgegen dem realen historischen Verlauf das Schicksal der Juden als das eines gewaltsam exilierten Volkes nach Maßgabe des Psalms 137 gedeutet, und das dem Umstand zum Trotz, dass nach der Deportation der judäischen Oberschicht durch die Babylonier im weiteren Verlauf der jüdischen Geschichte von Vertreibung keine Rede sein kann – jedenfalls nicht, was das Land des Ursprungs, Judäa, betrifft. Dass Juden im Lauf der Geschichte immer wieder vertrieben wurden – aus Frankreich, England und deutschen Ländern im hohen Mittelalter, aus Spanien zu Beginn der Neuzeit und schließlich zunächst aus Deutschland und Österreich zu Beginn der nationalsozialistischen Herrschaft, unterliegt keinem Zweifel. Doch ist die These, dass diese Vertreibungen die Folge jener mehr als zweieinhalbtausend Jahre zurückliegenden ersten Deportationen waren, historisch in keiner Weise zutreffend. Es bedurfte also keineswegs der unverständlicherweise als besonders provokativ geltenden Thesen des israelischen Historikers Shlomo Sand im Jahr 2007, um zu verstehen, dass die Ausbreitung und Zerstreuung des Judentums wesentlich eine Folge jüdischer Mission ist – in der späten Antike wie im frühen und hohen Mittelalter.

Jüdische Mission
Ursache der Verbreitung der Juden in der antiken Welt

Die Mission stand am Anfang dessen, was wir heute als sefardisches und aschkenasisches Judentum bezeichnen. Eine der größten Gruppen des sogenannten sefardischen Judentums sind die Abkömmlinge nordafrikanischer Juden, die nach 711 mit der islamischen Eroberung nach Spanien kamen und die auf Flüchtlinge aus dem Judäa der großen Aufstände zurückgehen. Diese jüdischen Einwanderer entfalteten eine qualitativ und quantitativ bedeutende Missionstätigkeit unter den nordafrikanischen Berbern, die nicht zuletzt von dem muslimischen Historiker Ibn Chaldun bezeugt wird. Später dann flüchteten sich der Überlieferung nach auch von den Byzantinern bedrängte Juden aus Kleinasien in die Cyrenaika und die Kabylei.

Jüdische Mission ist ebenfalls für das südliche Arabien belegt. Ihre ersten Spuren stammen bereits aus dem ersten Jahrhundert vor der christlichen Zeitrechnung; aus dem vierten Jahrhundert n. Chr. ist dokumentiert, dass der arabische Fürst Abkarib Assad nach der Abwehr einer äthiopischen Invasion unter rabbinischem Einfluss zum Judentum konvertierte. Die Frühgeschichte des Islam berichtet bekanntermaßen von mindestens drei jüdischen Stämmen auf der arabischen Halbinsel. Bei ihnen ist nicht davon auszugehen, dass sie als Stämme zu Beginn des zweiten Jahrhunderts aus Judäa nach Arabien ausgewandert sind.

Der bekannteste Fall des Übertritts eines Volkes zur jüdischen Religion ist freilich der der Chasaren, eines türkischen Volkes, das in der Zeitspanne vom siebten bis zum zehnten Jahrhundert zwischen dem Schwarzen und Kaspischen Meer

Die größten Traditionsgruppen des heutigen Judentums sind die **Sefardim** oder Sefarden, die aus dem Orient oder Spanien stammen, und die **Aschkenasim**, die aus Osteuropa, dem historischen Gebiet Polens und Litauens, stammen, wohin ihre Vorfahren im Mittelalter aus Deutschland ausgewandert waren.

siedelte und ein weitflächiges Königreich begründete. Die Chasaren konvertierten zu Beginn des neunten Jahrhunderts zum Judentum. In der Debatte um die Chasaren galt es lange Zeit als selbstverständlich, dass lediglich die Oberschicht dieses Volks jüdisch wurde. Neue archäologische Befunde aus dem neunten Jahrhundert – vor allem Gräber – zeigen aber, dass sich gerade die Sepulkralkultur mit ihrer Schmucklosigkeit jüdischem Einfluss verdankte, woraus zu schließen ist, dass nicht nur die chasarische Oberschicht, sondern die ganze Ethnie zum Judentum übertrat. Die Forschung vermutet zudem, dass chasarische Juden nach dem Zusammenbruch des Chasarenreichs als Juden in Alexandria und Konstantinopel lebten, in Ungarn siedelten und sich auf Einladung des Fürsten von Kiew im elften Jahrhundert in und um Kiew niederließen. Erwogen wird zudem, ob nicht die Juden der Krim Abkömmlinge der Chasaren sind. Endlich ist es hochwahrscheinlich, dass die Chasaren am Beginn der Geschichte der kaukasischen Bergjuden stehen.

Die Karte zeigt die Lage und Ausdehnung des Chasarenreichs.

Die im späten neunzehnten Jahrhundert bekannt gewordenen dagestanischen Bergjuden, die sich historisch bis ins dritte Jahrhundert christlicher Zeitrechnung zurückverfolgen lassen, sind zwar zahlenmäßig unbedeutend, aber historisch außerordentlich interessant. Sie sprachen einen nordiranischen Dialekt, das Judeo-Tat, und bedienten sich hebräischer Buchstaben. Der Jerusalemer Talmud weiß, dass in der kaukasischen Stadt Derbent der »Amora«, der rabbinische Weise, Raw Simeon Sifra lehrte – tatsächlich ist eine Blütezeit des kaukasischen Judentums vor allem zur Zeit des chasarischen Königreichs belegt. Eine russische Chronik Ende des vierzehnten Jahrhunderts beschreibt sogar die ganze Region des östlichen Kaukasus als von »Židy«, Juden, bewohnt.

Wenn es zutrifft, dass die nordafrikanischen Juden auf missionierte Berber und die russischen Juden auf missionierte Chasaren, also türkische Volksstämme, zurückgehen, dann stünde fest, dass mehr als siebzig Prozent der heutigen Juden keine genetischen Abkömmlinge der antiken Judäer, sondern – ethnisch gesehen – der missionierten Völker sind. Die Plausibilität einer Ethnogenese des jüdischen Volkes durch Mission hängt jedoch letztlich von der Stichhaltigkeit historisch-demographischer Vermutungen ab. Der führende Gelehrte einer historischen Populationsforschung der Juden, Salo Wittmayer Baron, schätzt, dass zur Zeit der Zerstörung des Tempels die antike Welt etwa acht Millionen Juden zählte, von denen etwas mehr als zwei Millionen in der römischen Provinz Judäa lebten – eine Zahl, die sich durch die vernichtende Niederlage nach dem Bar-Kochba-Aufstand drastisch verringerte.

Dies bedeutet: Das Judentum war seit seiner historisch belegten Gründung, nämlich seit der Entfaltung eines jüdischen Glaubens auf der Basis des alten israelitischen Monotheismus, eine diasporische Religion. In der Diaspora geboren, entfaltete es zudem in den Ländern der Diaspora sein größtes demographisches und kulturelles Wachstum, um zugleich in der Diaspora seine größten und katastrophalsten Verluste zu erleiden.

Ursprung und Zentrum des Judentums – das Land Israel – war historisch-faktisch gesehen weitgehend fiktiv; doch die Juden in der Diaspora vermochten ihre Identität gerade deshalb zu bewahren, weil sie sich einen Ursprung und ein Zentrum erträumten und erhofften, das es tatsächlich nie gab und aller Wahrscheinlichkeit nach auch nie geben wird. Damit ist nichts über die theologische Bedeutung der biblischen Landverheißungen gesagt – ohne diesen theologischen Bezug zum Land Israel könnte von jüdischer Religion im Sinne ihrer mehr als zweitausend Jahre alten Geschichte keine Rede mehr sein.

Dennoch – in den gut hundert Jahren von der augustäischen Herrschaft bis zur Niederschlagung des Bar-Kochba-Aufstandes waren Judäa und die angrenzenden Gebiete das Land, in dem sich das heutige rabbinische Judentum zusammen mit dem Christentum entwickelte.

Die rabbinischen Akademien
und die Entstehung des Talmud

Sowohl die Anhänger des Jesus von Nazareth als auch ein Teil der Pharisäer und Schriftgelehrten des Tempels standen im Jahr 70 in Widerspruch zum zelotischen Aufstand in Jerusalem. Ein führender Schriftgelehrter, Jochanan Ben Sakkai, ließ sich gemäß einer berühmten, historisch eher unwahrscheinlichen Legende während der römischen Belagerung Jerusalems von seinen Schülern in einem Sarg aus der belagerten Stadt herausschmuggeln, um vom römischen Befehlshaber Titus die Erlaubnis zu erbitten, in der Kleinstadt Jawne eine Akademie zum Studium der biblischen Schriften eröffnen zu dürfen – eine Bitte, die ihm gewährt wurde. Auch die Jünger des Jesus von Nazareth distanzierten sich – wie die Judasgeschichte der synoptischen Evangelien zeigt – mehrheitlich vom zelotischen Ideal eines weltlich geprägten, messianischen Königtums und beteiligten sich ebenfalls nicht an dem Aufstand. Ähnlich war es sechzig Jahre später, während des Bar-Kochba-Aufstandes. Während die Anhänger des Jesus von Nazareth von Bar Kochbas Regierung dafür bestraft wurden, dass sie nicht kämpfen wollten, zerstritten sich die in Jawne lehrenden Rabbinen darüber, ob man Bar Kochba folgen sollte oder nicht; die Mehrheit von ihnen lehnte eine Beteiligung an dem Aufstand ab, während sich der berühmte Rabbi Akiba auf die Seite Bar Kochbas schlug und dafür als von den Römern gefolterter Märtyrer mit dem Leben bezahlte.

Bis auf wenige Ausnahmen hielten die Rabbinen wenig oder nichts von (politischem) Messianismus. Ihnen kam es vor allem darauf an, den Geist der jüdischen Lebensform auch über politische Niederlagen hinaus zu bewahren und zu erneuern. Nach dem Ende des Bar-Kochba-Aufstandes und nach dem Tode Hadrians wurde dessen Beschneidungsverbot zwar gelockt, doch blieb Jerusalem eine für Juden verbotene Stadt. Entscheidend für die Herausbildung des rabbinischen Judentums war dann die zweite Hälfte des zweiten Jahrhunderts, in dem es zur Scheidung jener innerjüdischen Strömungen kam, deren späte Nachfolger wir heute als »Judentum« bzw. »Christentum« bezeichnen.

Wie stellte sich die Lage in der zunächst noch nicht Palästina, sondern noch immer Judäa genannten Provinz zu Beginn des zweiten Jahrhunderts dar? Historisch sind vier jüdisch-christliche Gruppen bekannt geworden: Zwei Gruppen von »Ebioniten«, die sogenannten »Nazarener« sowie einige gnostische Synkretisten.

Einige Kirchenväter informieren uns darüber, dass alle Oberhäupter – die Bischöfe – der Jerusalemer Gemeinde in der Nachfolge des Jakobus zwischen der Zerstörung des Tempels und dem Bar-Kochba-Aufstand beschnittene Juden waren. Eine Gruppe von Ebioniten glaubte an Jesus als den Messias, sprach Aramäisch, lehnte Paulus und seine Briefe ab und bestritt die Göttlichkeit Jesu. Eine zweite Gruppe von Ebioniten war im Unterschied zur ersten Gruppe bereit, sich auch mit nichtjüdischen Jesusanhängern zusammenzutun, die Göttlichkeit Jesu anzuerkennen und – über den Sabbat hinaus – auch noch den Sonntag zu feiern, als Tag der Auferstehung des Herrn. Von den Nazarenern wiederum wird mitgeteilt, dass sie an Jesus als Gottes Sohn, die Jungfrauengeburt und den heiligen Geist glaubten. Jüdische Gnostiker unterdessen befolgten das Gesetz der Tora und glaubten an Jesus als Propheten und Messias. Sie sahen in ihm die Wiedergeburt jener Kraft, die sich bereits in Adam verkörpert hatte. Zudem lehnten sie einige Teile der Bibel ab.

Man ist derzeit nicht in der Lage, eine demographische Schätzung zur Größe dieser verschiedenen Gruppen vorzunehmen. Es scheint, als ob damals in Palästina – vor allem in Galiläa, weniger in und um Jerusalem – etwa 700.000 Juden lebten; wie viele unter ihnen welcher Variante des Glaubens anhingen, ist nicht bekannt.

Als **Gnostiker** (von griechisch Gnosis, Erkenntnis) werden die Anhänger spätantiker Geheimlehren zusammengefasst, die als »Synkretisten« Elemente verschiedener Religionen und Philosophien kombinierten, etwa Elemente von Juden- und Christentum mit solchen der zoroastrischen Religion Persiens und einem mystischen Neuplatonismus. Die meisten Gnostiker waren ausgesprochen leibfeindlich.

Das nahe Jerusalem gelegene Städtchen Jawne taugte nicht lange als Standort der inzwischen immer mehr an Gewicht gewinnenden rabbinischen Akademie. Deshalb siedelte die Akademie von Jawne in Judäa nach Uscha und Bet Schearim um, vom judäischen Kernland nach Galiläa, wo sie noch etwa dreihundert Jahre, bis ins erste Drittel des fünften Jahrhunderts, existierte. Die rabbinischen Gelehrten zunächst von Jawne, dann von Uscha und Bet Schearim begründeten das Judentum insofern, als sie zwar keine förmliche Kanonisierung der überlieferten biblischen Schriften vornahmen, wohl aber die hebräischen Schriften, die ihnen bedeutsam schienen, unabhängig von der griechischen *Septuaginta* sammelten. Diese Sammlung wurde später zum Grundstock des Tenach, der von den Traditionalisten, den Masoreten, kanonisierten hebräischen Bibel.

Das wichtigste Unterscheidungsmerkmal des nun entstehenden rabbinischen Judentums im Gegensatz zu anderen jüdischen Strömungen aber war die Kanonisierung der »Mischna«, der »Zweiten« Schrift – einer Sammlung von so in den fünf Büchern Mose nicht enthaltenen Weisungen und Erzählungen, die als bisher nur »mündlich« überlieferte Lehre galten. Diese Weisungen wurden jetzt, nach dem Verlust des politisch-religiösen Zentrums im Tempelstaat, endgültig schriftlich niedergelegt und kommentiert. Dies erfolgte an zwei unterschiedlichen Orten – zunächst in Judäa, in Jawne, Uscha und Bet Schearim, und kurz darauf auch in der großen östlichen Diaspora, im jetzt sassanidischen Babylonien. Die Kommentierung der Mischna im Westen wurde Ende des zweiten Jahrhunderts in Galiläa vollendet und gilt seither als »Jerusalemer Talmud«, während die Deutung und Kommentierung von Tenach und Mischna im Osten, in Babylonien, erst im frühen sechsten Jahrhundert abgeschlossen wurde. Dies ist der »Babylonische Talmud«. In der späten Antike waren die rabbinischen Akademien, sowohl im römischen als auch im neupersischen Reich, zugleich Körperschaften politischer Herrschaft und im Sinne einer begrenzten politischen Selbstverwaltung zuständig für

Die Mischna, eine Sammlung von aus der Tora hergeleiteten rabbinischen Unterweisungen, ist der in Palästina entstandene ältere Teil des **Talmud**. Die in Babylonien entstandene **Gemara** führt die Mischna fort. Mischna und Gemara sind zusammengenommen der Talmud.

die lokale Gemeindeorganisation und die niedere Gerichtsbarkeit. Im römischen Reich wie im Reich der Sassaniden waren die Rabbinen die Betreiber von Studienakademien, legislative Körperschaften und Exekutivorgane zugleich, wobei die exekutive Rolle von einzelnen hochgestellten Männern wahrgenommen wurde. Im Westen waren dies Abkömmlinge vornehmer Gelehrtengeschlechter, in denen die Funktion eines »Patriarchen« dynastisch vererbt wurde; sie wurden von der römischen Zentralmacht anerkannt. Als wohlhabende Grundbesitzer und Bewirtschafter großer, landwirtschaftlich genutzter Ländereien sowie als Besitzer von Handelsflotten konzentrierten sie theologische Deutungshoheit, politischen Einfluss und ökonomische Macht. Die westlichen Patriarchen waren zudem bemüht, bei der Festlegung des Kalenders, der Jurisdiktion für die Festtage und dem Sammeln von Spenden die Anerkennung der Diasporagemeinden zu erhalten – ähnlich wie noch heute der apostolische Stuhl in Rom die Maßgaben für alle Katholiken festlegt.

Für den Osten, Babylonien, ist seit dem dritten nachchristlichen Jahrhundert die Institution eines »Exilarchen«, der vom sassanidischen Königshaus förmlich anerkannt wurde, belegt. Das jüdische Leben hatte hier seine Zentren in den Städten Sura und Pumbedita. Die politische Funktion des Exilarchen bestand vor allem in seiner juristischen Autorität für die jüdischen Einwohner des Sassanidenreichs. Ohne in Fragen des Strafrechts kompetent zu sein, waren die vom Exilarch eingesetzten Richter für das Zivilrecht, für die Marktaufsicht, für Erb- und Schuldfragen sowie für das Familien- und Scheidungsrecht zuständig. Anders als die Patriarchen der in Palästina ansässigen jüdischen Gemeinschaft waren die babylonischen Exilarchen jedoch nicht Teil des rabbinischen Ge-

Die spätantike Synagoge von Kapernaum in Galiläa

lehrtentums, und so kam es oft zu heftigen Spannungen zwischen Exilarchen und Rabbinen. Massive Konflikte löste unter anderem das Begehren der Rabbinen aus, von der allen Juden auferlegten Kopfsteuer befreit zu werden. Konflikte der Exilarchen mit dem sassanidischen Königshaus sollten ihr Amt zusätzlich schwächen; schließlich ist zu Beginn des sechsten Jahrhunderts, wenige Jahre vor der Eroberung Persiens durch die Araber, in den Dokumenten nicht mehr von den Exilarchen die Rede.

Im römischen Reich war das von den in Galiläa gelegenen Akademien mitsamt ihrem politisch-geistlichen Führer, dem Patriarchen, vertretene Judentum trotz der einen oder anderen Einschränkung, etwa bei der Beschneidung und der Konversion von Nichtjuden, als »religio licita«, als lizenzierte Religion anerkannt, die – als einzige – das Privileg besaß, nicht dem Kaiser opfern und ihm als Gott Steuern entrichten zu müssen. Dieses Privileg wurde erst aufgehoben, als das Christentum nach Konstantin zur Staatsreligion erhoben wurde.

Die rabbinischen Akademien sowohl in Galiläa als auch in Babylonien waren – soziologisch gesehen – Gelehrtenaristokratien, mit Aristokraten freilich, die sich um ihrer persönlichen Autonomie willen nie zu schade waren, ein Handwerk zu erlernen und so im Zweifelsfall ökonomisch unabhängig zu sein. Als herrschende Gelehrtenaristokratie standen sie in einem nicht geringen Interessengegensatz zu den ihnen juristisch unterworfenen einfachen Jüdinnen und Juden, den »Amej Haaretz«, den »Menschen vom Land«, die von den Rabbinen wegen ihrer Unbildung verachtet wurden. Herrschaft übten die Rabbinen auch über die jüdischen Frauen aus, denen nun die begrenzte Unabhängigkeit, die sie in der hellenistisch-römischen Kultur hatten, aberkannt wurde. Wie das in der späten Antike sich bischöflich organisierende Christentum und auch der frühe Islam, die letzte spätantike Religion, entstand das rabbinische Judentum als patriarchalische Religion. Doch nicht wenige talmudische Schriften berichten von ebenso gebildeten wie widerspenstigen gelehrten Frauen, die die männliche Jurisdiktion nicht unbefragt akzeptierten.

Jüdische Frauen
und eine patriarchalische Religion

Die geistesaristokratische Religion der Rabbinen war patriarchalisch geprägt; die im Talmud aufgeführten Namen sind in ihrer überwältigenden Mehrzahl die von Männern. Gleichwohl finden sich auch hier deutliche Hinweise auf weibliche Weise. Demnach spielten Frauen gerade in der Formation des rabbinischen Judentums eine bedeutende Rolle.

Zudem steht fest, dass zumindest in der hellenistischen Epoche Frauen im Alltag und im festtäglichen liturgischen Leben oft gleichberechtigt waren. Es war die Archäologie, die den Beweis dafür lieferte: die Epigraphik, das Studium von Gebäudeüberresten, aber besonders von Grabinschriften. So finden sich vor allem in der mediterranen Diaspora Inschriften, auf denen jüdische Frauen als »Presbyter«, »Archisynagogos«, als »mater synagoge« oder als »Archegissa« bezeichnet werden, also als Priester, Synagogenälteste oder gar »Mutter der Synagoge« – Inschriften, die zeitlich eine Periode vom dritten Jahrzehnt vorchristlicher Zeitrechnung bis zum sechsten Jahrhundert christlicher Zeitrechnung abdecken. Bei der Beurteilung dieser Inschriften wurde in der Forschung darüber gestritten, ob die den Frauennamen hinzugefügten Ehrentitel auf eine eigenständige Funktion in der Synagoge verweisen oder ob sie lediglich auf die Funktion des Ehemannes hinweisen. Die Debatte ist inzwischen entschieden. Im Vergleich mit ähnlichen Titeln, die sich für Frauen paganer Religionen finden und für die eine grundsätzliche geschlechtsbezogene Arbeitsteilung in der Liturgie nicht anzunehmen ist, gilt, dass die Titel der Frauen auch die wirkliche Funktion wiedergeben. Damit ist mindestens für die Synagoge in der Diaspora bewiesen, dass die antike jüdische Religion in der Diaspora Frauen liturgisch gleichberechtigt hat. Weitere archäologische Untersuchungen galten den antiken Synagogen, deren Überreste für den gleichen geographischen Raum, der sich von Kleinasien bis Italien erstreckt, und für denselben Zeitraum keinen Hinweis auf abgetrennte Frauenplätze – sei es auf Galerien, sei es in weiter hinten gelegenen Raumteilen – geben.

In Palästina aber verlief dieser Prozess widersprüchlicher: Besonders bekannt wurde dort eine Frau namens Berurja. Anfang des zweiten Jahrhunderts geboren, galt sie, die mit einem der Begründer der mischnischen Tradition verheiratet war, als gelehrtes Genie: »Berurja«, so wurde von ihr erzählt, »prägte sich an einem Tag 300 Traditionen von 300 Meistern ein und brauchte mehr als drei Jahre, um sie zu studieren ...« Die Traditionen über Berurja zeichnen in aller Kürze das Bild einer ebenso komplexen wie individuellen und intellektuellen Person. Eine andere Frau, Jalta, die Tochter eines im späten dritten Jahrhundert in Babylon lebenden Gemeindeoberhaupts, wurde als streitlustige Kritikerin ultraorthodoxer (das gab es damals schon) Rabbinen bekannt, die Frauen mithilfe von Reinheitsvorschriften aus der Gemeinde ausgrenzten. Bei einem Mahl forderte Jaltas Vater den ultraorthodoxen Gelehrten Ulla auf, seiner Tochter den Becher zu reichen, über den er den Weinsegen gesprochen hatte; schließlich seien ja auch die Leibesfrüchte der Frauen nicht durch sie selbst, sondern nur durch den Mann gesegnet. Als Jalta das vernahm, ging sie in den Weinkeller des Hauses und zerbrach vierhundert Krüge. Auf die beruhigenden Äußerungen anderer rabbinischer Gäste, die sie von ihrem zerstörerischen symbolischen Handeln abhalten wollten, antwortete sie nur mit dem Schmähruf: »Gerede von Fahrenden, Schande von Lumpen.« Dieselbe Jalta unterbreitete zudem den Rabbinen offen Fragen über ihre Monatsblutungen und diskutierte mit ihnen sexualethische Fragen. So hielt sie dem berühmten Rabbi Nachman bei einer Diskussion entgegen: »Beachte, dass die Tora uns für alles Verbotene einen Ausgleich gestattet: Wir dürfen kein Blut essen, aber Leber ist erlaubt. Wir haben keinen Verkehr während

Die rechtliche und soziale **Lage der Frauen** in der Antike war im Westen und Osten sehr unterschiedlich. Während das römische Recht die Frauen im Privatrecht – wenn auch nicht in der Politik – den Männern weitgehend gleichstellte, waren in den Griechenstädten die Rechte der Frauen eingeschränkter. Noch schwächer war die Rechtsposition der Frauen in den nicht vom römischen und griechischen Recht bestimmten Gebieten des Orients.

der Menstruation, aber nach der Geburt ... Der Verkehr mit einer Verheirateten ist verboten, aber mit einer Geschiedenen zu Lebzeiten des früheren Mannes erlaubt. Die Brudersfrau ist verboten, aber die Ehe mit seiner Witwe erlaubt. Nichtjüdinnen sind verboten, aber die schöne Kriegsgefangene ist erlaubt. Ich habe Appetit auf Fleisch mit Milch – wo ist der Ausgleich?«

Selbstverständlich haben derlei Auftritte einzelner Frauen nicht zu einer wesentlichen Änderung der rabbinischen Gesetzgebung in Bezug auf die Sexual- oder Speisemoral geführt; auffällig ist gleichwohl, dass mit der Gestalt der Jalta eine Frau in den talmudischen Diskurs eingeführt wird, die auf den ersten Blick allen Idealen eines gesitteten, beherrschten, alleine aufs Lernen ausgerichteten Leben zu widersprechen scheint: Jalta verhält sich jähzornig und unkontrolliert und benutzt ihren zweifelsohne vorhandenen Scharfsinn scheinbar für die Aushöhlung der bestehenden Sitten. In Wahrheit aber verweisen Jaltas Argumentationen erstens mit gnadenloser Schärfe auf Inkonsistenzen und pragmatische Widersprüche der Weisung und offenbaren zweitens mit erstaunlicher Offenheit Wünsche, die gemäß der Weisung nicht erfüllt werden dürfen: Appetit auf Milch mit Fleisch. Indem das rabbinische Protokoll beides festgehalten hat, honoriert es nicht nur die Argumentationskunst einer jüdischen Frau, sondern stellt zugleich fest, dass das Vorhandensein eines Wunsches noch nichts an und für sich Sündhaftes ist. Indem sich gemäß dieser Protokolle eine Frau in drastischer Offenheit zu Fragen der Sexualität äußert und diese Äußerungen auch nicht weiter abwertend kommentiert werden, wird indirekt festgestellt, dass Frauen die männliche Sexualität und ihre Formen sehr gut kennen, und man darf weiterschließen, dass damit zugleich die Frage nach der Erfüllung weiblicher Sexualität gestellt ist. Tatsächlich verpflichtet sich gemäß rabbinischem Heiratsrecht der Ehemann, der Gattin ein Minimum sexueller Befriedigung zu gewähren: Während die strengere schammaitische Schule ein Fernbleiben des Mannes von seinen ehelichen Pflichten für zwei Wochen erlaubte, so schränkte die als liberaler geltende Schule Hillels diese Zeit der Enthaltsamkeit auf eine Woche ein.

Jene Gelehrten, die zwischen dem zweiten und dem sechsten Jahrhundert in der römischen Provinz Palästina, vormals Judäa, und in Persien das rabbinische Judentum gründeten, waren Männer, die sich deutlich und drastisch zu Fragen von Sexualität und Ehe äußerten – nach heutigen Begriffen mehr oder minder frauenfeindlich, ganz wie ihre Zeitgenossen, die Kirchenväter, und, um zweihundert Jahre versetzt, die Gründer des Islam: Mohammed und die ersten Kalifen. Die in der späten Antike entstandenen Religionen – rabbinisches Judentum, Christentum und zuletzt der Islam – zeichnen sich nicht nur durch ihren Monotheismus und ihre hohe moralische Sensibilität, sondern eben auch – leider – dadurch aus, dass sie grundsätzlich patriarchalisch, oft genug frauen-, wenn auch nicht immer sexualfeindlich waren. In dieser letzten Hinsicht übertrumpfte das Christentum das Judentum und den Islam allemal.

Es ist noch nicht einmal klar, ob es am Ende nicht der Einfluss der sich entwickelnden Kirche gewesen ist, der zur Absonderung der Frauen in der Synagoge geführt hat. Man denkt dabei an den bekannten Ausspruch des Apostels Paulus »*Es schweige das Weib in der Gemeinde*«. Es geht aber auch um die

Nichtzulassung von Frauen aufgrund ihrer Monatsblutungen. So schrieb im dritten Jahrhundert christlicher Zeitrechnung ein gewisser Dionysius von Alexandria, ein Studiengenosse des Kirchenvaters Origenes, seinem Bischof Basilides in einem Brief, dass es überflüssig sei, Frauen daraufhin zu untersuchen, ob sie ihrer Blutflüssigkeit wegen zum Gottesdienst zugelassen werden dürfen – da das persönliche Gebet dadurch nicht verunreinigt werde und die Selbstprüfung des Gewissens allen, die zum Gottesdienst kommen, ohnehin zugutegehalten werden solle. Einem Bischof kommt demnach nur noch die Aufgabe zu, auf das Problem der Unreinheit hinzuweisen, nicht aber, persönliche Befragungen zum Reinheitsstatus durchzuführen. Indes: »*Dem Individuum, das nicht völlig an Leib und Seele rein ist, soll der Zugang zum Allerheiligsten verboten werden.*« Diesem Brief als einer historisch gesicherten Quelle kann entnommen werden, dass der Bann von Frauen aufgrund ihrer Monatsblutungen im dritten und vierten Jahrhundert religionsüberschreitend üblich war. Damit setzte sich ein patriarchal gedeutetes Judentum wie das Christentum von den heidnischen Glaubensformen ab.

Feindliche Geschwister

Die wechselseitige Konstitution von Christen- und Judentum

Gleichzeitig mit der patriarchalischen Gründung von rabbinischem Judentum, christlicher Kirche und – später – des Islam vollzog sich die wechselseitige Konstitution jener Religionen, die wir heute als Judentum und Christentum kennen. Sie werden gelegentlich als Mutter- und Tochterreligion bezeichnet. Doch diese Metapher trifft nicht zu, denn tatsächlich entstanden rabbinisches Judentum und christliche Kirche gleichzeitig, wenn das rabbinische Judentum nicht sogar nach der Kirche entstand. Dabei gehört die Kirche in die Geschichte des Judentums ebenso hinein wie die Geschichte des Protestantismus in die Geschichte des Christentums. Der Jesus-Glaube und die Kirche waren zunächst nur eine der vielen Strömungen, die das erst judäische, dann palästinische und diasporische Judentum zu Beginn des zweiten Jahrhunderts christlicher Zeitrechnung kannte.

Das lässt sich auch und gerade an jenen historischen Umständen belegen, die zur Entstehung des Christentums geführt haben, wobei den neutestamentlichen Schriften, die Rabbiner Leo Baeck bereits 1936 als »Zeugnisse jüdischer Glaubensgeschichte« bezeichnet hat, als historischen Quellen besonderes Gewicht zukommt. Aus ihnen ergibt sich: Sowenig Jesus von Nazareth der Stifter des Christentums war, sowenig war auch – und dies ist schon eine näherliegende Annahme – Saul von Tarsus, der römische Bürger aus Kilikien, der Begründer der christlichen Religion. Vielmehr war das Wirken des sich später gelegentlich auch Paulus nennenden jüdischen Intellektuellen der Höhe- und Endpunkt einer sich über mindestens zweihundert Jahre und über die ganze mediterrane Ökumene erstreckenden jüdischen Missionstätigkeit. Diese Missionstätigkeit war die wesentliche Ursache des sprunghaften Anwachsens der jüdischen Bevölkerung im Mittelmeerraum, die im augustäischen Zeitalter immerhin beinahe 13 Prozent der gesamten Bevölkerung des römischen Reiches ausmachte. Die jüdische Mission im Zeitalter des Hellenismus kannte zwei Formen: Zum einen dienten griechische Schriften wie die *Septuaginta*, der *Pseudoaristeas*, die *Weisheit Salomonis*, die *sibyllinischen Bücher* oder auch das *vierte Makkabäerbuch* sowie die Lehren Philos der literarischen Werbung für den jüdischen Glauben, und zum anderen bewirkte die innerhäusliche Mission vor allem gegenüber dem Dienstpersonal, gegenüber der Klientel oder auch gegenüber Sklaven und Sklavinnen eine Ausbreitung des Judentums. Menschen zu Jüdinnen und Juden zu machen, war umstandslos möglich, da es in der vorrabbinischen Zeit mit Ausnahme der Beschneidung für Männer kein förmliches Konversionsverfahren gab.

Die **Weisheit Salomonis,** kurz *Buch der Weisheit,* ist ein um 50 v. Chr. in Alexandria entstandener Text, der die jüdische Tradition mit hellenistischem Gedankengut verbindet. Es wurde nicht in den Tenach, die jüdische Bibel, aufgenommen, wohl aber in das Alte Testament der Katholiken. Für die Protestanten wiederum gehört es nicht zum Bibelkanon.

Die Lage der Juden im römischen Reich war, von einzelnen judenfeindlichen Ausschreitungen wie denen in Alexandria abgesehen, über mehr als dreihundert Jahre – von der Zeit Julius Caesars bis zu Konstantin – mehr oder minder stabil und gesichert. Das Judentum hatte den Status einer von den staatlichen Autoritäten ausdrücklich zugelassenen Religion, und die Juden genossen das Privileg, den vergöttlichten Kaisern nicht persönlich opfern zu müssen. Demütigungen wie durch Kaiser Caligula, der im Jerusalemer Tempelbezirk sein Standbild errichten wollte, oder Ausweisungen von Juden aus der Stadt Rom, weil sie der Konspiration verdächtigt wurden, blieben vereinzelte Ereignisse, und die teils spöttischen, teils abfälligen Schriften von Autoren wie Tacitus oder Juvenal über jüdische Bräuche sind von geringer Zahl. Die von Kaiser Domitian eingeführte Judensteuer, die als Ersatz für das ausfallende Kaiseropfer eingetrieben wurde, wurde vom ersten Soldatenkaiser, Nerva, wieder aufgehoben.

Außer der Teilnahme am synagogalen Gottesdienst sowie dem Leben in landsmannschaftlich-religiös geprägten Stadtvierteln gab es kein Kriterium, anhand dessen Juden von

Nichtjuden zu unterscheiden waren. Dies gilt sogar für die Beschneidung, weil sie im ganzen asiatischen Osten des römischen Reiches üblich war. Es gab auch keine Abstammungsregister, in denen Menschen nach der Religion ihrer Vorfahren verzeichnet waren, und die Juden sprachen keine eigene Sprache, etwa Hebräisch, sondern Griechisch oder Latein; in dem Vielvölkerstaat und der Vielvölkerstadt Rom konnten sie auch nicht anhand von physiognomischen Eigenheiten identifiziert werden. Im römischen Reich waren genau die Personen Jüdinnen oder Juden, die den Gott der Bibel anbeteten und sich im Alltag an die mosaischen Weisungen hielten.

Die von den römischen Kaisern niedergeschlagenen jüdischen Aufstände wirkten sich nicht negativ auf die Lage der jüdischen Gemeinden in den nicht von ihnen betroffenen Reichsteilen aus. Mit einer Ausnahme: Seit Hadrian, der den Bar-Kochba-Aufstand niederschlug, war den Juden im ganzen römischen Reich die Beschneidung nichtjüdischer Mitglieder ihres Hauses, also meist Sklaven, ebenso verboten wie das Abhalten von Gottesdiensten. Dieses Verbot wurde aber wahrscheinlich nicht durchgesetzt. Ende des zweiten Jahrhunderts, nach einer kurzen Periode, in der der Übertritt zum Judentum wieder kurzfristig verboten war, wurden dann alle Juden im Römischen Reich römische Bürger mit allen Rechten. Die wiederholt ausgesprochenen und dann wieder zurückgenommenen Beschneidungs- und Konversionsverbote verweisen darauf, dass das Judentum im römischen Reich tatsächlich missionierte – und sei es auch nur, um durch die Konversion von nichtjüdischen Sklaven und anderen Hausgenossen die rituellen Weisungen der Tora besser erfüllen zu können.

Rom war eine der ältesten jüdischen Gemeinden der mediterranen Ökumene. Nach ersten Ansiedlungen in der Makkabäerzeit lebten hier auch freigelassene, von Pompeius nach Rom verschleppte kriegsgefangene judäische Sklaven, die vor allem in Trastevere, aber auch in der Via Appia und der Subura wohnten. Zur Zeit des Herodes lebten mindestens achttausend Juden in Rom; zwei jüdische und eine samaritanische Synagoge sind aus augustäischer Zeit bezeugt. Die Präsenz der römischen Juden ist auch durch Cicero belegt, der beklagte,

Eine unbekannte vornehme Römerin des späten zweiten Jahrhunderts

dass so viele Juden die öffentliche Rechtsprechung behinderten; bekannt ist auch der Fall der vornehmen Römerin Fulvia, die zum Judentum konvertierte. Dass ein paar Juden sie möglicherweise um eine große Summe Geldes prellten, wurde später zum Vorwand dafür, dass Kaiser Tiberius im Jahre 19 n. Chr. die Juden aus Rom und Italien auswies. Vermutlich war diese Zwangsmaßnahme gegen die erfolgreiche Mission der Juden in Rom gerichtet. Im Allgemeinen entstammten die Proselyten der Schicht von Sklaven und Freigelassenen, doch auch in der römischen Oberschicht gab es mit der Synagoge sympathisierende »Gottesfürchtige«. Zur Zeit von Paulus' Brief an die Römer waren gerade wieder viele Jüdinnen und Juden, die im Jahre 50 n. Chr. durch Kaiser Claudius ausgewiesen worden waren, nach Rom zurückgekehrt. In einer berühmten Äußerung im Galaterbrief hatte Paulus zuvor von Juden und Griechen, Sklaven und Freien, Männern und Frauen gesprochen, um diese Unterscheidung dann wieder theologisch aufzuheben. Damit sagte er, dass der in der Synagoge und im Alltag durch die Mitzwoth bekannte Glauben die ethnischen, sozialen oder Geschlechtsdifferenzen überwindet.

Die Überwindung der Differenz zwischen Juden und Griechen, wie sie von Paulus in Gal 3, 26 f. behauptet wird, bezieht sich auf dem Glauben nach jüdische Gemeinden, in denen Griechen und Judäer ebenso gemeinsam beten (sollten) wie Männer und Frauen, Herren und Sklaven. Im Kern ging es dem Apostel Paulus wie seinem Zeitgenossen Philo von Alexandrien um die Frage nach dem Verhältnis des jüdischen Glaubens zur ethnisch-jüdischen Herkunft. Der »Römerbrief« des Apostels wiederum richtet sich daher wie der Galaterbrief nicht an Christen, die es damals noch nicht geben konnte, sondern an Römer und Griechen jüdischen Glaubens, die meinten, die ethnische Abkunft der Ju-

Mitzwoth heißen die Gebote, die Juden nach der Halachah, der verbindlichen Überlieferung, einhalten sollen. Wenn ein jugendlicher Jude in die Gemeinde eintritt, feiert er in der Bar Mitzwa, dass er zum »Diener des Gebots« wird.

den, für die Paulus selbst die Bezeichnung »israelitisch« kennt, geringschätzen zu können. In der im Römerbrief gepriesenen fleischlichen Erwählung der Judäer jedoch erweist sich Paulus dem hellenistischen Universalismus zum Trotz als direkter Vorläufer rabbinischer Theologie. Die angebliche »Gesetzes- und Torakritik« des Paulus, auf die vor allem der lutherische Protestantismus sich gern beruft, folgt im Übrigen, ebenso wie seine Abwertung des Leibes, dem damals geläufigen, von Philo und anderen hellenistisch-jüdischen Autoren vertretenen Weg einer Inkorporation mittelplatonischer und stoischer philosophischer Gedanken in den jüdischen Glauben. Philo schreibt: *»Die geborenen Juden erhalten Gottes Huld nicht, weil sie von Anfang und von Alters her Angehörige der Gott liebenden Gemeinschaft sind, sondern weil sie sich hinsichtlich ihrer vornehmen Abkunft nicht als unwürdig erwiesen – Proselyten aber erhalten Gottes Huld, weil sie bereit waren, den Übergang zur Frömmigkeit zu vollziehen.«* (Spec I, 9.51) Entsprechend trat Philo massiv dafür ein, körperlich unbeschnittenen Proselyten kein Unrecht zu tun und sie besonders anzuerkennen. In gewisser Weise radikalisiert Paulus diesen Gedanken, achtet aber im Römerbrief darauf, dass der Sinn der fleischlichen Erwählung nicht völlig verloren geht. Im Unterschied zu Philo jedoch, der Proselyten dem Geiste nach auch unter den Weisen aller Völker kennt und philosophische Weisheit für die rechte Gotteserkenntnis hält, bedarf der pharisäisch geschulte Paulus zur Universalisierung des jüdischen Glaubens des Bekenntnisses zu einem Messias.

Das, was später als Christentum, als Kirche, als Ekklesia im Unterschied zur Synagoge, galt, war also zunächst nichts anderes als eine Strömung innerhalb des Judentums, eine Strömung, die mit der frühestens in der Makkabäerzeit entstandenen Überzeugung ernst machte, dass »Ioudaismos« ebenso wie »Hellenismos« eine von jedem Menschen frei wählbare Lebens- und Glaubensform war. Dabei war die Debatte zwischen den jüdischen Anhängern des Jesus von Nazareth und den im

Der Römer und Jude Saul(us) oder Schaul aus der kleinasiatischen Stadt Tarsus, der sich später auch **Paulus** nannte, hat mit seinen Briefen, die einen wesentlichen Teil des Neuen Testaments ausmachen, im Nachhinein wesentlich das Christentum geprägt. Sowohl Augustinus als auch Luther berufen sich auf ihn. Als Einziger, der Jesus nicht persönlich kannte, wurde er in den Rang eines Apostels erhoben. Der Überlieferung nach wurde er um 60 n. Chr. in Rom hingerichtet.

SCS PAVLVS

Der Apostel Paulus
auf einer früh-
mittelalterlichen
Darstellung

Entstehen begriffenen rabbinischen Akademien ebenso heftig wie auch verwirrend. Dass und wie das entstehende rabbinische Judentum sich von den Jesusanhängern abgrenzte, bezeugen die vielfältigen im Talmud dokumentierten Auseinandersetzungen um die sogenannten Minim, was in wörtlicher Übersetzung aus dem Hebräischen nichts anderes als »Arten« bedeutet, in den talmudischen Schriften jedoch als Sammelbegriff für Häretiker verwendet wird. Welche »wahre« Religion die Häretiker leugneten – dies sollte sich aber überhaupt erst durch die Abgrenzung von ihren Lehren herausstellen.

Der Widerstand der Rabbinen von Jawne jedenfalls richtete sich schon früh gegen die Bücher der »Minim« – möglicherweise waren dies frühe Evangelien. Im Babylonischen Talmud, im Traktat *Berachot*, wird die Frage erörtert, warum das »Achtzehnbittengebet«, das sich gemäß rabbinischer Lehre auf die achtzehn Gottesnamen bezieht, tatsächlich neunzehn Bitten enthält, also um jene Bitte erweitert wurde, die später als »Birkat ha Minim«, als Ketzersegen, bezeichnet wurde. Dieser Ketzersegen richtet sich also gegen »Minim«, wobei bis heute nicht restlos geklärt ist, ob es sich bei den »Minim« um Jesusanhänger, Gnostiker oder andere Abtrünnige handelt, lautet in einer bis heute überlieferten Fassung – kein anderer Vers des Achtzehnbittengebetes erfuhr seither so viele Änderungen – so: »*Den Verleumdern sei keine Hoffnung, und alle Ruchlosen mögen im Augenblick untergehen, alle mögen sie rasch ausgerottet werden, und die Trotzigen schnell entwurzle, zerschmettre, wirf nieder und demütige sie schnell in unseren Tagen. Gelobt seist du Ewiger, der du die Feinde zerbrichst und die Trotzigen demütigst.*«

Es liegt auf der Hand, dass diejenigen, die hier als Verleumder oder Abtrünnige bezeichnet werden, von den Autoren dieser Segnung aus ihrer Gemeinschaft ausgeschlossen und ihr nicht mehr zugerechnet werden sollen. Aber wer hat diese Form des Segens wann verfasst? Und wer galt nach welchem Kriterium als »abtrünnig« wovon? Wer waren die mit den »Minim« oft in einem Atemzug genannten »Nosrim« und wer die »Minim«? Handelte es sich um Angehörige derselben Gruppe oder ging es um zwei verschiedene Gruppen? Und wenn ja, worin unterschieden sie sich? Der Kirchenvater Hieronymus immerhin wusste noch im fünften Jahrhundert, dass es eine jüdische Sekte gab, die »Minim« oder auch »Nazarener« genannt wurde. Die talmudischen Schriften geben auf all diese Fragen eine außerordentlich verwirrende Antwort:

»*Die Rabbinen lehrten: Simon der Flachsmann ordnete vor Rabbi Gamaliel in Jawne die achtzehn Segenssprüche in ihre Reihenfolge. Da sprach Rabban Gamaliel zu den Weisen: Gibt es jemanden, der einen Segensspruch gegen die Minäer abzufassen weiß? Hierauf stand Schmuel der Kleine auf und fasste ihn ab. Im folgenden Jahre vergaß er ihn und dachte zwei, drei Stunden über ihn nach, man hieß ihn aber nicht abtreten* [d. h. nicht den Platz des Vorbeters einnehmen] *– Wieso hieß man ihn nicht abtreten? Rabbi Jehuda sagte im Namen Rabhs, das man ihn hätte wiederholen lassen, wenn er sich bei einem anderen Segensspruch geirrt hätte. Aber beim Minäersegen ... man sollte ja befürchten, er sei übergetreten.*« Nach einigen weiteren moralischen Erörterungen fährt der Abschnitt mit einer philosophischen Weisheit fort: »*Traue dir selbst nicht bis zu deinem Sterbetag, denn Johanan der Hohepriester war achtzig Jahre Hohepriester und wurde Sadduzäer.*«

Die vorgetragene Geschichte gibt mehrere Rätsel auf: Sofern die historische Zuordnung zutrifft, spielt die Geschichte während der Regierungszeit des von den Römern bestätigten Patriarchen Gamaliel II., dem Enkel von Johanan Ben Zakkai, der wahrscheinlich zwischen dem Jahr 80 und dem Jahr 115 wirkte, sein Amt also zur Regierungszeit des Kaisers Domitian antrat und noch zu Zeiten Kaiser Trajans starb – wahrscheinlich vor dem Quietus- und lange vor dem Bar-Kochba-Aufstand. Von Schmuel dem Kleinen scheinen wir zu wissen, dass er vor Gamaliel II. starb und – von den Rabbis Gamaliel und Eleazar Ben Azarja gesegnet – noch prophezeite, dass »Schimon und

Ischmael durch das Schwert« sterben würden und ihre Mitstreiter weiterer Gewalt und Plünderungen zum Opfer fallen
würden. Der Aufstand, vor dem Schmuel warnen wollte, war
der bereits erwähnte von Kaiser Trajan niedergeschlagene ge-
walttätige Aufstand von wahrscheinlich zelotisch gesonne-
nen Juden rings ums Mittelmeer, der »Quietus-Krieg«. Nach
diesem Aufstand, der zu allerletzt Judäa erreichte, war das alte
und traditionsreiche, meist hellenistische ägyptische Judentum ebenso vernichtet wie das Judentum Nordafrikas. Ägypten wie das übrige Nordafrika waren Landstriche, die in besonderer Weise Orte des jüdischen Proselytismus gewesen waren
und nach dem Aufstand zu Kerngebieten des sich ausbreiten-
den Christentums wurden.

Aus der Sicht des sich konstituierenden rabbinischen Judentums galten als »Minim«, unter ihnen auch die Anhänger
des Jesus von Nazareth, Abtrünnige, die dadurch aus den Synagogen ferngehalten werden sollten, dass man den Ketzersegen, der tatsächlich eine Ketzerverfluchung darstellte, ein-
schaltete.

Tatsächlich schien die »Minut«, das Ketzertum, jedoch
noch weiter zu gehen, so weit, dass sogar der berühmte Rabbi
Eliezer verdächtigt wurde. Rabbi Eliezer – er lebte wahrscheinlich zwischen dem Jahr 50 und dem Jahr 115 – war ein rabbinischer Weiser der ersten Generation nach der Zerstörung Jerusalems. Er wurde nicht so berühmt wie sein späterer Schüler
Akiba, dessen Prominenz nicht zuletzt seinem Engagement
für den falschen Messias Simon Bar Kochba zuzuschreiben
sein dürfte, ist aber gewiss mindestens so bedeutend. Eliezer
Ben Hyrkanos, gelegentlich auch »Eliezer der Große« genannt,
studierte als Sohn reicher Eltern in Jerusalem. Als Mitglied des
großen Gerichts in Jawne reiste er unter anderem nach Rom
und wurde durch seine Heirat mit der Schwester Gamaliels,
Imma Schalom, Mitglied des Patriarchenhauses. Das Bild Eliezers als eines zelotischen, nationaljüdischen Rabbi wird durch
eine eigentümliche talmudische Erzählung, die sich im Traktat *Avoda Zara* findet, in dem es um alle möglichen Formen des
Götzendienstes geht, sehr beeinträchtigt: »*Als Rabbi Eliezer wegen Häresie inhaftiert wurde, führte man ihn aufs Schafott, um ihn*

abzuurteilen. Da sprach der Hegemon zu ihm: Wie kann ein Greis wie du sich mit solch nichtigen Dingen befassen? Der erwiderte ihm: Der Richter hat recht! Jener Hegemon glaubte, dass er damit ihn meine, während er aber seinen Vater im Himmel meinte. Hierauf sprach jener: Da du mir recht gegeben hast, sollst du bei der Göttin der Gerechtigkeit frei sein. Als er nach Hause kam, traten seine Schüler zu ihm ein, um ihn zu trösten, er aber nahm keinen Trost an. Da sprach Rabbi Akiba zu ihm: Meister, willst du mir erlauben, dir etwas von dem zu sagen, was du mich gelehrt hast? Dieser erwiderte: Sprich! Da sprach er zu ihm: Meister, vielleicht hast du etwas Häretisches gehört, und gefiel dir dies, und bist deshalb inhaftiert worden? Dieser erwiderte: Akiba, du hast mich erinnert: Einst ging ich auf den oberen Markt von Sepphoris und traf da einen von den Schülern Jesu des Nazareners namens Jakob aus Kephar Sechanja, und er sprach zu mir ... Dies gefiel mir, und deswegen bin ich wegen Häresie inhaftiert worden.« Tatsächlich hat diese Geschichte eine hohe historische Wahrscheinlichkeit für sich. Aus dem Brief des kleinasiatischen Statthalters Gaius Plinius an Kaiser Trajan aus dem Jahre 112 sind wir darüber informiert, dass Menschen bei Strafe des Todes eine ehrliche Antwort darauf geben mussten, ob sie »Christen« seien. Christ zu sein, bedeutete, »*an einem bestimmten Tage vor Sonnenaufgang zusammenzukommen, um Christus gleich wie einem Gott (»Christo quasi Deo«) im Wechselgesang miteinander ein Lied anzustimmen.«* Rabbi Eliezer stand möglicherweise aus Sicht der römischen Behörden unter dem Verdacht, Christ zu sein. Die Gründe für die Strafbarkeit dieses Verdachts schienen zur Zeit Trajans darin zu bestehen, dass die »Christen« sich weigerten, die den Juden auferlegte Steuer für den Kult des Jupiter Capitolinus in Jerusalem zu zahlen. Die Geschichte legt nahe, dass Eliezers Begegnung mit einem Jesusanhänger in Sepphoris längere Zeit zuvor, in seiner Jugend – der Tempel zu Jerusalem stand noch –, stattfand. Sepphoris war übrigens eine – auffälligerweise in den Evangelien nicht erwähnte – vornehmlich von toratreuen Juden besiedelte Stadt von hoher rabbinischer Gelehrsamkeit. Gleichwohl waren die dort lebenden, oft des Griechischen mächtigen Juden zur Zeit des Jüdischen Krieges in ihrer überwiegenden Mehrheit prorömisch und wie die Jesusanhänger grundsätzlich pazifistisch eingestellt. In der zitierten Geschichte berichtet Eliezer, dass ihn die Tempel- und kultkritischen Äußerungen des Jakob beeindruckt hatten. Welchen Sinn aber sollte es haben, dass er deswegen vierzig Jahre später denunziert und angeklagt wurde, wenn nicht zumindest in den Augen der römischen Behörden rabbinische Juden und Jesuaner praktisch Angehörige einer Gruppe waren? Daher fragt der Talmudforscher Daniel Boyarin, der als Erster die These von der durch wechselseitige Abgrenzung entstandenen Konstitution von Judentum und Christentum vorgebracht hat, warum Rabbi Eliezer den römischen Behörden nicht einfach mitteilte, kein Christ zu sein. Er antwortet mit der Vermutung, dass Eliezer das einfach nicht wollte, weil er Sympathie für Jesus und seine Anhänger hegte. Nimmt man die Geschichte des Rabbi Eliezer ernst, so belegt sie, wie auch die Geschichte von Schmuel dem Kleinen, dass noch zur Zeit Trajans sogar hochrangige Mitglieder der Akademie von Jawne mit Jesusanhängern mindestens symapthisierten.

Die Geschichte um Rabbi Eliezer sowie andere talmudische Geschichten, die sich mit den »Nosrim«, den »Nazarenern«, auseinandersetzen, stammen freilich nicht nur aus dem ersten oder zweiten Jahrhundert, sondern setzen sich bis weit ins dritte, wenn nicht gar das vierte Jahrhundert fort. Nimmt man diese Anekdoten nicht naiv als historische Berichte, sondern als in Legenden verkleidete Argumente, die zur Zeit ihrer Abfassung – nämlich im dritten Jahrhundert – entstanden sind, ist der Rückschluss unabweisbar, dass sich die heute gültige normative Gestalt des rabbinischen Judentums auch im dritten Jahrhundert, zumindest was die Ablehnung des Glaubens an den Messias Jesus betraf, noch nicht herausgebildet hatte. Vielmehr scheint es so, dass der Glaube an den Messias Jesus für den inneren Kern der damaligen jüdischen Religion nicht weniger bedeutend war als der Glaube an einen anderen Messias, etwa an Bar Kochba.

Wie verwickelt und unklar die Verhältnisse tatsächlich waren, bezeugen Begebenheiten aus dem dritten und vierten Jahrhundert. Eine Erörterung im Traktat *Schabbat* des Babylonischen Talmud setzt sich unter anderem mit der Frage auseinander, ob man die unbeschriebenen Ränder von Torarollen aus einer Feuersbrunst retten dürfe, was bald die Frage nach den Büchern der Minäer aufwarf, eine Frage, die indes eindeutig beantwortet wurde: Minäerbücher dürfen nicht aus dem Feuer gerettet werden – sie gleichen, was ihre Heiligkeit betrifft, lediglich den unbeschriebenen Rändern der Torarollen: »*Die Ränder und die Minäerbücher darf man aus einer Feuersbrunst nicht retten. Rabbi Jose sagte: Am Wochentage schneide man die darin enthaltenen Gottesnamen aus und verstecke sie, und das Übrige verbrenne man.*« Der kulturhistorisch auffällige Befund dieser Passage besteht in dem unvermeidlichen Rückschluss, dass es offenbar auf Hebräisch geschriebene Evangelien gegeben haben muss, da kaum anzunehmen ist, dass man sich ansonsten die Mühe gemacht hätte, aus griechischen Texten den Gottesnamen – wohl das Tetragramm – herauszuschneiden, und weil man sich auch kaum genötigt gesehen hätte, griechische Wortschnipsel zu verstecken.

Ein Hin- und Herschwanken zwischen den beiden, auf der Hebräischen Bibel und der Mischna, der *Septuaginta* und den Evangelien beruhenden Religionen wird auch noch aus jener Zeit berichtet, als die Kirche römische Staatsreligion wurde.

Wer war Jüdin oder Jude?

Die wechselseitige Abgrenzung von Juden und Christen

Wenn das spätantike Judentum gegenüber den frühen Christen und gegenüber den ethnisch nicht als jüdisch zu bezeichnenden Bewohnern des Römer- und des Sassanidenreichs
so wenig scharf abgegrenzt war, ergibt sich die Frage: Wann
wurde eigentlich festgelegt, wer als Jude oder Jüdin galt? Auf
diese äußerst komplexe, erst in jüngster Zeit gründlich erforschte Frage kann hier nicht ausführlich eingegangen werden. Festgehalten sei lediglich, dass das noch heute gültige
Matrilinearitätsprinzip: Jüdin oder Jude ist auf jeden Fall, wer
von einer jüdischen Mutter geboren wurde, nicht der Tora,
sondern wahrscheinlich dem römischen Recht entnommen
wurde. Die heutige Gestalt der jüdischen Religion mitsamt ihren Konversionsprinzipien, dem Matrilinearitätsprinzip, dem
allgemeinen Verbot der Mischehe sowie der Verknüpfung von
Glaube und Ethnizität entstand frühestens mit der Mischna,
einem bewusst gewollten System von Abgrenzungsregeln, de-

Die spätantike
Synagoge von
Dura Europos am
Euphrat, einer
Grenzstadt zwischen Römer- und
Partherreich

ren Schlussredaktion von Rabbi Juda vorgenommen wurde, der von 175–217 n. Chr. lebte und wie hunderte seiner Schüler ein vorzüglicher Kenner der griechischen Kultur war.

Ob und in welcher Intensität sich das patriarchalische rabbinische Judentum in den Gemeinden der Diaspora in der Abgrenzung von Jesusanhängern und anderen Gruppen tatsächlich durchsetzte, ist nicht geklärt. In einer Hinsicht jedenfalls, nämlich bezüglich der für das Judentum zentralen theologischen Regel »Du sollst dir kein Bild machen«, gab es zunächst keine Abgrenzung. Die archäologische Forschung konnte nachweisen, dass zumal in der rabbinischen Zeit, und zwar nicht nur in der Diaspora, sondern auch in Galiläa, sowohl Ruhestätten für Tote als auch Synagogen mit einer Fülle bildhafter Steinreliefs, mit Abbildungen der heidnischen Tierkreiszeichen und biblischen Szenen geschmückt waren. Abbildungen aus der berühmtesten dieser Synagogen, aus Dura Europos, weisen sogar szenische Darstellungen auf, die nicht auf die Bibel, sondern auf rabbinische Erzählungen verweisen – ein Umstand, der eine doppelte Deutung zulässt: nämlich, dass sich das rabbinische Judentum tatsächlich bis weit in die Diaspora durchgesetzt hatte, aber auch, dass das Bilderverbot keineswegs von Anfang an so zentral war, wie stets angenommen worden ist. Vielmehr liegt es nahe, das vorläufige Ende der rabbinisch-jüdische Bildkunst Entwicklungen zuzuschreiben, die mit dem Siegeszug des Islam zusammenhängen und die auch im sonst so bilderfreundlichen christlichen Byzanz zeitweilig für die Verbannung aller Ikonen sorgten.

Im dritten und vierten Jahrhundert sind jüdische Gemeinden nicht nur um den ganzen Mittelmeerraum verstreut, sondern noch immer in Rom selbst stark vertreten. Dort sind in diesem Zeitraum ein Lehrhaus, ein Gericht und elf Gemeinden durch deren Begräbnisstätten in den Katakomben bezeugt. Zu Beginn des vierten Jahrhunderts ist die Anwesenheit von Juden sogar nördlich der Alpen, in der römischen Stadt Colonia Agrippina, also in Köln, archivalisch bezeugt. Die Anwesenheit von Juden in Trier zu Beginn des vierten Jahrhunderts lässt sich archäologisch durch den Fund einer Lampe mit einem siebenarmigen Leuchter sowie spöttischer Karikaturen

Die Auffindung des Mose. Wandgemälde aus Dura Europos

zur Beschneidung auf Terrakotten belegen.

Nach zwei Jahrhunderten der mehr oder weniger friedlichen Konkurrenz mit der entstehenden Kirche wurde die Lage der Juden im römischen Reich nach der konstantinischen Wende, mit der das Christentum in mehreren Schritten zur Staatskirche wurde, schwieriger. Juden wurden von den Kaisern zwar halbwegs tolerant behandelt, doch durch kaiserliche Gesetze in der Ausübung ihrer Religion immer stärker eingeschränkt. Von Bischöfen und Kirchenvätern wie Johannes Chrysostomus wurden sie unterdessen offen angefeindet. Die Hasspredigten des Kirchenvaters Johannes Chrysostomus aus Antiochia gegen die Juden waren übrigens eine Abwehrreaktion auf die Tatsache, dass in Antiochia Angehörige der Kirche gerne in die Synagoge gingen, mit Juden ihre Feste feierten, sich von jüdischen Ärzten behandeln ließen und auch Jüdinnen oder Juden heirateten. Die Einschränkungen der jüdischen Religionsausübung, vor allem das Verbot der Mission, aber hatten schon früher begonnen. Im Osten wie im Westen des römischen Reiches war es den Juden schon von den Soldatenkaisern verboten worden, Mitglieder ihrer Hausgemeinschaft zum Judentum zu bekehren, nichtjüdische Sklaven zu beschneiden und für das Judentum zu werben. Aus der Not des Missionsverbots machten die jüdischen Gelehrten nun eine Tugend. So bildete sich die – durchaus biblisch begründbare – Überzeugung heraus, dass Juden keine Mission betreiben und sogar Ansinnen auf Konversion eher abwehrend behandeln sollen. Im römischen Westen, also in Nordafrika, in Italien, Spanien, ja bis nach Germanien, setzte wiederum die Kirche strenge Trennungsregeln durch. Sie verlegte ihren Wochenfeiertag vom Samstag auf den Sonntag, setzte Heiratsverbote zwischen Juden und Christen durch und erwirkte auch erste abgrenzende Kleidungsvorschriften für Juden. All diese Maßnahmen waren Teil und Ausdruck einer Institutionalisierung der entstehenden katholischen Kirche, die sich mit derselben Vehemenz – in Ost und in West – gegen andere christliche Strömungen wie die Arianer, aber auch gegen jene gar nicht so wenigen Religionen und Weltanschauungen, die als »heidnisch« galten, richtete. Die Diskriminierung des Judentums war ein Teil des Prozesses, in dem sich die Kirche nun mit ihrem Anspruch durchsetzte, das »wahre Israel« zu sein. Um des Anspruchs willen, die alleinige Erbin der alttestamentlich biblischen Verheißungen zu sein, musste die Kirche erstens die noch von Paulus (Röm 9) für so zentral gehaltene Erwählung der Juden nach dem Fleische verneinen und sie für historisch verworfen und überkommen erklären und zweitens den Umstand, dass Juden zerstreut in alle Länder lebten, als Ausdruck einer göttlichen Strafe deuten. Der Kirchenvater Augustinus sah die Juden im frühen fünften Jahrhundert als Zeugen wider Willen an, als Zeugen, die durch ihre diasporische Existenz dafür standen, dass ihre Ablehnung Jesu als des Messias Gottes Zorn provoziert hatte:

Augustinus, Wandgemälde des 6. Jahrhunderts aus der Lateransbasilika in Rom

> *»Aus diesem Grunde wurden die Juden aus ihrem Reich vertrieben und über die ganze Erde verstreut, auf dass sie überall gezwungen würden, Zeugen für ihren verhassten Glauben zu werden. Tatsächlich halten sie, auch nachdem sie ihren Tempel, ihr Opferwesen, ihr Priestertum und ihr Königreich verloren haben, in einigen alten Riten an ihrem Namen und ihrer Herkunft fest, damit sie nicht, wahllos mit den Nicht-Juden vermischt, zugrunde gehen und das Zeugnis der Wahrheit verlieren. Wie Kain, der aus Neid und Stolz seinen gerechten Bruder erschlug, sind sie mit einem Zeichen gekennzeichnet, damit niemand sie töten möge. Dies lässt sich in der Tat ganz eindeutig im Psalm 58 feststellen. Dort sagt Christus in den Worten eines Menschen: »Mein Gott hat mir über meine Feinde offenbart: Töte sie nicht, damit sie nicht dein Gesetz vergessen.«*

Auffällig ist an Augustinus' geschichtstheologischer Deutung der Zerstreuung, dass sie im Grundsatz jene Deutung wieder auf-

Zoroastrismus oder Mazdaismus war die Religion der Perser zur Zeit der Rückkehr der Juden aus der babylonischen Gefangenschaft wie zur Zeit der Sassanidenherrschaft in der Spätantike. Sie wird nach dem Religionsstifter Zoroaster (Zarathustra) oder nach dem Gott Ahura Mazda benannt, der bereits ein einziger Gott ist, aber einen (fast) ebenso mächtigen Widersacher hat. Der jüdische Monotheismus wurde wahrscheinlich durch den Mazdaismus beeinflusst; die jüdisch-christliche Vorstellung vom Widersacher (dem Teufel) stammt mit großer Wahrscheinlichkeit aus dem Zoroastrismus.

nimmt, die Teile des rabbinischen Judentums auf der Basis prophetischer Schriften, die sich auf die Zerstörung des antiken Israel und die Deportation der judäischen Oberschicht nach Babylon beziehen, vorgenommen hatten: Die Diaspora galt auch für sie als Strafe – obwohl doch die Realgeschichte zeigt, dass Juden schon lange freiwillig vor allem in der Diaspora lebten.

Gegen Ende der Antike, also im fünften und sechsten Jahrhundert, lebten Juden kaum anders als fünfhundert Jahre zuvor um das ganze Mittelmeer und in Kleinasien bis zum Schwarzen Meer und in Arabien verstreut – mit Ausnahme Ägyptens, wo seit dem Quietus-Krieg alle jüdische Existenz vernichtet war, und Palästinas, das die Juden nach der verheerenden Niederlage im Bar-Kochba-Aufstand bis auf eine kleine Minderheit aus eigenem Antrieb verlassen hatten. Eine große jüdische Bevölkerung lebte im Reich der zoroastrischen Sassaniden, wo sie eine meist tolerant akzeptierte, gelegentlich aber auch angefeindete Minderheit war. Die antike und spätantike Epoche des Judentums endete mit der Eroberung Nordafrikas, des fruchtbaren Halbmondes und Persiens durch die muslimischen Araber. Vom achten Jahrhundert an lebte die Mehrheit aller Jüdinnen und Juden unter islamischer Herrschaft, wo sich das Zentrum jüdischen Lebens im Lauf von zwei Jahrhunderten allmählich vom heutigen Irak nach Ägypten und Nordafrika und schließlich nach Spanien verschob. Das babylonische Exilarchat jedenfalls erlosch in der Mitte des elften Jahrhunderts. Auch die Spaltung des römischen Reichs, die sich spätestens mit der Ausbreitung des Islam verfestigte, ging an der Geschichte der Juden nicht spurlos vorüber. Seit dem dritten Jahrhundert, der Zeit der Soldatenkaiser, entwickelten sich der lateinische Westen, der sich von Spanien und Italien bis an Rhein und Mosel erstreckte, und der griechischsprachige Osten, der von Griechenland über Kleinasien und Palästina bis an die persische Grenze reichte, immer weiter auseinander.

Unter christlicher Herrschaft

Die Juden im spätantiken Europa

Trotz des von Kaiser Konstantin im Jahr 312/13 erlassenen sogenannten Toleranzedikts wurden die jüdischen Gemeinden bis zur Regierung Theodosius' II. (408–450) unter verstärkte Kontrolle gestellt. Unter dem Einfluss der Kirche war es Juden nun verboten, für ihren Glauben zu werben. Proselyten, die dem Verbot zum Trotz Juden werden wollten, wurden ebenso bestraft wie ihre jüdischen Lehrer, zudem wurde es jüdischen Gemeinden untersagt, Maßnahmen gegen Mitglieder zu ergreifen, die zum Christentum übertraten. Juden, die ihre Sklaven beschneiden ließen, verloren damit ihren Eigentumstitel an ihnen, während ihnen der Erwerb christlicher Sklaven grundsätzlich verboten war. Unter dem Nachfolger Konstantins, Kaiser Konstantius, wurden diese Maßnahmen noch verschärft: Auf Beschneidung eines nichtjüdischen Sklaven stand jetzt die Todesstrafe, während das Vermögen eines Christen, der sich der jüdischen Gemeinschaft anschließen wollte, dem Staat zufiel. Bei harten Strafen waren jetzt auch Ehen zwischen Juden und Nichtjuden verboten. Diese von der jetzt zur Staatskirche gewordenen christlichen Glaubensgemeinschaft durchgesetzten Vorschriften belegen nicht nur die weiterhin große Anziehungskraft des Judentums, sondern auch die für die römische Spätantike typische Verflechtung von Religion und ökonomischem Status. Die Haltung der Kaiser gegenüber den Juden, die über Jahrhunderte zwischen einem Minimum an Toleranz und einem Maximum an Repression oszillierte, orientierte sich an den Polen des altrömischen Universalismus mit seiner – begrenzten – Toleranz gegenüber verschiedenen Religionen einerseits und dem monistischen Wahrheits- und Vertretungsanspruch der Kirche andererseits. Diese zwiespältige Haltung fand ihren Ausdruck in dem zwischen 429 und

438 unter Kaiser Theodosius II. zusammengestellten *Codex Theodosianus*, in dem einerseits die Legitimität des Judentums eingeräumt und den Juden erlaubt wird, sich am Sabbat zu versammeln; auch werden die Juden vor mutwilligen Angriffen gegen ihre Person und gegen ihr Eigentum geschützt. Andererseits wird es den Juden in der Diaspora verboten, Geld an den Patriarchen in Galiläa zu schicken, stattdessen sind die Abgaben dem Kaiser zu leisten. Dem galiläischen Patriarchen Gamaliel wird untersagt, neue Synagogen errichten zu lassen, und geboten, Synagogen an verlassenen Orten zu zerstören. Ehen zwischen Juden und Nichtjuden gelten als todeswürdiger Ehebruch. Der auf dem theodosianischen Codex aufbauende justinianische Codex verbot den Juden schließlich, sich in ihren Gottesdiensten auf die talmudische Überlieferung zu beziehen. Den ambivalenten Geist der Gesetze der christlichen Kaiser dokumentiert das zentrale Prinzip des *Codex Theodosianus*: *»Wir haben den Geist und die Unverfrorenheit der abscheulichen Heiden ebenso unterdrückt wie der der Juden und der Ketzer.*

> *Dennoch ist es unser Wille, dass jene Personen, die unter Berufung auf das ehrwürdige Christentum unbesonnen handeln, davon ablassen sollen, [die Juden] zu verletzen und zu verfolgen.«*

Der **Codex Iustinianus,** später auch *corpus iuris civilis* genannt, ist die wichtigste Zusammenstellung des römischen Rechts. Er war die Grundlage für die Rechtslehre in Europa vom Mittelalter bis in die Neuzeit. Auch das moderne Recht ist entscheidend von ihm geprägt.

Die Verschonung der Juden wurde auch von der Kirche akzeptiert und theologisch mit dem Argument des Augustinus begründet, die Strafe der Zerstreuung mache die Juden zu lebenden Zeugen für die Wahrheit des Christentums. Diese halbwegs tolerante Haltung konkurrierte in der frühen Kirche allerdings mit Angst vor der Attraktivität des Judentums, der Johannes Chrysostomus drastisch Ausdruck verlieh: *»Denn nicht einfach für Räuber und Diebesgesindel,*

Kaiser Justinian, Mosaik aus San Vitale in Ravenna

sondern für Dämonen ist sie [die Synagoge] *ein Unterschlupf, ja mehr, nicht nur die Synagogen sind das, sondern die Seelen selbst der Juden; mit Menschen also, sag mir, dämonenbesessenen, die so viele unreine Geister haben, die sich von Schlachtungen und Morden genährt haben, geht ihr zusammen und es schaudert euch nicht dabei? Muss man sie denn grüßen und ganz normal mit ihnen reden, muss man sich nicht vielmehr von ihnen abwenden als von einer gemeinen Schande und Krankheit für die ganze Welt?«*

Verschonung der Juden als unfreiwilliger Glaubenszeugen und Abwehr der von Juden und Judentum ausgehenden Versuchung – diese Maßgaben galten für das Christentum auch noch nach dem Untergang des römischen Reichs im Westen und bestimmten die Religionspolitik der in der Völkerwanderung neu entstehenden germanischen Staaten. Dabei galt die Abwehrhaltung der Kirche keineswegs nur den Juden, sondern ebenso sehr auch den Heiden und den Ketzern, das heißt allen christlichen Glaubensbekenntnissen, die die Beschlüsse des Konzils von Nicäa über die ungetrennte und unvermischte göttliche Natur Jesu nicht teilen wollten, sondern etwa – wie die Arianer – die Beziehung von Gott zu Jesus nach dem Muster eines Adoptivverhältnisses betrachteten. Schon im Jahr 310 hatte das Konzil von Elvira in Spanien allen Christen, Laien wie Priestern, die Tisch- und Ehegemeinschaft mit Juden untersagt. Im Jahre 325 dann, auf dem Konzil von Nicäa, verlegte die Kirche ihr Osterfest weg vom Datum des jüdischen Passahfestes – sei es doch unwürdig, bei diesem Fest den Juden zu folgen, die ihre Hände mit dem Mord an Jesus befleckt hätten.

Gleichwohl: In den neu entstandenen germanischen Staaten der Westgoten in Spanien, der Ostgoten in Italien, der Franken im Bereich des heutigen Frankreich und Deutschland sowie im Reich der Burgunder kamen den dort lebenden Juden bedeutsame gesellschaftliche Aufgaben und Funktionen zu. Als Ackerbauern, Ärzte, Richter und Münzmeister waren sie ein integrierter Teil nicht nur des Wirtschaftswesens, sondern auch der Gesellschaft, und sie jubelten wie alle anderen Untertanen der Inthronisation von Bischöfen und Königen zu. Die nach dem Untergang des römischen Reiches neu entstehende ökonomische Infrastruktur bedurfte in dieser Übergangszeit zwischen später Antike und frühem Mittelalter für die Aufrechterhaltung von Handel und Geldwesen einer Kaufmannsklasse, die sich wesentlich aus drei ethnischen Minoritäten rekrutierte:»Griechen«,»Syrer« und eben Juden, die zu Lande und zur See begehrte Güter aus dem Orient ins fränkische Reich brachten. Sie durften in dieser Funktion sogar Klöster betreten und wurden zu Lieferanten von Bischöfen und Presbytern. Wie schon zur Zeit des Theodosius II. und seiner Nachfolger oder im Antiochia des Johannes Chrysostomus provozierte das enge Zusammenleben von Juden und Christen kirchliche und politische Gegenreaktionen: Burgunderkönige erneuerten das römische Mischeheverbot, ein Konzil im frühen sechsten Jahrhundert drohte mit Juden verheirateten Christen mit der Exkommunikation, 465 verbot das Konzil von Vanne die Mahlgemeinschaft mit Juden. Der Bischof von Uzès, der sich daran nicht hielt, um durch Sanftmut und Entgegenkommen Juden zum Christentum zu bekehren, wurde vom fränkischen König Chilperich verbannt; nach seiner Rückkehr ließ er die Juden entweder zwangsweise taufen oder aus seiner Diözese vertreiben. Der fränkische König Childebert, wie Chilperich ein Angehöriger des Königshauses der Merowinger, übernahm kirchliche Konzilsbeschlüsse ins fränkische Staatsgesetz. So durften sich Juden zwischen Gründonnerstag und Ostern nicht in der Öffentlichkeit aufhalten. Das Konzil von Narbonne verbot Ende des sechsten Jahrhunderts sogar das Singen von Psalmen bei jüdischen Beerdigungen. Auch Sanktionen gegen das sonst übliche Halten von Sklaven wurden speziell gegen Juden verhängt. Das Konzil von Macon verbot es, Juden Gerichts- oder Steuerämter zu übertragen – es sei denn, sie ließen sich taufen. Sowohl im Westgotenreich als auch im Frankenreich wurde gelegentlich die Taufe von Juden mit der Androhung der Vertreibung erzwungen. Anlass einer vom merowingischen König Dagobert angeordneten Zwangstaufaktion war ein Schrei-

Gregor der Große, der von 590 bis 604 als Nachfolger des Apostels Petrus als Bischof von Rom fungierte, war der bedeutendste Papst im Übergang von der Antike zum Mittelalter. Mithilfe des Mönchsordens der Benediktiner kontrollierte er die Kirche im ganzen Westen Europas. Seit seiner Zeit war der Bischof von Rom, der Papst, tatsächlich das Oberhaupt der Kirche im Gebiet des untergegangenen weströmischen Reichs und darüber hinaus in den neu für das Christentum gewonnenen Gebieten Germaniens und Britanniens.

ben des oströmischen Kaisers Heraklius im Jahr 629, der den König der Franken um die Taufe aller Juden bat, da diese eine Gefahr für sein Reich seien.

Etwa einhundertundfünfzig Jahre nach der Abfassung des *Codex Theodosianus* brachte aber Papst Gregor der Große in seiner Bulle »Sicut Judeis« die tolerante Linie der römischen Gesetzgebung wieder zur Geltung. Er verfügte, dass Juden nicht belästigt werden dürfen, untersagte die Störung ihres Kultes und setzte sich für die Möglichkeit, Synagogen zu bauen ebenso ein wie für eine staatsbürgerliche Gleichbehandlung der Juden. Indem Gregor Zwangstaufen ablehnte und auf Mission durch Liebe und Sanftmut setzte, regte er auch steuerliche Begünstigungen für jene Juden an, die zum Christentum konvertierten. Den Besitz christlicher Sklaven durch Juden bekämpfte er zugleich mit allen Mitteln: vom Freikauf bis zur Aufforderung an die fränkischen Könige, diesen Besitz zu verbieten.

Wohlgelitten bei Kaisern und Bischöfen

Die Juden Westeuropas bis zu den Kreuzzügen

Mit dem Beginn der karolingischen Herrschaft begann zugleich jene Phase jüdischer Existenz im Abendland, die als Epoche des kaiserlichen Judenschutzes gelten kann. Insbesondere Ludwig der Fromme (813–840), der Sohn und Thronfolger Karls des Großen, stellte Juden Privilegienbriefe aus, die es ihnen ermöglichten, ihren ökonomischen Aktivitäten vor allem im (Fern)Handel nachzugehen und ihr Leben nach der rabbinischen Halacha zu regeln.

Möglich wurde dies durch den Einfluss des germanisch-fränkischen Rechts, das – anders als das zentralistische römische Recht – einen Pluralismus verschiedener Stammes- und damit auch Rechtskulturen förderte. Im karolingischen Reich besaßen Juden das Recht, von Christen Acker und Weinberge bestellen zu lassen sowie mit Christen gemeinsam zu wohnen. Gleichwohl gab es keine völlige rechtliche Gleichstellung: In gerichtlichen Streitsachen hatten klagende Christen gegen Juden drei Zeugen aufzubieten, während Juden je nach dem Wert des streitigen Guts vier, sieben oder gar neun Zeugen benötigten. Es waren Juden, in deren Händen in der Zeit der Karolinger der Fernhandel lag: So diente der jüdische Kaufmann Isaak einer Gesandtschaft Kaiser Karls des Großen an den Hof des Kalifen Harun al Raschid als Übersetzer und kehrte nach mehreren Jahren als einziger Überlebender dieser Delegation mit dem Gastgeschenk des Kalifen – einem Elefanten – nach Aachen zurück. Juden gehörten am Hofe Ludwigs des Frommen zum engeren Kreis. Grafen

Die **Halacha** ist die Sammlung der aus der Auslegung der Tora durch die Rabbinen entstandenen jüdischen Rechtsvorschriften. Sie ist zusammen mit der **Aggada,** der erzählenden Überlieferung, Teil des Talmud. Die systematische Einteilung des Talmud in Halacha und Aggada verläuft quer zu seiner historischen Einteilung in Mischna und Gemara.

liehen sich Geld von Juden, und jüdische Frauen erhielten Geschenke von der Familie des Kaisers. Christen erbaten den Segen von Juden, die ob der Propheten und Stammväter bei den damaligen Christen in höchstem Ansehen standen, christliche Theologen orientierten sich an jüdischer Bibelauslegung. Diese Zuneigung christlicher Kreise in der Zeit der Karolinger fand ihren deutlichsten Ausdruck in der Konversion eines kaiserlichen Hofdiakons: Im Jahr 839 konvertiert der Diakon Bodo zum Judentum, verkauft alle seine Habe einschließlich seiner Sklaven und zieht unter dem neuen Namen Eleazar ins maurische Spanien, nach Saragossa.

Die für Juden ausgestellten königlichen und kaiserlichen Schutzbriefe brachten diese zunehmend in direkte Abhängigkeit von den Herrscherhäusern. Die kaiserlichen und königlichen Privilegien wurden von einem »Judenmeister« überwacht, der dafür zu sorgen hatte, dass der den Juden zugesagte Schutz strikt eingehalten wurde. Angriffe auf ihr Leben wurden mit höchsten Geldstrafen geahndet. Im karolingischen Reich wurde Juden sogar wieder der Handel mit nichtjüdischen Sklaven gestattet, ja es war christlichen Missionaren sogar verboten, nichtjüdische Sklaven gegen den Willen ihrer jüdischen Besitzer zu taufen. Im Falle von jüdischen Klagen hatten kaiserliche Sendboten die Vollmacht, Verstöße gegen die Judenprivilegien richterlich zu ahnden. Gemäß dem feudalen Prinzip von Schutz gegen Dienst für die Herrschaft führten die Juden zehn Prozent ihrer Einkünfte an den kaiserlichen Hof ab.

Es war wiederum die Kirche, vor allem die Bischöfe von Lyon, die deshalb intensiv beim kaiserlichen Hof Klage führte: Diese Praxis untergrabe die Autorität der Kirche und führe dazu, dass sich mehr und mehr Christen von der Kirche abwendeten. Der Nachfolger Bischof Agobards, der diese Klage als Erster führte, Bischof Amulo von Lyon, rief dann alle anderen Bischöfe dazu auf, die alten Gesetze wieder einzuführen, und verwies darauf, dass Juden noch gefährlicher seien als Ketzer. Tatsächlich wurde ein großer Teil der jüdischen Privilegien nach dem Tode Ludwigs des Frommen zurückgenommen, ohne dass jedoch die Quellen auf Ausschreitungen gegen Juden

Die Familie **Kalonymos** stammte, wie aus ihrem Namen hervorgeht, aus dem griechischen Osten, war aber im italienischen Lucca ansässig. Von hier aus vermittelten Mitglieder der Familie die mediterrane – auch jüdische – Zivilisation in den deutschen Norden des ottonischen Reichs.

hinweisen. Nach dem Ende der karolingischen Dynastie erneuerten Ottonen und Salier das Heilige römische Reich und bescherten den in diesem Herrschaftsbereich lebenden Juden hundert Jahre friedlicher und kulturell ausgesprochen fruchtbarer Existenz. Dies hatte nicht zuletzt ökonomische Ursachen und provozierte Gegenreaktionen: Ein Schreiben des Dogen von Venedig an Kaiser und Bischöfe beharrt darauf, dass Juden keine Kreuzeszeichen berühren dürfen, weder an Metallen, noch an Textilien noch an anderen Waren. Dies war ein deutliches Zeichen für eine von der Seehandelsstadt Venedig empfundene Konkurrenz. Dass sich der damalige Episkopat diese Forderungen nicht zu eigen gemacht hat, lag nicht zuletzt daran, dass das Bischofsamt in jenen Jahren politisiert wurde: Bischöfe waren nun ihren Diözesen zunehmend auch weltliche Herrscher, die um des wirtschaftlichen Wohlergehens der ihnen unterstellten Städte willen am Erfolg der »Juden und übrigen Kaufleute« ein vitales Interesse haben mussten. Unter diesen Bedingungen konnte jüdisches Leben florieren: Die Legende, dass ein Angehöriger der jüdischen Familie Kalonymos Kaiser Otto II. in einer Schlacht das Leben gerettet habe, belegt die enge gefühlte Zusammengehörigkeit zwischen den Juden in den deutschen Ländern und dem ottonischen Herrscherhaus. Aus jenen Jahren sind jüdische Gemeinden in Metz, Mainz, Worms, Regensburg und Köln erwähnt, aber auch in Speyer und Trier, sowie in Magdeburg und Merseburg. Wieder vor allem, aber nicht ausschließlich, im Fernhandel beschäftigt, schon gar nicht im Rahmen eines Handelsmonopols, waren die Juden vollständig in ihre gesellschaftliche Umwelt integriert, sofern man in einer ständisch und religiös verfassten Gesellschaft,

Die alte romanische Synagoge zu Worms. Sie wurde nach ihrer barbarischen Zerstörung 1938 um 1960 wieder aufgebaut.

wie es die mittelalterliche war, von vollständiger Integration sprechen kann. Dass Juden in eigenen Stadtvierteln lebten, die – anders als die späteren Ghettos – keineswegs abgesperrt waren, stellte in der mittelalterlichen Stadt keine Besonderheit dar. Landsmannschaften wie Berufsgruppen lebten in der mittelalterlichen Stadt von jeher in eigenen Stadtvierteln. Solange die mittelalterliche Stadt nicht mehr als die Residenz eines Bischofs oder Fürsten war und die Juden in dieser offenen Siedlungsstruktur wie andere Landsmannschaften auch unter dem Schutz von Kaisern, Königen oder Bischöfen – im äußersten Fall als »kaiserliche Kammerknechte« – lebten, waren sie weder randständig noch nur geduldet und auch weitestgehend befreit von Schikanen oder Repressalien. Erst die Entwicklung vieler Städte im hohen Mittelalter zu eigenständigen politischen Korporationen, bis hin zur Ausbildung »Freier Reichsstädte«, sollte den Status der Juden grundlegend ändern. Die jetzt entstehenden städtischen Verfassungen sahen die Städte als christliche Körperschaften auf zünftiger Basis an. Personen, die weder dem christlichen Glauben noch einer ebenfalls ausschließlich christlichen Zunft angehörten, waren jetzt ungeachtet ihres Vermögens Bürger zweiter Klasse. Dies Schicksal teilten die mittelalterlichen Juden mit Frauen, Leibeigenen und Knechten sowie Durchreisenden.

Die jüdischen Gemeinden am Rhein waren im elften Jahrhundert nicht nur Zentren lebhafter ökonomischer Tätigkeit, sondern auch von jüdischer Kunst und Gelehrsamkeit. Die aus Italien nach Mainz zugewanderte Familie Kalonymos vermittelte den jüdischen Gemeinden die liturgische Dichtung aus italienischer Tradition, andere Mitglieder der Familie zeichneten sich durch Rechtsgelehrsamkeit und Dichtkunst aus. Die Entwicklung des jüdischen Rechts wurde insbesondere durch Rabbi Gerschom befördert, der den Namen Or ha Golah, »Licht der Diaspora«, trug und dessen rabbinische Responsen wesentlich dazu führten, dass das mittelalterliche aschkenasische Judentum die bis dahin nicht immer übliche Monogamie übernahm. Zumal Worms wurde im elften Jahrhundert ein Zentrum jüdischer Kultur. Die erste Synagoge wurde dort im Jahr 1034 fertiggestellt, der älteste Grabstein auf dem be-

Der sogenannte Sitz des Raschi in der Synagoge zu Worms

rühmtesten europäisch-jüdischen Friedhof datiert aus dem Jahr 1076. Im Jahr 1074 erließ der aus dem sogenannten Investiturstreit mit Papst Gregor VII. bekannt gewordene deutsche Kaiser Heinrich IV. den Juden und übrigen Bürgern von Worms ein Zollprivileg als Dank für ihre Treue; seit Ende des elften Jahrhunderts wirkt dort Rabbi Salomo Ben Isaak, bis heute Raschi genannt. Dieser in Troyes geborene Gelehrte verfasste einen berühmten, bis heute als kanonisch geltenden Kommentar zur Hebräischen Bibel.

Juden waren damals keineswegs nur im Handel, sondern ebenso in der Landwirtschaft tätig: Das Kloster der Stadt Metz bearbeitete einen Weinberg, der einem Juden gehörte, und auch Raschi selbst kannte aus seiner Jugend in der Champagne den Anbau und das Keltern von Wein. Die Juden von Metz liebten den dort ansässigen Bischof Adalbert II. und beweinten seinen Tod inniglich. Eine herausragende Rolle spielte auch Speyer, wo im Jahr 1084 Bischof Rüdiger aus Mainz geflüchtete Juden ansiedelte. Vor dem Hintergrund erster Verfolgungen wurde ihnen ein umschlossenes Viertel ebenso wie Bau-und Wohngrund zu einem günstigen Zins zugewiesen. Die Zubilligung einer eigenen Gerichtsbarkeit, ein uneingeschränktes Handelsprivileg sowie die Erlaubnis, christliche Diener und Ammen zu halten, ergänzten das Ansiedlungsprivileg. Das Wormser Privileg von 1090 kehrt in der Frage der Taufe und Zwangstaufe von Juden die bisherige Rechtsprechung geradezu um: Heimliche Taufen jüdischer Kinder sind bei hohen Geldstrafen verboten, und wenn sich ein Jude taufen lässt, verfällt sein bisheriges Eigentum – angeblich, um ihm einen vollständigen Neubeginn zu ermöglichen. In Worms wird auch die vollständige rechtliche Gleichheit von Juden und Christen hergestellt; der öffentliche Eid von Juden und Christen hat denselben Wert, Christen müssen ihre Anschuldigungen öffentlich beweisen, und eine auf den Tod von Juden zielende Hetze wird mit hohen Geldbußen geahndet. Die jahrhundertealte Problematik von in jüdischem Besitz befindlichen Sklaven wird nun so zugunsten der jüdischen Besitzer geregelt, dass auch ein davongelaufener getaufter Sklave unverzüglich seinem jüdischen Besitzer überantwortet werden muss.

Eine bestimmte Sicht auf die Geschichte der Juden betrachtet ihre diasporische Existenz als eine ungebrochene Leidens- und Unterdrückungsgeschichte. Dagegen zeigt die Geschichte der Juden in der Spätantike, in der Völkerwanderungszeit und zu Beginn des Mittelalters, dass sich die Verhältnisse nicht so leicht auf einen Nenner bringen lassen. Tatsächlich waren die Juden in den Gesellschaften, in denen sie lebten, gut integriert, wenn auch immer wieder zum Missfallen der Kirche, die Angst um die Glaubensfestigkeit ihrer Mitglieder hatte. Oft fielen die Appelle der Kirche an die weltliche Herrschaft, gegen die Juden vorzugehen und ihre Rechte einzuschränken, auf fruchtbaren Boden, umgekehrt waren es aber auch immer wieder Kirchenfürsten, die gemäß der Lehre der Verschonung der unfreiwilligen Glaubenszeugen die Unterdrückung von Juden und Ausschreitungen gegen sie verurteilten. Während die erste Hälfte des frühen Mittelalters im Spanien der Westgoten und im Frankenreich der Merowinger durch eine deutlich antijüdische Politik gekennzeichnet war, erweist sich die zweite Hälfte des frühen Mittelalters, die Zeit der Herrschaft der Karolinger, Ottonen und Salier, als eine Blütezeit jüdischer Existenz im christlichen Abendland. Aber die Geschichte der Juden sollte auch weiterhin von Brüchen und jähen Wendungen geprägt sein.

Christlicher Fundamentalismus
Der Judenhass der Kreuzzugszeit

Eine jüdische Geschichte wird das, was als »Juden« und »Judentum« gilt, trotz aller Wandlungen als konstant setzen – fraglich ist allerdings, ob eine bestimmte Haltung der nichtjüdischen Umwelt, jene feindselige Haltung, die heute etwas ungenau als »Antisemitismus« firmiert, als ebenso konstant gesetzt werden muss. Bei der Beantwortung dieser Frage lässt sich die historische Erfahrung nicht übergehen. Es ist zu klären, ob geschichtliche Zeiträume, für die Judenfeindschaft nicht dokumentiert oder sogar eine ausgesprochen judenfreundliche Haltung bestimmter Teile der Umwelt und ihrer Repräsentanten bezeugt ist, einen ernsthaften Einwand gegen die immer wieder vorgebrachte These vom »ewigen Antisemitismus« darstellen. Oben wurde zu zeigen versucht, dass etwa die Lage der Juden im römischen Reich, trotz der niedergeschlagenen messianischen Aufstände, alles in allem sehr viel besser war, als oft behauptet wird.

Ein substantielles, kaum ablösbares Interesse an einer Unterdrückung des Judentums konnte erst die frühe Kirche haben. Gemäß ihrer Lehre galten die Juden nach einer Auslegung des Matthäusevangeliums als Mörder Christi, nach einer Auslegung des Johannesevangeliums als Kinder des Teufels und nach einer Auslegung paulinischer Briefe als »Feinde um euretwillen«, als Heilsverhinderer, die wiederum gemäß Augustinus als unfreiwillige Glaubenszeugen zwar abzuwehren, aber dennoch zu verschonen waren. Für die Kirche war die Fortexistenz des Judentums nicht nur eine lästige Konkurrenz, sondern zugleich Indiz für die noch nicht vollständig eingetretene Erlösung, weshalb sie fortwährend darauf setzen musste, das Judentum entweder zu widerlegen, auszugrenzen oder durch Bekehrung endgültig zum Verschwinden zu bringen. Alle diese Ziele waren freilich nur in der weltlichen Gesellschaft, in Kooperation mit der weltlichen Herrschaft zu erreichen, weshalb etwa frühe Konzilsbeschlüsse, die interkonfessionelle Ehen zwischen Juden und Nichtjuden ebenso untersagten wie den Besitz nichtjüdischer Sklaven durch Juden, solange ohne weitere Wirkung blieben, als sich die weltliche Herrschaft diese Beschlüsse nicht zu eigen machte. Die Geschichte der Juden im Frankenreich unter den Herrscherhäusern der Merowinger und der Karolinger hat das gezeigt. Dabei waren die materiellen Interessen der weltlichen Herrscher – zu denen damals auch Bischöfe gehörten – nicht zu übersehen. Der Wunsch, den Fernhandel nutzen zu können, sich durch die Handelsgewinne Geld zu verschaffen und von den religiös gestifteten Beziehungen jüdischer Familien auch in ferne Länder zu profitieren, dämpfte im noch schwach strukturierten, wenig urbanisierten und vor allem agrarischen westlichen Europa von Spanien bis in die deutschen Länder die theologisch motivierte Judenfeindschaft. Aber die Haltung der christlichen Umwelt zu den Juden war durchaus nicht nur von ökonomischen Motiven bestimmt. Auch die jeweils herrschenden theologischen Schulen spielten eine Rolle.

Die Theologie des frühen Mittelalters war – auch im Hinblick auf Kirche und Judentum – vor allem von Johannes Scotus Eriugena (810–877) geprägt worden. Dieser Lehrer der Kirche nahm sich von Neuem der Lehren des neuplatonischen Christen Dionysios Areopagita an, der die Unerforschlichkeit und radikale Transzendenz Gottes behauptet hatte, und war vor allem am Verhältnis von unendlicher göttlicher und endlicher menschlicher Vernunft, weniger an der Bedeutung des Leidens Christi für die Menschheit interessiert. Bis ins Hochmittelalter wurde Christus als »Pantokrator«, als Allherrscher nach dem Vorbild des Kaisers, dargestellt. Eine entsprechend geringe Rolle spielte die »Schuld« der Juden am Kreuzestod Christi. Auch Anselm von Canterbury (1033–1109), dem maßgeblichen Theologen des frühen Mittelalters, ging es nicht um die Beschuldigung der Juden, auch nicht um ihre zwangsweise Bekehrung, sondern um die – allen Menschen prinzipiell mögliche – vernünftige Einsicht in die religiösen Wahrheiten.

Entsprechend tritt die Rolle der Juden als unfreiwillige, im Sinne Kains stigmatisierte Glaubenszeugen gegenüber ihrer Eigenschaft, über die allen Menschen gemeinsame Vernunft zu verfügen, zurück.

Die etwa dreihundert Jahre währende, kaum durch Verfolgungen beeinträchtigte frühmittelalterliche Existenz von Juden in Westeuropa sollte erst enden, als die frühmittelalterliche Welt in eine Krise geriet, die geprägt war durch das Verarmen großer Teile des Adels aufgrund der Erbteilung, durch den Aufstieg der Städte mit ihrem arbeitsteilig betriebenen Handwerk, durch Verbesserungen in der Landwirtschaft, den daraus resultierenden rapiden Bevölkerungsanstieg und damit auch das Wachstum einer Bevölkerung von Armen auf dem Lande wie in den Städten.

Diese vielfältigen Probleme der Gesellschaft Europas zu Beginn des Hochmittelalters drängten nach einer Ausdrucksform, und das einzige Narrativ, das die Gesellschaft des christlichen Europa dazu zur Verfügung hatte, waren die Evangelien mit der Lebens- und Leidensgeschichte Christi, ein Narrativ, in dem den Juden von Anfang an eine negative Rolle zugeschrieben war. Christus wurde vom Pantokrator zum Schmerzensmann, zu einer Gestalt, mit der sich nicht nur die Angehörigen der Herrschaftsschicht, sondern auch die einfachen Menschen, vor allem in den Städten, identifizieren konnten. Damit war die Frage nach den Urhebern seines Leidens unvermeidlich geworden, und eine Antwort war schnell gefunden. Das erste historisch bekannte Kruzifix, es hängt noch heute im Kölner Dom, entstand im späten zehnten Jahrhundert, einhundert Jahre später rief Papst Urban II. im Jahr 1095 auf einer Synode in Clermont-Ferrand den ersten Kreuzzug aus und forderte den christlichen Adel Europas auf, bewaffnet ins jetzt sarazenische Jerusalem zu wallfahren, um das Heilige Grab zu befreien. Die Möglichkeit, das Kreuz zu nehmen und gen Jerusalem zu ziehen, eröffnete vielen nicht erbberechtigten zweiten und dritten Adelssöhnen die Möglichkeit, wenn auch ohne Hof und Burg, einen ritterlichen

Einsiedlermönche: Manche Christen reagierten auf den als sündhaft empfundenen Aufstieg der Städte im zehnten und elften Jahrhundert, indem sie sich in die Natur, in Einsiedeleien zurückzogen. Aus diesen Einsiedeleien entstand der mächtige Reformorden der Zisterzienser, dessen wichtigster Repräsentant in der Kreuzzugszeit Bernhard von Clairvaux war.

Lebensstil weiter zu pflegen, während sich die arme Stadt- und Landbevölkerung um apokalyptische Armenprediger scharte, die nicht zuletzt Kinder dazu anstifteten, Haus und Hof zu verlassen, um ins Heilige Land zu ziehen – ein Unterfangen, das angesichts der damaligen Verkehrsverhältnisse nicht nur riskant, sondern so gut wie unmöglich war. In dieser Zeit wurden die Juden zu klassischen Sündenböcken, die immer wieder den Preis für das Leiden derer zu zahlen hatten, die die Opfer der massiven gesellschaftlichen Umbrüche waren. Vor allem die pauperisierten Massen erinnerten sich daran, dass es gar nicht nötig war, bis nach Jerusalem zu ziehen, um die Feinde des Herrn zu bekämpfen. Denn einige Kilometer weiter, etwa in den wohlhabenden Städten am Rhein, gab es große jüdische Gemeinden, die Nachfahren der – so wähnten diese Massen – »Christusmörder«. Schon 1095 warnten jüdische Gemeinden in Nordfrankreich die Juden am Rhein und forderten sie zu Bußgebeten und zum Fasten auf – eine Warnung, die etwa die jüdische Gemeinde zu Mainz in den Wind schlug. Erst als der Führer des Kreuzzugsheeres, Gottfried von Bouillon, erklärte, das Blut Christi an den Juden rächen zu wollen, wandten sich die Juden an den Kaiser, Heinrich IV. Dessen Aufruf an Fürsten und Bischöfe, die Juden zu schützen, brachte schließlich auch Gottfried zum Einlenken. Gegen das Zahlen von Schutzgeldern verschonte er die Juden. Im Frühjahr des Jahres 1096 kommt es gleichwohl zu mörderischen Ausschreitungen, zunächst in Speyer mit elf Toten. In Worms werden unterdessen die Juden der Brunnenvergiftung bezichtigt. Nach einer Woche der Brandschatzung, des Plünderns und des Mordens überleben hier fast nur jene Juden, die sich der Taufe unterziehen. In Mainz können Juden seit Anfang Mai nicht mehr auf die Straße gehen, gegen die Zahlung von Schutzgeld können sie sich in die Stadtburg flüchten, wo sie unter dem Schutz des dortigen Bischofs stehen. Der von dem Hassprediger Emicho geführte Mob aber lässt sich nicht

Die Eroberung von Jerusalem durch die Kreuzritter im Jahre 1099. Buchmalerei des 13. Jahrhunderts

mit Geld zum Abzug bewegen, stürmt die Burg und greift die Juden und die Mannschaften des Bischofs an. Die Juden, die sich in ihrer überwiegenden Mehrheit nicht taufen lassen wollen, bringen sich gegenseitig um, zur »Heiligung des göttlichen Namens« (Kiddusch ha Schem), und verbrennen ihre Synagoge, die nicht in eine Kirche umgewandelt werden soll. In Köln lässt der zuständige Bischof die Juden in umliegende Orte evakuieren, wo sie trotzdem – sofern sie sich nicht taufen lassen – von der Landbevölkerung grausam umgebracht werden. In Trier nehmen sich Angehörige jüdischer Familien aus Furcht vor den Kreuzzüglern das Leben, andere lassen sich schnell taufen.

Bischöfe und Kaiser verhielten sich gegenüber diesen Zwangstaufen meist großzügig: Sie ließen dem Widerspruch des Papstes zum Trotz zu, dass die Zwangsgetauften zum Judentum zurückkehrten. Fünfzig Jahre später waren die Gemeinden am Rhein wieder aufgebaut, und der jüdische Weise Benjamin von Tudela konnte berichten: *»Die jüdischen Gemeinden Allemans befinden sich an den Ufern des Rheins, von der Hauptstadt Köln bis Regensburg am Ende des Landes, ein Weg von 15 Reisetagen. In folgenden Städten sind jüdische Gemeinden mit wohlhabenden Mitgliedern: Koblenz, Andernach, Bonn, Köln, Bingen, Münster, Worms, Mistran [Mainz], Kaub, Kartania, Straßburg, Duisburg und Regensburg am Ende des Landes. Viele Juden dieser Gemeinden sind Gelehrte und wohlhabend.«*

Doch es handelte sich nur um eine Atempause. Mit dem Beginn des zweiten Kreuzzuges im Jahr 1146 wiederholen sich die Ausschreitungen und Pogrome, und nur die Tatsache, dass die Juden der kaiserlichen Herrschaft als »Kammerknechte« unterstellt waren, bot ihnen ein Minimum an Schutz vor Verfolgung. Immerhin wurden Personen, die sich an Juden vergingen und gefasst wurden, hart bestraft. Auch der noch einmal fünfzig Jahre später beginnende dritte Kreuzzug war von Gräueltaten gegen Jüdinnen und Juden begleitet: In Speyer wurde die Leiche der kürzlich verstorbenen Tochter eines Rabbiners aus dem Grab gerissen und

Der zweite Kreuzzug wurde vor allem von dem christlichen Mystiker **Bernhard von Clairvaux** propagiert. Die ärgsten Feinde Bernhards waren die von **Abälard** angeführten Frühscholastiker in Paris, die einem von der Philosophie des Aristoteles geprägten, durch jüdische Gelehrte aus dem maurischen Spanien und Süditalien übermittelten Rationalismus anhingen.

nackt zur Schau gestellt – der Versuch ihres Vaters, sie wieder zu bestatten, führte zu einem erneuten Pogrom gegen die ganze Gemeinde.

Derlei Ausschreitungen ereigneten sich keineswegs nur am Rhein. In Frankreich und England verbreiteten die Kreuzfahrer und ihre Prediger die sogenannte »Blutbeschuldigung«: Den Juden wurde vorgehalten, christliche Knaben rituell ermordet zu haben.

Als die Kirche schließlich im Jahre 1215 auf dem vierten Laterankonzil vorschrieb, dass Juden als Juden sichtbar sein sollten, und ihnen entsprechende Kleidervorschriften machte, übernahmen nicht wenige weltliche Herrscher diese Regelung – nicht zuletzt, um die Juden umso mehr in ihre Abhängigkeit zu bringen.

Obwohl Kaiser und Päpste im dreizehnten und vierzehnten Jahrhundert gelegentlich gegen diese Blutbeschuldigungen auftraten und sie die Juden – keineswegs immer uneigennützig – zu schützen versuchten, führte die Konstellation aus zunehmends von Kaiser und Bischof unabhängig werdenden christlich-zünftigen Städten, der Großen Pest von 1348 und der wachsenden Verschuldung von Höfen und Städten an jüdische Geldverleiher zu einer Mord- und Vertreibungswelle ohnegleichen. So wurden in Straßburg die Juden erst für vogelfrei erklärt und dann – zweitausend Menschen – auf ihrem Friedhof bei lebendigem Leibe verbrannt. In Worms, wo der Stadtrat den Juden dasselbe Schicksal beschied, verbrannten sie sich selbst. Die seitens der Kaiser und Könige aus rein finanziellen Gründen geplante Wiederansiedlung diente nur

Pogrom ist ein russisches Wort. Es wurde zunächst für die judenfeindlichen Krawalle im Zarenreich während des neunzehnten Jahrhunderts benutzt. Pogrome sind in der Regel spontane Gewaltexzesse von Menschenmengen, sie können dem Mob auf der Straße aber durch politische Hetzpropaganda nahegelegt werden. Das große Pogrom vom 9. November 1938 in Deutschland, die sogenannte Reichskristallnacht, war sogar zentral geplant. Pogrome können jede Minderheit betreffen.

Juden entführen und kreuzigen einen christlichen Knaben. Französische Buchmalerei aus dem dreizehnten Jahrhundert

Judenverbrennung. Holzschnitt von Michael Wolgemut, 1493

noch der ökonomischen Ausbeutung – Juden als Kreditgebern wurde immer öfter ihr Geld nicht zurückerstattet.

Die Juden, die vom frühen vierzehnten bis zum fünfzehnten Jahrhundert aus einer deutschen Stadt nach der anderen vertrieben wurden, suchten ihr Heil in der Auswanderung nach Polen oder Italien. In Polen ist die älteste jüdische Gemeinde – lange vor der Zuwanderung aus den deutschen Ländern – seit dem elften Jahrhundert bezeugt, und seit dem dreizehnten Jahrhundert förderten die polnischen Könige die Ansiedlung von Juden aus Deutschland durch Schutzerklärungen. Vom vierzehnten Jahrhundert an bis weit in das fünfzehnte spielte sich allerdings auch in Polen dasselbe ab wie einhundert Jahre zuvor am Rhein: Blutbeschuldigungen, mörderische Pogrome, Zwangstaufen, Vertreibungen und das Einbehalten von Schulden. Nicht anders als in den deutschen Ländern standen die Juden Polens in der Regel unter dem Schutz der weltlichen Herrschaft, die ihnen die Steuerpacht und die Münze zuwies und es ihnen ermöglichte, landwirtschaftlich und handwerklich tätig zu sein.

In Italien, wo Juden seit der Antike in allen Territorien siedelten, führte die kirchliche Ächtung des Wuchers zur Herausbildung einer Klasse jüdischer Bankiers, die neben vielen Handwerkern, Kleinhändlern und Landwirten wesentlich am Aufstieg der italienischen Stadtstaaten beteiligt war. Aus demselben Grund und aus denselben Motiven wie zur Kreuzzugszeit am Rhein wurde auch in Italien gegen die Juden agitiert, vor allem vom Armutsorden der Franziskaner. Die Franziskaner versuchten im fünfzehnten Jahrhundert, gegen jüdische Banken christliche Pfandleihhäuser zu etablieren.

Juden, die im späten Mittelalter ihre deutschen Siedlungsgebiete verließen, wurden in **Polen** oft willkommen geheißen. Polen wiederum war seit 1385 mit Litauen vereinigt, und der Doppelstaat umfasste auch Weißrussland, Teile des westlichen Russland und die Westukraine.

Auch in Frankreich, wo Juden über das ganze Land verstreut lebten, stellte der König – in diesem Fall Ludwig der Heilige – die Juden einerseits unter seinen Schutz, genauer gesagt unter seine Kontrolle, um sie andererseits dadurch wirtschaftlich zu ruinieren, dass er ihren Schuldnern ein Drittel der Tilgung erließ und bei Darlehen generell ein Zinsnahmeverbot verfügte. Ludwig der Heilige befürwortete sowohl Zwangsbekehrungen als auch Zwangsdisputationen zwischen christlichen und jüdischen Gelehrten und ließ 1244 auf der Place de Grêve in Paris talmudische Codices öffentlich verbrennen. Die zu Beginn des vierzehnten Jahrhunderts verfügte Ausweisung der Juden aus Frankreich traf daher eine Gruppe, die materiell und ideell bereits ruiniert war. Auch in Frankreich führte die Kreuzzugshysterie der Paupers und die Angst vor der Pest zu Pogromen, nach denen der eine oder andere König oder Herzog den Juden immer wieder ein Aufenthaltsrecht konzedierte.

Die ältesten christlichen **Banken,** die in Siena und Florenz entstanden, gehen auf Initiativen der Franziskaner zurück, das christliche Zinsverbot zu umgehen und damit den jüdischen Pfandleihern das Geschäft zu verderben. Manche dieser Banken bestehen bis heute.

In England schließlich ist die Existenz jüdischer Gemeinden seit dem elften Jahrhundert bezeugt. Nach anfänglich guten Beziehungen kamen auch hier Mitte des zwölften Jahrhunderts die ersten Blutbeschuldigungen auf. Daraufhin wurden Zinsnahmeverbote ausgesprochen und endlich 1290 alle Juden aus England verbannt. Ihre offizielle Wiederzulassung erfolgte erst mehr als dreihundert Jahre später, 1656.

Bei aller Unterschiedlichkeit, Vielfalt und Ungleichzeitigkeit zeichnet sich für das Europa des hohen Mittelalters nun doch ein erstaunlich einheitliches Muster ab: Der von der Kirche ausgehende religiös begründete Antijudaismus schloss sich mit der sozialen Wut der im ländlichen Feudalsystem und in der frühbürgerlichen Stadt besonders schlecht gestellten Armutsbevölkerung und den rein ökonomischen Interessen überschuldeter Höfe sowie verschuldeter christlicher Handwerker und Kaufleute zu einem Ressentiment zusammen, gegen das die rationale Judenschutzpolitik aufgeklärter Bischöfe, Könige oder Kaiser oft machtlos war. Nicht selten diente die Preisgabe der Juden an ihre Feinde auch der sozialen Befriedung, während ihre Wiederansiedlung eine wirtschaftliche

Belebung versprach. Die Anwesenheit jüdischer Händler und Bankiers konnte aber jederzeit, wenn die Verbindlichkeiten nicht mehr tragbar schienen, durch ihre Ausweisung oder das Gewährenlassen des Volkszorns beendet werden.

Die Juden, die noch während des frühen Mittelalters als eine religiöse Gruppe angesehen wurden, wurden erstmals im elften Jahrhundert als ein »Volk« – »natio« – ohne Land und Reich bezeichnet. Wobei »natio« damals eher eine Herkunftsgruppe als eine »Nation« im modernen Sinne bezeichnete. Aber wie sahen die mittelalterlichen Juden sich selbst? Ist es denkbar, dass sie sich selbst als Volk, womöglich als Nation im modernen Sinne verstanden haben? Auf jeden Fall verstanden sich auch die mittelalterlichen Juden auf der Basis geographischer Kriterien: Der aus der Champagne stammende und 1105 in Worms gestorbene Rabbi Salomo Ben Isaak, genannt Raschi, gilt als einer der bedeutendsten jüdischen Bibel- und Talmudkommentatoren. Der Legende nach verlegte Raschi seine Talmudakademie während der Gräuel des ersten Kreuzzuges nach Worms. Die jüdischen Gemeinden am Rhein waren ihm aus Reisen wohlbekannt. In einem Brief schrieb er: *»Aber in Aschkenas sah ich folgendes ...«*, wobei auch in den anderen seiner Kommentare und Episteln immer wieder von *Eres Aschkenas* die Rede ist. Briefe und Kommentare anderer Rabbiner aus der Zeit des ersten Kreuzzuges unterscheiden innerhalb der Kreuzfahrerheere zwischen den Sephardim und den Aschkenasim, also zwischen aus Spanien und den deutschen Landen kommenden Kreuzfahrern. Die Selbstbeschreibung von Juden aus deutschen Ländern als »Aschkenasim« ist seit dem 14. Jahrhundert nachweisbar, als Ascher Ben Yechiel, ebenfalls ein bedeutender Gelehrter, der in Koblenz, Köln und Worms gelehrt hatte, nach seinem Umzug nach Spanien aus dem fernen Toledo schrieb: *»Ich würde auf keinen Fall nach dem Brauch der Sephardim, der spanischen Juden, speisen, hänge ich doch unseren eigenen Bräuchen und der Tradition unserer gesegneten Vorgänger, der Weisen von Aschkenas, an, die die Tora als ein Erbe seit den Tagen der Zerstörung des Tempels empfangen haben.«*

Damit nennt Ascher Ben Yechiel ein Argument, das deutsche Juden in der Zeit der Kreuzzüge öfters verwendet haben, um die Blutschuldanklage wegen Gottesmordes abzuwenden: Ihre Vorfahren seien zur Zeit der Kreuzigung Jesu gar nicht in Judäa gewesen. Doch der Brief Ascher Ben Yechiels enthält wesentlich mehr. Indem er die von ihm sogenannten Weisen von *Aschkenas* jenen rabbinischen Konzilen gleichsetzt, die nach der Zerstörung Jerusalems das heutige, das rabbinische Judentum begründeten, behauptet er eine Gleichursprünglichkeit des aschkenasischen mit dem judäischen rabbinischen Judentum. Das ist natürlich historisch nicht nachweisbar, und es ist auch nicht bekannt, ob und in welchem Ausmaß die für das vierte Jahrhundert in Köln und Trier nachweisbaren jüdischen Gemeinden die Mischna und Gemara, kurz, den entstehenden Talmud, kannten und an seiner Entwicklung mitwirkten. Was

Die Synagoge vom Straßburger Münster

aber aus Ascher Ben Yechiels Brief zweifelsfrei hervorgeht, ist, dass sich Juden in Deutschland im frühen vierzehnten Jahrhundert als Aschkenas identifizierten und dieses Aschkenas auch als ihren höchsteigenen Ursprung ansahen. Diese Beobachtung lässt grundsätzlich daran zweifeln, ob es sinnvoll ist, das mittelalterliche Judentum als etwas für die damalige Kultur Fremdes anzusehen. Im Gegenteil sei hier die These vertreten, dass die Juden nicht trotz, sondern geradezu wegen des kirchlich-christlichen Antijudaismus zur vertrauten, vielleicht allzu vertrauten Innenausstattung des Abendlandes gehörten. Ein ästhetischer Hinweis darauf ist das wunderbare Skulpturenportal über dem Nordeingang des Straßburger Münsters, wo die Figur der hochmütig und stolz ihren Wimpel erhebenden, siegreichen »Ecclesia«, nur durch den kaiserlichen Herrscher getrennt, neben der anmutig-verlegenen, mit gebrochenem Speer und verbundenen Augen dastehenden »Synagoga« steht. Dass die Synagoge nicht sehen kann, ist ein Zugeständnis an die christliche Theologie, und doch stehen Kirche und Synagoge gleichwertig nebeneinander. Die Juden waren, so darf man es zusammenfassen, als Glaubensgemeinschaft ein integraler Bestandteil der christlichen Welt des Mittelalters und verstanden sich auch selbst so. Freilich handelte es sich um eine Glaubensgemeinschaft, die sich in ihren Gebeten und Liturgien Tag für Tag, Woche für Woche und Jahr für Jahr sowohl ihrer Herkunft von den Erzvätern Abraham, Isaak und Jakob als auch ihrer Niederlassung im Lande Kanaan, im Lande Israel, versicherte, eine Gemeinde, die die Zerstörung des Tempels betrauerte, die Gott darum bat, seine Herrlichkeit wieder in Zion zu zeigen und alljährlich am Passahfest um Befreiung und Rückführung ins Land Israel betete. So sehr die mittelalterlichen Juden also einerseits – von außen betrachtet und ihrer sozialen Organisation nach – genuiner Bestandteil des christlichen Abend-, oder, etwa in Spanien, des muslimischen Morgenlandes waren, so sehr bestärkten sie andererseits über die Jahrhunderte hinweg in ihren Liturgien ihre Überzeugung, eine Gruppe von eigener Herkunft zu sein, eine Gemeinschaft der Glaubenden, die durch ihre Abstammung von Gott erwählt worden war. Für die moderne, sozialwissenschaftlich aufgeklärte Forschung ist es inzwischen eine Selbstverständlichkeit, die Abstammungsbezüge sozialer Gruppen als narrative Konstruktionen zu verstehen und nicht als historische Tatsachen. Indes: Wenn Gruppen von Menschen an eine gemeinsame Herkunft glauben und diesen Glauben auch rituell immer wieder bestätigen, dann wird diese gemeinsame Abstammung für sie auch zu einer ihr Leben prägenden und bestimmenden Gemeinsamkeit. In eben diesem Sinn lässt sich legitim von der Existenz eines jüdischen Volkes über zwei Jahrtausende hinweg sprechen, ohne dass man damit gezwungen wäre, einen Volksbegriff im Sinne des modernen Nationalstaats oder des modernen Nationalismus zugrundezulegen.

Die Besonderheit der Juden als eines Volkes wurde durchaus auch von außen bekräftigt. Im Jahr 1084 gestattete Bischof Rüdiger von Speyer den Juden ein Privileg und wies ihnen einen mauerumgrenzten Wohnplatz zu. Im Text des Privilegs heißt es unter anderem: »*Auch gestatte ich, dass ein fremder Jude, der sich bei ihnen, den speyrischen Juden, vorübergehend aufhalten wird, keinen Zoll zu zahlen habe.*« Indem Bischof Rüdiger fremde Juden von den ihm bekannten Juden unterscheidet, gibt er zu verstehen, dass Juden an und für sich gar nichts Fremdes sind, dass sie aber gleichwohl mit Fremden eine Gemeinschaft bilden.

In diesem Sinne auch verordneten die christlichen Machthaber den Juden eine Sondertracht unter Berufung auf das biblische Gebot, sichtbare Quasten zu tragen. Die 1404 ergangene Kleiderordnung der Stadt Köln legte Folgendes fest: »*Juden und Jüdinnen, jung und alt, die in Köln wohnen und als Fremde hereinkommen, sollen solche Kleidung tragen, dass man sie als Juden erkennen kann*«. Auch hier wieder die Unterscheidung zwischen bekannten und fremden Juden. Das heißt, Juden waren anders, aber nicht fremd. Sie wurden oft angefeindet und ausgegrenzt, aber nicht deswegen, weil sie ungewohnt und schockierend neu waren, wie etwa die Zigeuner, die im fünfzehnten Jahrhundert ins Reich kamen, sondern im Gegenteil, weil sie nur allzu bekannt und allzu vertraut waren. Der spanische Dominikaner Ramón Martí, ein des Hebräischen wie des Arabischen kundiger Mann, war ein fanatischer Judenmissionar. Im Vorwort zu einem Buch für Missionsprediger analysiert er Mitte des dreizehnten Jahrhunderts das Verhältnis von Kirche und Synagoge äußerst hellsichtig: »*Nach einem Wort Senecas ist keine Pest schädlicher als Feindschaft unter Hausgenossen. Daher ist kein Feind dem christlichen Glauben so gefährlich wie die Juden, denn niemand ist uns verwandter, niemandem können wir weniger ausweichen als den Juden.*«

Die Juden selbst dürften das kaum anders gesehen haben. Die Art und Weise etwa, in der Moses Ben Nachman 1263 in Barcelona auf Geheiß des Königs mit Dominikanerbrüdern debattierte, unterstellt bei allen Differenzen fraglos einen gemeinsamen geistigen Horizont: »*Der Kernpunkt des Streites und der Meinungsverschiedenheiten zwischen Juden und Christen besteht in dem, was ihr Chris-*

An seinem »Judenhut« kenntlicher jüdischer Arzt am Krankenbett eines Bischofs. Spätmittelalterlicher Holzschnitt

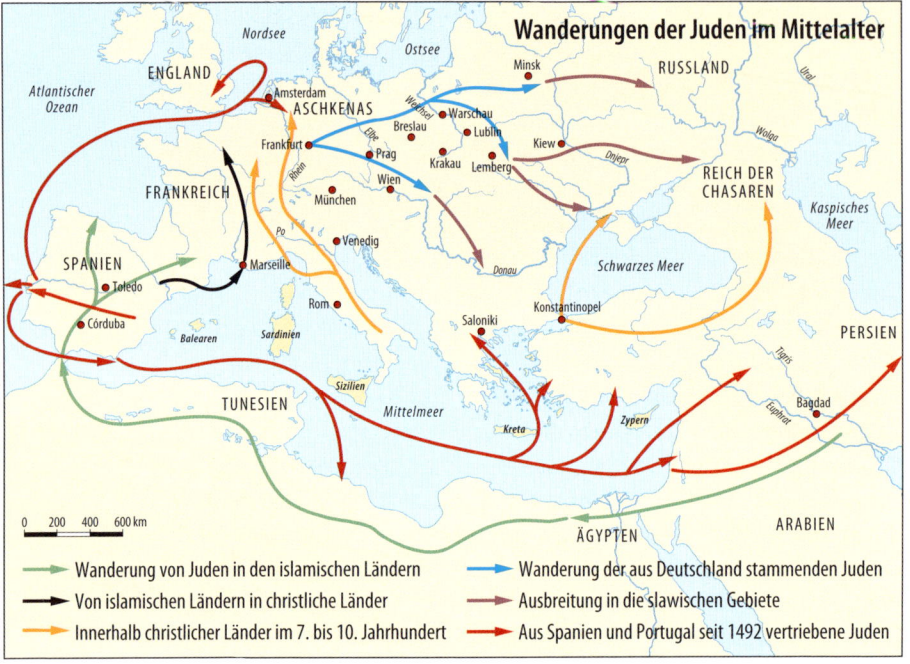

Wanderungen der Juden im Mittelalter

Nordsee · Ostsee · ENGLAND · RUSSLAND · Minsk · Und · Atlantischer Ozean · Amsterdam · ASCHKENAS · Weichsel · Warschau · Wolga · Frankfurt · Breslau · Lublin · Elbe · Prag · Krakau · Lemberg · Kiew · Dnjepr · REICH DER CHASAREN · Wien · Kaspisches Meer · FRANKREICH · München · Rhein · Po · Venedig · Donau · Schwarzes Meer · PERSIEN · SPANIEN · Marseille · Rom · Sal7iki · Konstantinopel · Toledo · Córduba · Balearen · Sardinien · Tigris · Bagdad · Sizilien · Euphrat · TUNESIEN · Mittelmeer · Kreta · Zypern · ARABIEN · ÄGYPTEN · PERSIEN

0 200 400 600 km

→ Wanderung von Juden in den islamischen Ländern → Wanderung der aus Deutschland stammenden Juden
→ Von islamischen Ländern in christliche Länder → Ausbreitung in die slawischen Gebiete
→ Innerhalb christlicher Länder im 7. bis 10. Jahrhundert → Aus Spanien und Portugal seit 1492 vertriebene Juden

ten über das Dogma der Gottheit sagt, eine sehr bittere Sache. Du, unser Herr der König, du bist ein Christ, Sohn eines Christen, und wirst alle deine Tage Kleriker sein und dein Gehirn mit dieser Sache füllen. Doch die Sache, die ihr glaubt, und sie ist ein Grundprinzip eures Glaubens, kann der Verstand nicht akzeptieren und die Natur nicht zulassen, auch die Propheten haben nie so gesprochen.«

Vom Leben in der mittelalterlichen Stadt gilt, dass sie zwar einen Rechts- und in gewisser Weise auch einen Wirtschaftsverband bildete, sozial aber völlig aufgesplittert war. Und in diesem Sozialraum galten nicht nur Juden als Nichtbürger, sondern auch Geistliche und Zugezogene. Gleichwohl lebte diese Ansammlung von Zünften, Bürgern, Freien und sonstwie Ansässigen im Rahmen eines gemeinsamen von der Bibel, der griechischen Philosophie sowie dem germanischen und römischen Recht geprägten Weltverständnisses. Diese »Ordo« wies jedem Einzelnen und allen Gruppen ihren genau definierten Platz zu. Juden selbst sahen das nicht nur in der Theologie, sondern auch in ihrem Alltag nicht anders. »Kein Jude«, heißt es in den Beschlüssen der dritten rheinischen Rabbiner-synode aus dem Jahr 1223, *»darf nichtjüdische Tracht anlegen und durchlöcherte Schnurärmel tragen.«* Die Juden spielten somit im christlichen Abendland die Rolle einer religiösen Minderheit, die seit der Krise der feudalen Welt im Kreuzzugszeitalter als theologische Sündenböcke herhalten mussten und weltlichen Interessen, vor allem wirtschaftlicher und finanzieller Art, zu dienen hatten. Als »Schutzjuden« befanden sie sich in einer prekären Lage zwischen dem Amboss auf Zeit gewährter königlicher Privilegien und dem Hammer der christlichen Armutspredigt.

Gleichwohl gelang es ihnen, nicht nur zur wirtschaftlichen Entwicklung Europas beizutragen; sie entfalteten auch in Philosophie und Mystik eine geistige Kultur, die die Physiognomie Europas wesentlich prägen sollte. Denn die Juden waren aufgrund ihrer religiösen Tradition – anders als der größte Teil ihrer Umwelt – eine grundsätzlich literate Gruppe: Die Kunst des Lesens und des Schreibens, das Studium heiliger Texte, war und ist konstitutiver Bestandteil ihres Glaubens. Die durch jüdische Philosophen aus dem arabischen Osten und Westen vermittelte Kenntnis der griechischen Philosophie, vor allem des Aristotelismus, prägte die mittelalterliche Lehre der Kirche – ohne ihren Einfluss wäre die Scholastik kaum entstanden. Gewiss auch im Austausch mit der christlichen Theologie entstand in Südfrankreich und Spanien die jüdische Mystik, die Kabbala, die umgekehrt die christliche Mystik bis hin zur Philosophie des deutschen Idealismus wesentlich beeinflussen sollte. Zeitgleich mit der Kabbala entwickelte sich am Rhein eine intensive Frömmigkeit um eine lose zusammenhängende Gruppe, die »Hasidej Aschkenas« genannt wurde und eine esoterische Theologie entfaltete, in der es um das Verständnis der Einheit und die absolute Transzendenz Gottes ging. Rabbi Jehuda ha Hasid (1140–1217) wird das *Sefer Chassidim* (Buch der Frommen) zugeschrieben, das eine ethische Lebenslehre vertritt, die ihr Ideal in Askese und Gelassenheit suchte, dessen Autor sich jedoch in eine Welt geworfen sah, in der Geister, Engel und Dämonen eine erhebliche Rolle spielen. Zu Beginn des zwölften Jahrhunderts entstand in der Provence das

Sefer ha Bahir, das »Buch der Helle«, das in einer rätselhaften Bildersprache über sieben verschiedene göttliche Kräfte und über männliche und weibliche Eigenschaften Gottes spekuliert und dem deshalb gnostische Züge zugesprochen werden.

Alle diese philosophischen und mystischen Schriften waren ein wichtiger Teil der intellektuellen Kultur des mittelalterlichen Europa, die aber durch nichts mehr angeregt wurde als durch den oft von Juden vermittelten Austausch mit der islamischen Wissenschaft.

Ein Goldenes Zeitalter?

Die Juden unter dem Islam

Das Mittelalter scheint für viele ausschließlich das Mittelalter des christlichen Abendlandes zu sein. Dabei wird übersehen, dass dieses christliche Abendland schon zur Zeit Karls des Großen, als dieser einen jüdischen Gesandten an den Hof Harun al Raschids schickte, in Kontakt mit der muslimischen Welt stand. Es waren in dieser mittelalterlichen Welt die Juden, die aufgrund der ihnen gemeinsamen hebräischen Sprache nicht nur den Fernhandel bestimmten, sondern zugleich – von Bagdad bis Aachen – den gesamten alten Kulturraum des untergegangenen römischen Reiches besiedelten. Die Schriften der *Hasidej Aschkenas* aus dem hochmittelalterlichen Rheinland belegen, dass ihre Autoren die wesentlichen Schriften jüdischer Philosophen kannten, die kurz vor der Jahrtausendwende in den Ländern des Islam publiziert hatten, dass also zwischen Worms, Cordoba und Bagdad nicht nur Handels-, sondern auch rege geistige Beziehungen bestanden. Damit ist auch die Frage nach den Unterschieden und Gemeinsamkeiten des Lebens von Juden im christlichen Abendland und in den muslimischen Ländern von Innerasien im Osten bis nach Spanien im fernen Westen gestellt, eine Frage, die angesichts der heute oft vorgebrachten Meinung, dass der Islam eigentlich eine judenfeindliche Religion sei, von höchster Aktualität ist.

Ein Austausch zwischen dem christlichen Abend- und dem muslimischen Morgenland bestand nicht nur durch den Handel, sondern – seit dem ersten Kreuzzug am Ende des elften Jahrhunderts – auch durch den direkten Kontakt des Krieges, durch die Gründung christlicher, lateinischer Königreiche in Palästina. Während der Austausch von Gütern und Lebensformen eher im östlichen Mittelmeerraum geschah, fand die geistige Durchdringung von Abend- und Morgenland vor allem im äußersten Westen der damals bekannten Welt, nämlich in Spanien, statt, das seit dem Beginn des achten Jahrhunderts bis auf den Norden von den Muslimen erobert worden war. Das Zusammenleben von Muslimen, Christen und Juden im maurischen Spanien ist – vor allem im neunzehnten Jahrhundert – gerne als »Goldenes Zeitalter« verklärt worden, als eine über vier Jahrhunderte während Epoche, in der sich zu erweisen schien, dass unter günstigen politischen und ökonomischen Umständen die ansonsten für so bedeutsam gehaltenen theologischen Differenzen für das Zusammenleben der Religionsgemeinschaften keine wesentliche Rolle spielten. Vor allem scheint die Geschichte des maurischen Spanien zu beweisen, dass der Islam – trotz seiner anfangs verächtlichen Haltung gegenüber den Juden – in Wahrheit doch jene Religion der Aufklärung und Toleranz war, als die ihn Lessing in seinem Drama *Nathan der Weise* gezeichnet hat.

Dies zu überprüfen, bedarf es eines genaueren Blicks. Die Geschichte der Juden unter dem Islam währte alles in allem vom achten bis zum frühen zwanzigsten Jahrhundert, als im osmanischen Reich und auch in den nicht von den Osmanen beherrschten arabischen Ländern vor der Gründung des Staates Israel eine große jüdische Bevölkerung lebte.

Im Folgenden soll es freilich zunächst um die erste Begegnung der Juden mit dem Islam sowie um die Koexistenz beider Religionen unter muslimischer Herrschaft im Mittelalter gehen. Die sich daraus ergebenden Fragen sind heute deshalb von großer Bedeutung, weil der moderne radikale Islamismus eindeutig antisemitisch ausgerichtet ist, weil es andererseits aber – gerade in Hinblick auf das maurische Spanien – auch eine aufgeklärte historische Tradition gibt, die ein gleichberechtigtes, mehr als nur tolerantes Miteinander von Juden und Muslimen behauptet.

Bei der Frage nach der ersten Begegnung von Juden mit dem Islam auf der arabischen Halbinsel und der Position des Propheten Mohammed gegenüber dem Judentum besteht allerdings eine erhebliche methodologische Schwierigkeit: Da bis heute in Saudi-Arabien archäologische Untersuchungen nicht zugelassen sind und die jüdische Literatur der späten Antike so gut wie nichts über Juden auf der arabischen Halbinsel weiß, sind alle Aussagen über die Beziehung von Juden und ersten Muslimen – wie sie sich vor allem in Koran und Hadith finden – hochgradig tendenziös und lassen sich nicht anhand anderer schriftlicher oder archäologischer Quellen überprüfen. Archäologische Hinweise liegen allenfalls aus dem südlichen Arabien, dem Jemen vor, wo im frühen sechsten Jahrhundert ein König namens Dhu Nuwas zum Judentum konvertierte und sich fortan »Jusuf« nannte. Zudem belegen Inschriften, dass sich im Jemen schon vor dem Wirken Mohammeds immer mehr Menschen vom Polytheismus ab- und dem Ein-Gott-Glauben zuwandten. Wir wissen historisch gesichert nur von der Existenz jüdischer Stämme auf der arabischen Halbinsel, der Himyariten, und von einem auf der arabischen Halbinsel verbreiteten Judenchristentum, mit dem Mohammed konfrontiert war. Die Juden Südarabiens waren aber nicht unbedingt eng mit denen Judäas verbunden. So besagt eine Legende aus Südarabien, dass die Juden Jemens sich weigerten, ihre Söhne »Esra« zu nennen, da dieser sie verflucht habe, als sie sich weigerten, auf seine Einladung hin zurück ins Land Israel zu ziehen. Gleichwohl enthält der Koran deutliche Aussagen über die Juden. So heißt es in der neunten Sure, *die Reue*, Vers 30 bis 32: »*Und es sprechen die Juden:* ›*Esra ist Allahs Sohn.*‹ *Und es sprechen die Nazarener:* ›*Der Messias ist Allahs Sohn.*‹ *Solches ist das Wort ihres Mundes. Sie führen ähnliche Reden wie die Ungläubigen von zuvor. Allah schlag sie tot. Wie sind sie verstandeslos. Und sie nehmen ihre Rabbinen und Mönche neben Allah und dem Messias, dem Sohn der Maria, zu Herren an, wo ihnen doch allein geboten ward, einem einzigen Gott zu dienen, außer dem es keinen Gott gibt. Preis ihm,* [er steht hoch] *über dem, was sie neben ihn setzten.*«

Die offensichtliche Falschheit der Aussage über das Judentum wird an der offensichtlichen Richtigkeit der Aussage über das Christentum besonders deutlich: Kein Christ würde bestreiten, dass der von ihm bekannte Messias, Jesus von Nazareth, Gottes Sohn ist. Indem der Koran die für ihn ketzerische

Hadith heißt im Islam die auf den Propheten zurückgeführte Tradition von Weisungen und Berichten. Zusammen mit dem Koran bilden die Hadithe die Grundlage des **Fiqh,** der islamischen Rechtswissenschaft.

Behauptung der Gottessohnschaft Jesu mit einer angeblichen Gottessohnschaft Esras parallelisiert, unterstellt er, dass Esra, neben all seinen historischen und politischen Verdiensten um die Begründung der jüdischen Religion nach dem babylonischen Exil, im Judentum auch eine theologische Rolle als göttlicher Messias spiele. Das ist jedoch nicht der Fall. Wieso es zu dieser Unterstellung kam, ist bis heute nicht genau geklärt. Die mittelalterliche islamische Apologetik und Polemik, etwa bei Al Tabari im neunten Jahrhundert oder bei dem spanischen Polemiker Ibn Hasm im zehnten Jahrhundert, hat in diesem Zusammmenhang schon früh auf eine kurz nach der römischen Zerstörung Jerusalems wahrscheinlich auf Hebräisch verfasste, zunächst aber nur auf Griechisch vorliegende Schrift hingewiesen, auf das sogenannte Vierte Buch Esra, das als die im Altertum meist verbreitete Apokalypse gilt.

So berichtet Al Tabari eine Legende, der zufolge das Volk Israel nach seinen Sünden von Gott dadurch bestraft wurde, dass ihm die Bundeslade wieder genommen wurde, was zum Vergessen der Tora führte. Esras Reform habe schließlich dazu geführt, dass Israel der Tora wieder inne wurde. Und als dem Volk die Bundeslade zurückerstattet wurde, stellte es fest, dass der Wortlaut der geschriebenen Tora mit jener identisch war, die es durch Esra erfahren hatte. Daher habe das Volk geglaubt, dass Esra der Sohn Gottes gewesen sei. Der israelische Gelehrte Hirschberg behauptete 1947 unter Bezug auf den mittelalterlichen Polemiker Ibn Hasm sogar, dass eine sich selbst als »Gerechte« bezeichnende jüdische Gruppe im Jemen an Esra als den Sohn Gottes glaubte.

Die Haltungen und Einstellungen des Koran im Hinblick auf die Gruppen, die zu seiner Entstehungszeit als Juden gelten, sind alles andere als eindeutig: So heißt es in der neunundzwanzigsten Sure, *Spinne*, in den Versen 45–51: »*Und streitet nicht mit dem Volk der Schrift, es sei denn in bester Weise, außer mit jenen von ihnen, die ungerecht handelten; und sprechet: ›Wir glauben an das, was zu uns herabgesandt ward zu euch; unser Gott und euer Gott ist ein einiger Gott, und ihm sind wir ergeben.‹ Und also*

In der Spätantike gab es eine reiche jüdisch-christliche apokalyptische Literatur. **Apokalypsen** wie die in den neutestamentlichen christlichen Bibelkanon eingegangene Offenbarung des Johannes haben regelmäßig eine Endzeit voller Schrecken und das Kommen des Reichs Gottes zum Thema.

sandten wir zu dir das Buch hinab, und diejenigen, denen wir die Schrift gaben, glauben daran; auch von diesen [Arabern] *glauben manche daran, und nur die Ungläubigen bestreiten unsere Zeichen«.*
Diese Sure legt eine große Nähe von Islam und Judentum nahe. Doch was behauptet der Koran in seinen zu unterschiedlichen Zeitpunkten und in unterschiedlichen Situationen entstandenen Texten noch über die Juden?

Sie glauben, (2, 59) – wie Christen und Sabäer – an Allah. Ihnen wurde die Tora hinabgesandt, die eine Leitung und ein Licht enthält, die ihnen durch die Propheten zum Gericht wurden (5, 45). Auch ihre Rabbinen und Lehrer richteten nach diesem Buch, der Tora, das ihnen anvertraut war und das sie bezeugten. Gleichwohl haben die Juden Allahs Wort wissentlich verkehrt (2, 70) und behaupten sogar, dass Allah nicht mehr in die menschlichen Geschicke eingreift (5, 69). Sie akzeptieren nur jene, die ans Judentum glauben (2, 114), sind missionseifrig (2, 129), und es gibt unter ihnen einige, die den Sinn der Schrift verkehren (4, 48 / 5, 45). Diese hat Allah für ihren Unglauben verflucht (4, 49), sind sie doch neben den Götzendienern die schlimmsten Feinde der Gläubigen (5, 85). Diese Juden haben so sehr gesündigt, dass Allah ihnen die guten Dinge, die ihnen erlaubt waren, verwehrt hat (4, 158/6,147), da sie Wucher genommen haben (4, 159) und bestreiten, dass Allah einem Menschen etwas offenbart hat (6, 91). Die Juden sind Geschöpfe Gottes, denen er, wenn er will, verzeiht (5,21) und die er am Tag der Auferstehung richten wird (22, 17). Sie sehen Esra als Allahs Sohn an und die Rabbinen als ihre Herren (9, 30), weswegen Allah sie zur Auswanderung trieb (59, 2 ff.). Die Juden, die mit der Tora belastet wurden und sie nicht tragen wollten, gleichen somit einem Esel, der Bücher trägt (62, 5).

Im Unterschied zum Christentum, das stets behauptete, über die ungenügende und unvollendete Tora hinaus eine substantielle Erfüllung und Erneuerung erfahren zu haben, zeiht der Koran also die Tora an keiner Stelle der Unvollständigkeit oder – wie Paulus es formuliert – der Todesverhaftung. Die Polemik des Koran gilt nicht der Tora, sondern den Juden, die sie nicht angemessen erfüllen, die sie sogar verfälscht haben und darüber hinaus bezweifeln, dass der Prophet ebenfalls die eine Tora empfangen habe. Der Koran ist nämlich gemäß Sure 46, 11 nichts anderes als eine in arabischer Sprache gehaltene Bestätigung der Tora: *»Aber vor ihm war das Buch Mosis eine Richtschnur und eine Barmherzigkeit. Und dies ist ein Buch, das es in arabischer Sprache bestätigt, um die Ungerechten zu warnen, und eine frohe Botschaft für die Rechtschaffenen.«*

Beides, die dem Moses geoffenbarte Tora und die Mohammed gesandte arabische Bestätigung, gehen nach dem Koran auf eine einzige Urschrift zurück, die bei Gott selbst verwahrt ist, wie Sure 43, 1–3 bestätigt: *»Siehe wir machten es zu einem arabischen Koran, auf dass ihr vielleicht begriffet. Und sieh, es ist in der Mutter der Schrift bei uns – wahrlich ein hohes, weises* [Buch].*«*

Da nach muslimischem Glauben Abraham der erste Moslem war und vom heidnischen Glauben seiner Väter zum einzigen Gott gefunden hat, spielten Konvertiten im Islam stets eine bedeutendere und auch geachtetere Rolle als im Judentum. Von besonderem Interesse sind daher Personen, die sich schon frühzeitig zum Islam bekehrten. Am Beispiel dieser Konvertiten, die seit dem siebten Jahrhundert dokumentiert sind, lässt sich das Verhältnis von Muslimen und Juden präzisieren.

So war Ka'b al Ahbar ein Zeitgenosse des Kalifen Omar und stammte aus Südarabien. Wahrscheinlich ein Angehöriger des Himyaritenstammes konvertierte er zur Regierungszeit Omars zum Islam. Seinen Auslegungen des Koran wird zugeschrieben, erhebliche Bezüge zur Mischna, der mündlichen Lehre des Judentums, zu enthalten. Der Historiker Al Tabari berichtet im neunten Jahrhundert, dass Ka'b al Ahbar den Kalifen bei der Eroberung Jerusalems begleitete und mit ihm in einen Disput über den Status Jerusalems und die richtige Gebetsrichtung geriet. Trotz Omars Entscheidung, die Qibla südlich des Felsens und nicht nördlich festzulegen, blieb Ka'b bei dem Kalifen. Al Tabari berichtet, dass er Omar vor seiner Ermordung gewarnt habe und auch noch am Hofe des dritten Kalifen gewirkt habe. Hier sei er in eine Auseinandersetzung mit einem muslimischen Frömmler namens Abu Dharr über das Geldausleihen geraten, wäh-

Die **Qibla,** die Gebetsrichtung, spielt im Islam eine große Rolle. In den Moscheen wird die Qibla durch eine Nische angegeben. Die Gebetsrichtung ist stets die zur Kaaba in Mekka. Die früheste islamische Gemeinschaft um Mohammed betete zunächst in die Richtung Jerusalems; dies änderte der Prophet nach der Hedschra, seinem Auszug aus Mekka.

rend derer Abu Dharr Ka'b vorgehalten habe, dass Juden Muslime nicht zu belehren hätten. Man kann an dieser Stelle die Frage nach der historischen Authentizität dieser Begebenheit außer Acht lassen und sich darauf beschränken festzustellen, dass die Hochschätzung Jerusalems und des Felsens, auf dem nach jüdischer Überlieferung die geplante Opferung Isaaks vor sich gehen sollte, wenigstens zeitweise als Ausdruck jüdischen Einflusses auf den Islam angesehen wurde. Ein anderer Konvertit, Samawal al Magribi (1125–1175), war Mathematiker und Physiker und wurde

Der Opferfels im Felsendom zu Jerusalem. Hier sollte nach der Überlieferung Abraham seinen Sohn opfern. Welchen Sohn, ist freilich zwischen Bibel und Koran strittig.

als Sohn eines hebräischen Dichters in Bagdad geboren. Er konvertierte im reifen Alter von etwa vierzig Jahren in Aserbaidschan und schrieb eine antijüdische Streitschrift *Ifham al Yahud* – »Die Juden zum Schweigen zu bringen«. Die 1167 publizierte überarbeitete Fassung dieser Streitschrift enthielt autobiographische Elemente, wonach der Autor im Traum den Propheten Samuel und Mohammed begegnet war – was ihn in seiner Überzeugung bekräftigte, dem Judentum rationale Argumente entgegensetzen zu können. Es war Samawal, der auf der Basis des Koran die Behauptung aufstellte, dass die hebräische Bibel, der Tenach, eine Zusammenstellung Esras gewesen sei, die zu einer fehlerhaften und unzuverlässigen Tradierung der Tora geführt habe. Esra, ein aaronitischer Priester, so behauptete Samawal, habe das Haus David als Abkömmling des illegitimen Stammbaums Lot-Moab-Ruth sowie Judah-Tamar diffamiert und damit den Neid der Priesterschaft gegen das Königshaus zum Ausdruck gebracht. Zugleich habe er die Gegnerschaft zwischen Hebräern und ihren Nachbarvölkern wie Moab und Ammon übermäßig betont – Esra hat bekanntlich die Israeliten nach ihrer Rückkehr aus der babylonischen Gefangenschaft aufgefordert, sich von ihren nichtjüdischen

Frauen zu trennen. Das neugefasste kultische Gesetz des Esra habe zudem das ursprüngliche mosaische Gesetz verfälscht. Ebenso wie die Karäer, eine im achten Jahrhundert in Bagdad entstandene jüdische Sekte, die den Talmud ablehnte, kritisierte Samawal die Fortentwicklung des synagogalen Gottesdienstes sowie die Fortbildung der Speisegesetze. Gleichwohl sah Samawal in der von Esra angeblich verfälschten Tora den Propheten Mohammed angekündigt. Er bezog sich dabei auf Gen 17, 20 sowie Deut 18, 15–18, wo es heißt: »*Einen Propheten aus deiner Mitte von deinen Brüdern gleich mir wird der Ewige, dein Gott, dir aufstehen lassen, auf ihn sollt ihr hören ... Einen Propheten werde ich ihnen aufstehen lassen, aus der Mitte ihrer Brüder, gleich dir, und meine Worte ihm in den Mund legen, und er soll zu ihnen reden, alles, was ich ihm gebieten werde.*« Als Rationalist erklärt Samawal endlich, dass die von den jüdischen Rationalisten vorgebrachten Schlüsse zur Beglaubigung der Authentizität der mosaischen Offenbarung genauso gut auf Jesus und Mohammed angewandt werden können, weswegen es nur konsequent sei – wie der Islam – alle drei anzuerkennen.

Dessen ungeachtet entwickelte Samawal eine Theorie der Rolle des jüdischen Volkes, in der er die aktuelle politische Situation der Juden mit den im Koran getroffenen Aussagen zur Deckung bringen wollte: Als eines der ältesten Völker der Welt hätten die Juden so viele falsche Lehren weitergegeben, dass es ihm nicht mehr möglich sei, alle Fehler auf einmal zu berücksichtigen. Auch hätten Verfolgungen das Volk nicht geläutert. Von Chaldäern, Persern, Griechen und Christen verfolgt, stets davon bedroht, dass ihre Bücher verbrannt und sie selbst ausgerottet würden, hätten sie einzig und allein im Herrschaftsbereich des Islam Zuflucht und Schutz gefunden. Anstatt aber alles zu tun, die Bürde der Weisung zu lockern, hätten sie mit einer Verschärfung der Tora durch die rabbinischen Auslegungen ihr tägliches Leben weiter erschwert. Samawal kritisiert die Kaschrut, die zwar für das Überleben des jüdischen Volkes im Exil notwendig war, aber zur Aufkündigung des Kontaktes mit den Nichtjuden geführt habe – und legt damit seine Finger in die Wunden eines inner-

Die **Kaschrut** ist die Sammlung der Speisegesetze, die sehr detailliert regeln, welche Speisen unter welchen Umständen koscher, also rein, sind.

jüdischen Konflikts, der Auseinandersetzung zwischen Karäern und Rabbinen, die Samawal denunziatorisch karikiert.

Vergleicht man vor diesem theologischen Hintergrund die Lage der Juden im christlichen Abendland mit ihrer Lage im muslimischen Morgenland, so stechen die Unterschiede deutlich hervor. Während die Juden im christlichen Abendland (sieht man von sogenannten Heiden, die theologisch nicht ernst genommen wurden, und – später – von »Ketzern« wie den Katharern, einer gnostisch-christlichen Kirche, ab) als einzige feindliche Religion galten, waren die Juden in der muslimischen Welt nur eine von zwei als nahestehend aufgefassten und eben deshalb angefeindeten Glaubensgemeinschaften. Juden galten den Muslimen wie die Christen als »Dhimmis«, als Angehörige der »Völker des Buches«. Die Dhimmis rangierten zwar im Grundsatz tiefer als jeder Muslim, aber es gab zwei Dhimmi-Gemeinschaften, die beide nicht im gleichen Sinne ausgesondert waren wie die Juden im christlichen Abendland. Indem der Islam darüber hinaus die für das christliche Abendland charakteristische Unterscheidung von kirchlichem und weltlichem Recht nicht kannte, entfiel zugleich das Spannungsfeld, in dem die Juden je nachdem zur Stärkung weltlicher Herrschaft benötigt und umgekehrt von Teilen der Kirche umso stärker angegriffen wurden. Mit dem dem zweiten Kalifen zugeschriebenen »Pakt des Omar«, der aber nicht vor dem zehnten Jahrhundert entstanden sein dürfte, wurde Juden und Christen die freie, jedoch nicht öffentlich sichtbare Religionsausübung eingeräumt, das Errichten neuer Synagogen und Kirchen jedoch untersagt. Als Gegenleistung hatten die Dhimmis eine jährliche Kopfsteuer zu entrichten. Verboten wurde es selbstverständlich, Juden und Christen, die zum Islam konvertierten, zu behelligen; Juden und Christen durften auch weder Waffen tragen noch reiten, und ihre Häuser hatten in jedem Fall niedriger zu sein als die der Muslime. Juden und Christen war zudem auferlegt, sich in ihrer Kleidung von den meist arabischen Eroberern zu unterscheiden.

Diese auf den Alltag bezogenen Regelungen aus dem Pakt des Omar verloren jedoch im Lauf der Zeit ihre bindende Kraft, was schriftliche Quellen aus dem zehnten bis zwölften

Jahrhundert, vor allem aus Ägypten, belegen. Anders als im christlichen Abendland waren in den islamischen Ländern Heiraten zwischen Juden und den Angehörigen der hegemonialen Religion, des Islam, auch ohne vorherige Konversion möglich. Männliche Muslime durften – wie der Prophet – jüdische Frauen heiraten. Im Grundsatz war es auch im Islam Juden verboten, nichtjüdische, gar muslimische Sklaven zu halten, doch dieses Verbot wurde, mehr noch als im christlichen Abendland, nur sehr lax gehandhabt. Die Übernahme öffentlicher Ämter durch Dhimmis war gleichermaßen verboten – das hierarchische Denken des frühen Islam sah nicht vor, dass Nichtmuslime Muslimen Anweisungen erteilten. Eine wesentliche Ursache für die grundsätzlich günstigere Lage der Juden in den islamischen Ländern bestand neben dem Umstand, dass sie nur eine von zwei Dhimmi-Gemeinschaften waren, darin, dass Handel und Kredit im Islam eine höhere gesellschaftliche Reputation hatten als im christlichen Abendland. Juden galten als Mitglieder der Kaufmannsklasse, nicht aber als Konkurrenten und Ausbeuter.

Die Etablierung eines einheitlich geprägten muslimischen und arabischen Kulturraums regte Juden aus dem arabischen Osten an, sich im westlichen Mittelmeerraum niederzulassen. Indem der Islam mit seiner starken kaufmännischen Tradition trotz des koranischen Verbots Geldverleih und Zinsnahme in der Praxis zuließ – das Verbot ließ sich oft umgehen oder wurde kaum sanktioniert –, konnten Juden, die untereinander ebenfalls kein Geld verleihen durften, hier eine wichtige Mittlerfunktion einnehmen. Juden waren in der islamischen Welt wie auch im christlichen Abendland vor allem Stadtbewohner. Eine Ursache ihrer freieren Stellung im islamischen Raum bestand paradoxerweise darin, dass die islamische Welt jenen Typus der freien Stadt, der die europäische Entwicklung ökonomisch und politisch nachhaltig prägen sollte, nicht hervorbrachte. Die großen Städte der islamischen Welt waren Zentren des Handels, des gesellschaftlichen und wissenschaftlichen Austauschs, aber keine eigenen politischen Körperschaften. Den jeweiligen Herrschern, den Sultanen und Kalifen, war ein Stadtbewohner in der Regel so lieb wie der andere, während sich die freie Stadt des christlichen Mittelalters als christliche und zünftige Schwurgenossenschaft konstituierte, die die Juden aus grundsätzlichen Erwägungen ausschloss. Die durch monarchische Abhängigkeit vom jeweiligen Herrscher geprägte Stadtkultur des Islam, die keine Zünfte kannte, ermöglichte es den Juden auch sehr viel stärker als im Abendland, ihr Auskommen im Handwerk zu finden.

Auf dieser Basis konnte sich auch das geistige Leben intensiv entwickeln. Während im Abendland bedeutende theologische Entwicklungen des jüdischen Glaubens den Bedrängungen der Kreuzzugszeit abgerungen wurden, war die islamische Welt ein wesentlich günstigerer Nährboden für das jüdische intellektuelle Leben. Die bedeutende mittelalterliche jüdische Philosophie entstand also nicht zufällig vor allem im islamischen Bereich. Die islamische Welt war im Übrigen, was die Rezeption der antiken Philosophie, Künste und Wissenschaften anging, dem christlichen Mittelalter zunächst deutlich überlegen.

Mit dem Werk von Saadia ha Gaon (882–942), der im Zweistromland wirkte, hält ein strikter Rationalismus Einzug in die jüdische Philosophie, ein Rationalismus, der nach Saadia nicht alleine den Juden, sondern allen Monotheisten offensteht. Der islamische Osten war aber auch der Ort des ersten innerjüdischen Schismas seit der Ausdifferenzierung der Kirche. Im achten Jahrhundert beschlossen Gruppen von Juden vor allem im Bereich des heutigen Irak, die rabbinische Auslegung der Tora im Talmud nicht mehr zu akzeptieren und sich nur noch an den in den fünf Büchern Mose selbst gegebenen Weisungen zu orientieren. Diese sich selbst »Karäer« nennende Sekte besteht in kleinen Gruppen noch heute. Während des Mittelalters und der Neuzeit lebten ihre Anhänger nicht nur in den arabischen Ländern, sondern auch auf der Krim und im Baltikum; ihnen blieben – im Unterschied zu den rabbinischen Juden – Verfolgungen und Pogrome weitestgehend erspart, da sie es stets ablehnten, als Juden zu gelten.

Die alles in allem vergleichsweise günstige Lage der Juden im Bereich des Islam kann nicht darüber hinwegtäuschen, dass es auch dort, über die Demütigung, ein Dhimmi zu sein, hin-

Moses Maimonides wurde um 1135 in Cordoba geboren; später musste er wegen der Verfolgung durch den radikalen Islam der Almohaden auswandern. Er führte ein Wanderleben und starb 1204 in der Gegend von Kairo. Maimonides war ein einflussreicher Kenner sowohl der Philosophie des Aristoteles als auch der rabbinischen Tradition sowie ein bedeutender Arzt und Astronom.

Denkmal des Maimonides in seiner Geburtsstadt Cordoba

aus, Judenverfolgungen gab. Bezeugt sind Christen- und Juden-, also Dhimmiverfolgungen unter dem Regime des fatimidischen Kalifen Al Hakim im späten zehnten Jahrhundert, der Kirchen und Synagogen zerstören ließ, beide Gruppen zwang, sich entweder zu bekehren oder das Land zu verlassen, um dann später all jenen, die ihn darum baten, die Rückkehr zur ursprünglichen Religion zu gestatten – was eigentlich dem islamischen Recht widersprach. Die Tatsache, dass derselbe Kalif auch anordnete, alle Hunde zu töten, wird als Beweis dafür genommen, dass er geisteskrank war.

Auf den im Jahr 1066 stattfindenden, nun wirklich nur gegen die Juden gerichteten Pogrom in Granada ist bei der näheren Betrachtung jüdischen Lebens im maurischen Spanien noch einzugehen. Gegen Christen und Juden richtete sich auch die Politik der berberischen Almohaden in Spanien, die im frühen zwölften Jahrhundert Juden und Christen gewaltsam zum Übertritt zum Islam zwangen, während es im späten zwölften Jahrhundert puritanische Rebellen waren, die die Juden zur Konversion zwangen. Nicht zur Erleichterung der Lage der Juden trug das Auftreten jüdischer Prediger und eines Messiasprätendenten im damaligen Jemen bei; der berühmteste jüdische Philosoph des Mittelalters, Moses Maimonides, hat sich in einer Epistel kritisch damit auseinandergesetzt.

Ohne Zweifel enthalten Koran und Hadith massive judenfeindliche Äußerungen – ebenso wie Ansätze zu einer begrenzten Toleranz gegen Juden und Christen. Die Geschichte der Juden unter dem Islam wird jedoch – bis zum zwanzigsten Jahrhundert – zeigen, dass die religionspolemischen Texte der späten Antike das Verhältnis der islamischen Gesellschaften zu den Juden auch bei gelegentlichen Ausschreitungen und mörderischen Pogromen nicht wesentlich prägten – anders als im christlichen Abendland. Allen judenfeindlichen Äußerungen der Überlieferung und den genannten Pogromen zum Trotz war die Auseinandersetzung mit dem Judentum nie zentraler Bestandteil des islamischen Selbstverständnisses. Eine von nur kurzen Phasen der Verschonung unterbrochene Leidenszeit, wie sie die Juden des Abendlandes vom späten elften Jahrhundert bis zum fünfzehnten Jahrhundert durchmachen mussten, wird man im islamischen Bereich vergeblich suchen. Daran zeigt sich vor allem, dass theologische Texte alleine – ohne ihnen entgegenkommende gesellschaftliche Interessen und Konstellationen – keinerlei Wirkung entfalten und jede Textlektüre ohne Blick auf ihre gesellschaftlichen Randbedingungen daher fundamentalistisch ist – im Guten wie im Bösen.

Das gilt insbesondere für das maurische Spanien. Die iberische Halbinsel war seit der Eroberung eines Großteils ihres Gebiets durch die Muslime im achten Jahrhundert eine politisch zerklüftete, religiös gespaltene Gesellschaft, die sich nicht nur durch eine Fülle kleinerer Herrschaften und Königreiche, sondern auch durch das hartnäckige Bemühen der christlichen Herrschaften auszeichnete, den Muslimen die Herrschaft über die Halbinsel wieder zu entziehen – dieser seit der Kreuzzugszeit »Reconquista« (Wiedereroberung) genannte Prozess sollte – immer wieder durch Perioden des Friedens, des kulturellen und wirtschaftlichen Austauschs unterbrochen – Jahrhunderte dauern.

Die Muslime wurden im achten Jahrhundert von den im christlichen Westgotenreich unterdrückten Juden als Befreier begrüßt, und insbesondere das reiche al-Andalus wurde zu einem Anziehungspunkt auch für Juden aus dem östlichen Mittelmeerraum. Das dort lebende Judentum war arabisch, was Sprache, Kleidung und Speisebräuche betraf; auch die auf Hebräisch verfassten poetischen, grammatischen, medizinischen und philosophischen Werke wurden mit arabischen Buchstaben geschrieben.

Trotz des Gebots der Scharia, dass Juden in politischen Hierarchien Muslimen nicht überlegen sein durften, wurde der Jude Chasdai ibn Schaprut (915–970) Wesir des in Cordoba residierenden maurischen Kalifen, dessen Aufgabe nicht zuletzt darin bestand, mit ausländischen Herrschern, etwa mit einer Gesandtschaft des deutschen Kaisers Otto I. zu verhandeln. Chasdai ibn Schaprut, der zugleich als Arzt tätig war und antike Werke über Arzneimittel ins Arabische übertrug, setzte sich nicht nur für verfolgte Juden im christlichen Abendland, etwa in Italien, ein, sondern verfasste auch einen später berühmt gewordenen Brief an den König der Chasaren, also den Herrscher jenes Volkes, von dem damals die Kunde umging, dass es zum Judentum übergetreten sei. Eine Antwort ist nicht erhalten.

Auch als das Kalifat von Cordoba kurze Zeit später in viele kleinere muslimische Königreiche zerfiel, sollte sich die Situation der Juden nicht ändern, im Gegenteil. So wurde im arabischen Königreich Granada Samuel ha Nagid (993–1056) im Alter von siebenunddreißig Jahren Wesir und militärischer Oberbefehlshaber, ein Mann, der neben der Dichtkunst auch theologisch tätig war und es wagte, einen Traktat über die Widersprüche im Koran zu publizieren. Samuel ha Nagids Sohn Jussuf erbte nach dessen Tod dessen Amt, verwaltete es freilich glücklos und kam während des Pogroms in Granada 1066 gewaltsam ums Leben. Auslöser dieses – rein antijüdischen – Pogroms soll die angeblich anmaßende Haltung des Sohnes von Samuel ha Nagid gewesen sein. Ein Augenzeuge, ein späterer Sultan, schildert die Ereignisse: »*Sowohl das gewöhnliche Volk als auch der Adel waren angewidert von der Gerissenheit der Juden, den offenkundigen Veränderungen, die sie bezüglich der Ordnung der Verhältnisse bewirkt hatten, und den Stellungen, die sie – in Verletzung ihres Pakts* [den des Omar] *– innehatten. Gott beschloss am Samstag, dem 10. Safar 459 a. H.* [31.12.1066]*, ihre Vernichtung ... Die Juden flüchteten sich in das Innere des Palastes, doch der Pöbel verfolgte sie dorthin, ergriff sie und tötete sie. Dann erschlugen sie alle Juden der Stadt mit dem Schwert und nahmen große Mengen ihres Eigentums an sich.*«

Der Pogrom von Granada, der ausschließlich gegen Juden gerichtet war, unterscheidet sich in nichts von den judenfeindlichen Ausschreitungen im christlichen Abendland, am Rhein und in den großen Reichsstädten, die sich dort vom Ende des elften Jahrhunderts bis in die Mitte des vierzehnten Jahrhunderts periodisch wiederholten – mit einer Ausnahme: Er blieb eine Ausnahme.

In al-Andalus entstanden zahlreiche rabbinische Akademien, die den verbliebenen Akademien in Babylonien bald den Rang abliefen, vor allem aber blühte im muslimischen Spanien eine jüdische Philosophie, die den damals im islamischen Raum verbreiteten Neuplatonismus dem jüdischen Glauben assimilierte. Philosophen und Dichter wie Salomo ibn Gabirol (1021–1058), Bachja ibn Pakuda (1040–1110) und Jehuda Halevi (um 1075–1141) prägten diese ganz eigenständige jüdisch-muslimische Kultur. Halevi verließ schließlich al-Andalus, um ins Land Israel zu ziehen; von ihm stammt ein Dialog, in dem er Judentum, Christentum und Islam mit vernünftigen Argumenten um die Wahrheit streiten lässt. Anders als in anderen muslimischen Herrschaftsbereichen wurden die Leistungen der jüdischen Dichter und Wissenschaftler in Spanien auch von den Herrschern anerkannt. Die komplexen Verhältnisse im muslimisch-christlich-jüdischen Spanien ließen eine noch heute bedeutende jüdische Religionsphilosophie entstehen, die sich sehr genau mit den Wahrheitsansprüchen der drei Religionen auseinandersetzte. Der jüdische Philosoph Maimonides, der selbst, um sein Leben zu retten, einmal zum Schein konvertierte, setzte sich in einem Brief mit den Vorwürfen des zum Islam konvertierten Juden Samawal auseinander und widerlegte vor allem die Behauptung, dass Mohammed im Tenach vorhergesagt worden sei, mit dem schlüssigen Hinweis, dass noch nicht einmal die Muslime diese Behauptung aufstellten. Ganz im Sinn der rabbinischen Tradition beglaubigt Maimonides, dass Gottes Offenbarung am Sinai von Generation zu Generation getreu weitergegeben worden sei und die Tora eindeutig für Isaak und eben nicht für Ismael Partei nehme. In diesen Auseinandersetzungen werden wir Zeugen einer Debatte, die zwar nie die Tora als solche in Frage stellt, wohl aber die historisch konkrete Form, die sie jeweils angenommen hat. Maimonides hat sich in seinem Sendschreiben an die jemenitischen Juden polemischer Bemerkungen nicht eben enthalten – in einem aber war er sich mit seinen Gegnern im Grundsatz einig, nämlich darin, dass man sich Gott in keiner Weise anthropomorph vorstellen dürfe, eine Ansicht, die vor dem Hintergrund der damals allgemein anerkannten aristotelischen Philosophie verständlich ist, aber weder mit dem Text des Tenach noch dem des Koran übereinstimmt. Beide bestimmen Gott als barmherzigen Gott, eine Eigenschaft, die mit dem »unbewegten Beweger« des Aristoteles nichts zu tun hat. Man muss also nicht immer wieder das Goldene Zeitalter in Spanien beschwören, um sich zu verdeutlichen, dass Judentum und Islam einander systematisch nicht ausschließen, was man etwa an dem religionsphilosophischen Traktat *Kusari* des spanisch-jüdischen Dichters Jehuda Halevi sehen kann. Darin geht es um einen Glaubenswettstreit von Christen, Muslimen und Juden um die Konversion eines Chasarenkönigs. Halevi lässt einen muslimischen Gelehrten auf eine Weise zu Wort kommen, die fair und objektiv erscheint: *»Wir bekennen die Einheit und Ewigkeit Gottes und dass alle Menschen von Adam und Noah abstammen. Wir lehnen jede Inkarnationslehre entschieden ab und wenn derlei in der Schrift auftaucht, erklären wir es für eine Metapher oder Allegorie. Gleichzeitig behaupten wir, dass unser Buch Gottes Wort ist, ein Wunder, an das wir um seiner selbst willen gebunden sind, da niemand in der Lage ist, etwas Ähnliches hinzuzufügen oder seine Verse zu übertönen. Unser Prophet ist das Siegel der Propheten, der jedwedes vorherige Gesetz abschaffte und alle Nationen einlud, zum Islam überzutreten. Der Lohn des Frommen besteht in der Rückkehr seines Leibes in Paradies und Glanz, wo er niemals aufhören wird, zu trinken, zu essen und die Liebe einer Frau zu genießen und alles zu erhalten, was er begehrt. Die Quittung für den Ungehorsamen besteht darin, dem Höllenfeuer ausgesetzt zu werden und eine Strafe ohne Ende zu erleiden.«*

Auf diese Antwort entgegnet der chasarische König in Halevis Traktat, dass er nur Fakten akzeptiere, die nicht widerlegbar seien, und dass er als Chasare das Wunder des Koran, da er des Arabischen nicht mächtig sei, nicht überprüfen könne. Darauf antwortet der islamische Gelehrte, dass im Islam

Ismael, der Sohn Abrahams und Bruder Isaaks, gilt als Stammvater der Araber. Dem Koran zufolge war es Ismael und nicht Isaak, der von seinem Vater beinahe geopfert und durch seine Errettung durch den Engel Gottes ausgezeichnet wurde.

an keiner Stelle irgendwelche Wunder für die Gültigkeit der koranischen Weisung bemüht würden, woraufhin der Chasarenkönig rationalistische Zweifel an der Vorstellung von einer direkten Interaktion zwischen Gott und Mensch äußert. Auf diesen Einwand lässt Halevi den islamischen Gelehrten mit einer Frage antworten: »*Ist unser Buch nicht voll mit Geschichten von Moses und den Kindern Israels? Niemand kann bestreiten, was er Pharao zugefügt hat, wie er das Meer teilte ... ist all dies nicht so wohlbekannt, dass kein Misstrauen wegen einer Täuschung oder Einbildung möglich ist?*«

Der Chasarenkönig gibt dem von einem jüdischen Autor skizzierten Moslem recht und erklärt, nunmehr die Juden fragen zu wollen, seien sie doch das Überbleibsel der Israeliten und seiner Meinung nach der schlagende, evidente Beweis für die Geltung der göttlichen Weisung auf der Erde. Halevis Argument der Juden als eines Gottesbeweises hat bis in die Aufklärungszeit hinein gewirkt, aber darum kann es hier nicht gehen. Worauf Halevi hinweisen will, ist, dass der Koran gleichsam in sich zusammenfallen würde, wenn man das Zeugnis Israels, das eben nur in der Tora des Judentums enthalten ist, aus ihm entfernte. Anders als im Christentum hat im Islam auch niemand jemals versucht, dies zu tun und sich einen Islam zusammenzureimen, der ohne Bezug zur alttestamentlichen Überlieferung auskommt. Der Islam setzt die Wahrheit der Tora in demselben Atemzug voraus, in dem er ihre Auslegung durch die Juden bestreitet.

Die Zeit der Blüte der spanisch-jüdischen Kultur endete zunächst mit dem elften Jahrhundert und endgültig gegen Ende des zwölften Jahrhunderts, als die aus Nordafrika neu nach al-Andalus gekommenen berberischen Almohaden die Macht über die verbliebenen muslimischen Staaten übernahmen. Die Almohaden folgten einem strikten Kurs der Unterordnung von Juden und Christen, der Dhimmis, die zur Konversion gezwungen und ihrer Herkunft wegen über Generationen diskriminiert wurden.

Viele Juden flohen nun in den christlichen Norden Spaniens, wo sie als Handwerker, Bauern und Händler unter dem Schutz von Privilegien zunächst gerne aufgenommen wurden.

Obwohl Juden den spanischen Königen, zumal Kastiliens, wie im Heiligen Römischen Reich als schutzbefohlene Kammerknechte galten, waren sie unter christlicher Herrschaft meist schlechter gestellt als vor der almohadischen Machtergreifung im muslimischen al-Andalus. Doch auch in Kastilien, insbesondere in Toledo, hatten Juden im zwölften und frühen dreizehnten Jahrhundert eine ähnlich prominente Stellung wie in den maurischen Königreichen: als Ärzte, Steuerpächter und Finanziers, als Personen, die – im Unterschied zu den Muslimen – den Christen vor Gericht gleichgestellt waren. Die christlichen Könige Kastiliens lehnten auch die judenfeindlichen Beschlüsse des vierten Laterankonzils von 1215 ab, die eine stärkere Ausgrenzung und Stigmatisierung der Juden forderten.

Die Opposition des Adels, der Bettelmönche und der ärmeren Bevölkerungsschichten gegen die Königshäuser traf in der Folgezeit jedoch vor allem die Juden: Juden wurden aus öffentlichen Ämtern gejagt, sie mussten sich zwangsweise Bekehrungspredigten anhören, und endlich wurde ihnen der Haus- und Grundbesitz verboten. Ende des vierzehnten Jahrhunderts soll in Sevilla ein gegen das Königshaus gerichtetes Bündnis von Bußpredigern, Adligen und Armen zu einer Reihe von Pogromen geführt haben, die viertausend Juden das Leben kosteten. Der Pogrom von Sevilla 1391 löste eine ähnliche Kettenreaktion aus wie die Kreuzzugspogrome am Rhein: Während die traditionsreiche Gemeinde von Toledo ausgelöscht wurde, konvertierten in Madrid und Burgos Juden massenhaft zum Christentum. Im frühen fünfzehnten Jahrhundert dann sollten Juden in Ghettos eingeschlossen werden, sich Bärte wachsen lassen, nur ärmliche Kleidung tragen und viele Berufe – wie Arzt, Apotheker und Steuerpächter – aufgeben. Nicht selten waren es zum Christentum konvertierte Juden, die mit dem Eifer des Neubekehrten ihre im alten Glauben verbliebenen Brüder und Schwestern im Rahmen von zwangsweise angeordneten Glaubensdisputationen zur Konversion aufforderten – eine Praxis, die oft zum Erfolg führte.

Zwischen Vertreibung und Emanzipation

Die Juden Europas in der frühen Neuzeit

Während des Mittelalters lebten Juden von der iberischen Halbinsel bis nach Polen überall auf europäischem Boden. Waren sie das, was man heute als »Ethnie«, als »Volk«, bezeichnet? Eine Antwort auf diese Frage setzt die Beantwortung der Frage voraus, ob es im Zeitraum zwischen dem Ende des elften Jahrhunderts und der Ausweisung der Juden aus Spanien überhaupt »Völker« in diesem Sinne gab. Immerhin war noch während des Dreißigjährigen Krieges von einer evangelischen und einer katholischen »Nation« die Rede. Im Mittelalter jedenfalls gab es »Nationen« von Böhmen, Baiern, Katalanen und Franken, und an den mittelalterlichen Universitäten waren die Studenten in Landsmannschaften zusammengefasst, die auf ihre geographische Herkunft Bezug nahmen. Man mag sich fragen, welcher Landsmannschaft man die Juden, so sie denn zu den Universitäten zugelassen gewesen wären, zugerechnet hätte.

Doch während das Gefühl der Zugehörigkeit der Menschen im Mittelalter neben der Religionsgemeinschaft eher regionalen und familiären Abstammungsgemeinschaften galt, die präziser zu definieren niemals ein Bedürfnis bestand, war die Neuzeit von territorial begrenzten Staaten mit ihrer Obrigkeit und ihren Untertanen bestimmt, in denen sich allmählich und in sehr unterschiedlichem Maße so etwas wie ein Nationalgefühl entwickelte. Dies musste auch die Stellung und das Selbstgefühl der Juden verändern.

Europa durchlief – anders als die islamische Welt – in den gut drei Jahrhunderten zwischen dem Fall von Konstantinopel und der Französischen Revolution eine Entwicklung voller dramatischer Umbrüche, in denen der vom Wechselspiel zwischen Papstkirche und christlichen Herrschaften geprägte *orbis christianus*, die Einheit der christlichen Welt, zerfiel und sich eigene, sich keiner christlichen Legitimität mehr verdankende Nationalstaaten mit eigener Souveränität etablierten. Von Wechseln und Brüchen war auch die Geschichte der Juden in dieser Epoche geprägt. Im Jahr 1492 wurden sie aus Spanien ausgewiesen, in der Französischen Revolution wurden ihnen zum ersten Mal gleiche bürgerliche Rechte wie den Christen zugesprochen.

Als das mittelalterliche Weltbild und mit ihm die – einschließlich ihrer Verfolgung – klare Stellung der Juden in dieser »ordo« zerbrach, musste die Stellung der Juden in den religiösen, politischen und ökonomischen Organisationsformen der Gesellschaft neu bestimmt werden – auch die Juden selbst mussten sich den neuen Verhältnissen anpassen. Das Ordnungsgefüge des Mittelalters mit seinen feudalen Strukturen hier und seiner überwölbenden Reichs- und Königsidee dort wurde durch das Entstehen der neuen, kapitalistischen Wirtschaftsformen und souveräner Territorialstaaten mit ihren eigenen Geschichtskonstruktionen unterlaufen und durchkreuzt, ohne dass es jedoch sogleich verschwunden wäre und dem modernen Nationalstaat Platz gemacht hätte. Dieses Sich-Überkreuzen unterschiedlicher politischer Ordnungsmodelle führte – im Rückblick – zu einer großen Unübersichtlichkeit. Für die Juden Europas kann von jetzt an auch kaum noch von einem gemeinsamen Schicksal gesprochen werden. Dennoch zeichnen sich Muster und Themen jüdischer Geschichte ab, die im neuzeitlichen und barocken Europa ein wiedererkennbares Bild ergeben.

Es ist kein Zufall, dass im christlichen Herrschaftsbereich des mittelalterlichen Spanien – anders als im muslimischen Bereich, wo sich jüdische Philosophen vor allem an einer aristotelischen oder neuplatonischen Deutung ihres Glaubens versuchten – eine hochspekulative Mystik entstanden war. Deren Hauptwerk, das gegen Ende des dreizehnten Jahrhunderts von Moses de Leon verfasste Buch *Sohar* (der Glanz), enthält eine Theosophie, die vielfach christliche und christologische Argumentationsformen aufnimmt und sich weniger für Fragen einer rationalen und ethischen Lebensführung als vielmehr für ein Eindringen in die Geheimnisse der Schöpfung und des Innenlebens Gottes interessiert und dabei sogar – erstmals seit der hellenistischen Zeit – wieder über die weiblichen Seiten Gottes spekuliert. Diese Verwandtschaft mit der christlichen Mystik ist auch Ausdruck des Konversionsdrucks im christlichen Teil der iberischen Halbinsel. Dieser war so groß, dass dort zumal im dreizehnten und vierzehnten Jahrhundert eine erhebliche Anzahl sogenannter Neuchristen, spanisch *conversos*, lebten, von denen wiederum einige insgeheim die Bräuche der jüdischen Religion weiter einhielten. Die Frage nach der Zuverlässigkeit der »Neuchristen«, der Conversos, rief die Inquisition auf den Plan, die den protorassistischen Gedanken entwickelte, dass nicht Glaube und Glaubenspraxis zählten, sondern Abstammung.

Im fünfzehnten Jahrhundert wurde Spanien, vor allem Kastilien, von einer Welle antimonarchischer und antijüdischer Bewegungen heimgesucht, auf die die katholischen Herrscher Isabella und Ferdinand reagieren mussten. Ende des fünfzehnten Jahrhunderts verbesserte sich für kurze Zeit die Lage der Juden in Kastilien, und »Hofjuden« wie die Angehörigen der berühmten Familien Abravanel und Seneor gelangten zu Macht und Einfluss. Die ständige antijüdische Gesetzgebung der kastilischen Adelskammer, der Cortes, zunehmende Ritualmordgerüchte sowie die Tätigkeit der Inquisition führten dann jedoch, im Jahr 1492, zur Ausweisung aller im Glauben verbliebenen spanischen Juden.

Tomás de Torquemada aus dem kastilischen Valladolid war Dominikanermönch. Er wurde Prior eines Klosters und dann päpstlicher Inquisitor und Beichtvater seiner Königin Isabella und ihres Gemahls, Ferdinand von Aragon. Auf Betreiben der Könige wurde er vom Papst zum Großinquisitor von Aragon und dann auch Kastilien ernannt. Er baute eine mächtige Bürokratie der Inquisition auf.

Das vom Großinquisitor Tomás de Torquemada – er war jüdischer Herkunft – mit der Begründung vorbereitete Ausweisungsdekret, die verbliebenen Juden seien eine Gefahr für die Neuchristen, wurde von den katholischen Majestäten am 31. März 1492 unterzeichnet. Die in Aragon und Kastilien lebenden Juden, die oft Verwandte unter den Conversos besaßen, hatten nun vier Monate Zeit, das Land zu verlassen. Ihre Habe mussten sie mit Ausnahme von Geldwechseln zurück lassen. Bis zum Verlassen des Landes sollten sie unter königlichem Schutz stehen. Der erzwungene Exodus wurde von vielen vollzogen, andere konvertierten zum Christentum.

Die Vertriebenen wandten sich nach Portugal, in den Maghreb, auch in den Kirchenstaat, aber vor allem ins Osmanische Reich, das sie großzügig und freundlich aufnahm. Sie blieben jedoch auch hier ihrer spanischen Kultur und Herkunft treu. Bis heute sprechen türkische Juden – so wie osteuropäische Juden jiddisch – einen altkastilischen Dialekt, das Ladino. Sultan Bayezid II., er lebte von 1481–1512, lud gemäß einer zeitgenössischen Quelle die aus Spanien und Portugal vetriebenen Juden ein, in sein Reich zu kommen: »*So hörte Sultan Bayezid, König der Türkei, von all dem Unheil, das der spanische König über die Juden gebracht hatte, und hörte, dass sie eine Zuflucht und einen Ort der Ruhe suchten. Er hatte Mitleid mit ihnen und schrieb Briefe und sandte Boten in sein ganzes Königreich, damit keiner seiner Stadtväter so grausam sein möge, den Juden die Einreise zu verweigern oder sie zu vertreiben. Sie sollten vielmehr willkommen geheißen werden.*«

Rabbinische Autoritäten aber verhängten einen Bann über Spanien, der mehr als vierhundert Jahre, bis in die erste Hälfte des zwanzigsten Jahrhunderts, strikt eingehalten wurde – Juden kehrten nicht mehr nach Spanien zurück, es sei denn als Kämpfer im Spanischen Bürgerkrieg oder als Flüchtlinge aus dem nationalsozialistischen Europa.

Dieselben muslimischen Osmanen, die 1492 großzügig die spanischen Juden aufnahmen, hatten 1453 das orthodoxchristliche Konstantinopel zu Fall gebracht, damit die Geschichte der östlichen Christenheit beendet und eine Anzahl griechischer Gelehrter zur Flucht in den Westen veranlasst, die die Kenntnis der griechischen Sprache und insbesondere die platonische Philosophie im westlichen Europa verbreiteten und so erheblich zur Kultur der Renaissance und des Humanismus beitrugen. Gut vierzig Jahre später, im selben Jahr,

Die **Ausweisung der spanischen Juden** durch Ferdinand und Isabella ist unterschiedlich gedeutet worden. Wollten die katholischen Könige die Juden vor dem immer brutaleren Zugriff der Inquisition schützen? Wollten sie sich an den Vermögen der Juden bereichern? Oder hat die Ausweisung der Juden mit dem Entstehen eines homogenen spanischen Nationalstaats zu tun, in dem eine in Sprache, Glaube und Sitten weitgehend homogene Bevölkerung einem absolutistischen Königshaus untertan sein sollte?

Kolumbus entdeckt die Neue Welt. Holzschnitt des sechzehnten Jahrhunderts

in dem die spanischen Juden vertrieben wurden und das letzte muslimische Königreich auf der iberischen Halbinsel – Granada – fiel, entdeckte Kolumbus, dem man nachsagt, dass er einer marranischen Familie entstammte, und auf dessen Schiffen fünf Neuchristen waren, auf der Suche nach Indien Amerika. Tatsächlich vermerkte Kolumbus in seinem Tagebuch die zeitliche Koinzidenz mit der Vertreibung der Juden: »*In demselben Monat, in dem die spanischen Herrscher die Vertreibung der Juden aus dem gesamten Königreich verfügten, gaben sie mir den Auftrag, meine Reise nach Indien zu unternehmen.*«

Am 2. August 1492 sollten die letzten Juden Spanien verlassen haben, am 3. August stach Kolumbus in See. Mit dem Fall Granadas und der erzwungenen Konversion muslimischer Mauren zum Christentum entstand für die katholische Gesellschaft in Spanien und Portugal ein identisches Problem: Sowohl konvertierte Juden als auch konvertierte Muslime hielten zum Teil an ihren alten Bräuchen fest und zogen als »Kryptojuden« oder »Marranen«, als »Kryptomuslime« oder »Moriscos« das Misstrauen und die Verfolgung der Inquisition auf sich.

Mit dem Fall Konstantinopels, der Renaissance, der Entdeckung Amerikas, dem Fall Granadas, der Ausweisung der Juden aus Spanien und der Reformation endet gemäß der konventionellen historischen Periodisierung das Mittelalter und damit auch die mittelalterliche Geschichte der Juden. Wie sich der vielfache Epochenbruch auf das Schicksal der Juden auswirkte, ist schwer systematisch zu erfassen. An die Stelle einer systematischen Darstellung sollen hier daher exemplarische Lebensläufe einzelner besonders bedeutender oder für die Lage ihrer Gemeinschaft typischer Personen treten.

Doch bevor wir die biographische Umschau mit der Lebensgeschichte des Josel von Rosheim beginnen, müssen wir noch einen Blick auf die Zeitumstände werfen.

Deutlichster Ausdruck der Neugründung der europäischen Welt war die Reformation. Ihr Erfolg verdankte sich nicht zuletzt der Tatsache, dass Gelehrte wie Wyclif in England, Hus in Böhmen und Luther in Deutschland die Bibel in die Volkssprachen übersetzten und dass religiöse Schriften dank der Erfindung des Buchdrucks durch den Mainzer Johannes Gutenberg um 1450 für viele zugänglich waren. Dank der Medienrevolution Gutenbergs war die Deutungshoheit der katholischen Kirche über die Urkunden des christlichen Glaubens gebrochen, und immer mehr Menschen waren in der Lage, sich unabhängig von den Interessen und Vorgaben des katholischen Klerus ihres Glaubens zu vergewissern. Auch für das Judentum bedeutete die Erfindung des Buchdrucks eine erhebliche Zäsur, denn sie stärkte das private Bibelstudium, unabhängig vom Rabbinat. Es war die aus Deutschland nach Italien eingewanderte Familie Soncino, die – nachdem zum ersten Mal 1520 in Venedig ein Talmud in hebräischen Lettern gedruckt worden war – immer wieder hebräische Bibeln und jüdische Gebetbücher druckte. Bei den Christen führte die selbständige Lektüre der Bibel zu einer Neuentdeckung der Juden als jener Gruppe, die unmittelbar den Personen des Alten Testaments zu entstammen schien und die – als früher häufig von der Papstkirche verfolgte Gruppe – ideale Bundesgenossen der Reformatoren sein mochten. Diesen Gedanken hatte gerade Martin Luther, der trotz seiner Überzeugung, dass nur Gnade und Glaube, nicht aber das Befolgen der göttlichen Weisung selig machen könne, zunächst große Hoffnung auf die Juden und ihre Bekehrung zum reformatorischen Glauben setzte. Mit seiner frühen Schrift *Dass Jesus Christus ein geborener Jude sei* aus dem Jahre

Eine Seite der 1520 in Venedig gedruckten Talmudausgabe von Daniel Bomberg mit dem in anderer Type gedruckten Kommentar Raschis

Titelblatt des Erst-
drucks von Luthers
*Von den Jüden und
ihren Lügen*, 1543

1523 hielt Luther dem bisherigen Antijudaismus der katholischen Kirche ein kraftvolles
Argument entgegen, um dann Jahre später –
aus Enttäuschung darüber, dass die Juden sich
ihm nicht anschließen wollten, und aus Panik
darüber, dass einige reformatorische Gruppen
jüdischen Bräuchen folgen wollten – einen der
schlimmsten, nun wirklich nicht mehr nur
antijudaistischen, sondern regelrecht antisemitischen Traktate zu verfassen: *Von den Jüden
und ihren Lügen* aus dem Jahr 1543. Darin fordert Luther, jüdische Häuser zu zerstören, jüdische Schriften einzuziehen, den Rabbinern
Lehrverbot zu erteilen, die Juden praktisch für
vogelfrei zu erklären, ihnen Bankgeschäfte zu verbieten, sie einer kollektiven Zwangsarbeit zu unterwerfen und des Landes
zu verweisen. In der Sache forderte Luther mit Ausnahme der
aktiven Ermordung all das, was die Nationalsozialisten vierhundert Jahre später exekutieren sollten – weshalb etwa einer
der Hauptangeklagten im Nürnberger Prozess, der Herausge-
ber des pornographischen Hetzblatts *Der Stürmer*, Julius Streicher, sich zu seiner Verteidigung auf Luther berief.

Luther wurde 1483 geboren, Josel von Rosheim kam ein
paar Jahre früher, 1476, im elsässischen Hagenau zur Welt
und starb einige Jahre vor dem Reformator im Jahre 1554. Der
Bankier, Händler und Rabbi Josel wurde zur Zeit der Reformation als einer der fähigsten und sprachmächtigsten Anwäl-
te angeklagter und ausgewiesener Juden bekannt. Er klagte
meist erfolgreich vor Kammern einzelner deutscher Länder
und Kammern des Kaisers für die Interessen von Juden und
überstand selbst Anklagen wegen vorgeblicher Hostienschän-
dung. Von 1510 an teilte er sich mit einem Kollegen die Funktion eines »Fürsprechers« der Elsässer Juden, um schließlich
zum »der gemeinen Jüdischheit Befehlshaber in Teutschland«
zu werden. 1520 erwirkte er bei Kaiser Karl V. einen Schutz-
brief für alle Juden des Reiches, und es gelang ihm sogar, auf-
ständische Bauern davon abzubringen, die Stadt Rosheim zu
stürmen und zu plündern. Theologisch war Josel von Rosheim

überaus belesen und überzeugend – so widerlegte er bei einer Glaubensdisputation den vom Judentum zum Christentum übergetretenen Sohn des Rabbi von Regensburg, Antonius Margarita, so schlagend, dass dieser den Reichstag von 1530 in Augsburg, wo die Disputation stattfand, verlassen musste. Josels Bitte an Martin Luther, ihn bei der Zurückweisung eines kurfürstlichen Edikts, das die Juden aus Sachsen auswies, zu unterstützen, wurde von dem Reformator brüsk zurückgewiesen. In der Folge orientierte sich der inzwischen auch von den Juden Polens als Fürsprecher ihrer Interessen anerkannte Josel von Rosheim wieder stärker am katholischen Kaiserhaus.

Als Katholikin, genauer gesagt als Marranin unter dem Namen Beatrice de Luna, wurde Gracia Mendes 1510 in Lissabon geboren. Sie hatte, oberflächlich christlich und heimlich jüdisch, einen Mann geheiratet, der Mitglied einer über ganz Europa verbreiteten Dynastie von Bankiers war. Nach dessen frühem Tod zog sie nach Antwerpen, der weltoffenen Stadt am Rand des spanischen Herrschaftsbereichs. Schon bei ihrer Übersiedlung wohlhabend, erbte Gracia anfang der 1540er Jahre auch noch das Vermögen ihres reichen Schwagers und wurde auf dieser Basis eine erfolgreiche Geschäftsfrau. Langjährige Reisen durch Europa mit ihrer ganzen Familie führten sie nach Italien, nach Ferrara, wo sie eine spanische Bibelübersetzung in zwei Varianten – eine für Juden, eine für Christen – in Druck geben ließ. Um dem Verfolgungsdruck von Staat und Inquisition zu entgehen, siedelte Donna Gracia, die die Künste, die Gelehrsamkeit und den Synagogenbau ebenso großherzig förderte, wie sie bedrängten jüdischen Familien half, 1553 ins Osmanische Reich über. Von dort aus dirigierte sie ihre Handelsflotte im Verkehr mit Venedig. Vom türkischen Sultan erwarb sie ein Anwesen in der osmanischen Provinz Falestin (Palästina), in Tiberias am See Genezareth, und ließ dort eine kurzlebige jüdische Siedlung errichten. Als Papst Paul IV. zum Judentum zurückgekehrte ehemalige Neuchristen in der italienischen Stadt Ancona inquisitorisch bedrängte

Josel von Rosheim auf einem satirischen Flugblatt seiner Zeit

und einige von ihnen den Flammen überantwortete, organisierte Gracia Mendes mit ihrem inzwischen zu einem Berater des Sultans gewordenen Neffen Don Joseph Nasi einen rabbinisch beglaubigten Handelsboykott gegen den Kirchenstaat – mit mäßigem Erfolg, denn einige Rabbiner lehnten dieses Vorgehen ab. Joseph Nasi aber wurde zu einem der Chefdiplomaten der Hohen Pforte, führte Wirtschaftsverhandlungen mit Polen und Moldawien, förderte, um die Juden in Zypern von venezianischer Bedrängung zu retten, die osmanische Eroberung Zyperns und unterstützte schließlich den Aufstand der Niederlande gegen Spanien. So wurde der als João Miquez in Spanien geborene Neuchrist schließlich vom türkischen Sultan erst zum Graf von Tiberias, wo er die Bemühungen seiner 1569 gestorbenen Tante um eine jüdische Besiedlung unterstützte, und schließlich zum Herzog von Naxos ernannt.

Die erbittertsten Gegner des Sultans in Istanbul waren die Habsburgerkaiser. Sie residierten gewöhnlich in Wien, doch Rudolf II. (1552–1612) machte Prag zur Metropole des Reichs. In dieser Stadt lebten, allen Vertreibungsverordnungen zum Trotz, mehr als die Hälfte aller böhmischen Juden – Juden machten beinahe dreißig Prozent der damaligen Prager Bevölkerung aus.

Jehuda Löw, dessen Geburtsdatum nicht gesichert ist, wirkte zwischen 1553 und 1573 als Rabbiner in Nikolsburg und war unter den böhmischen Juden bald, ähnlich wie Josel von Rosheim in der westlichen Hälfte des Reichs, als Rechtsgelehrter und Verwaltungsfachmann bekannt. In Prag selbst leitete der intellektuell anspruchsvolle Theologe bald die berühmte Talmudschule »die Klaus«, ohne dass er dort zum Oberrabbiner gewählt worden wäre. Wegen dieser Missachtung enttäuscht, brach er nach Polen auf, um dort im Jahr 1597, im Alter von etwa achtzig Jahren, denn doch endlich zum Oberrabbiner gewählt zu werden; ein Amt, das er bis zum Jahre seines Todes, 1609, mit größter Autorität versah. Böhmen um die Wende vom sechzehnten zum siebzehnten Jahrhundert war eine geistig und politisch gärende Region. Die Bewegung des Frühreformators Jan Hus wirkte hier ebenso nach wie die der fanatisch-reformatorischen böhmischen Brüder, während

Kaiser Rudolf II. auf dem Prager Hradschin ein zurückgezogenes, den Künsten und vor allem den Wissenschaften gewidmetes Leben führte.

Eine verlässliche zeitgenössische Chronik will wissen, dass sich Rudolf II. für die Person und das Wirken Rabbi Löws interessierte und mit ihm einen freundschaftlichen Umgang pflegte. Rabbi Löws Leben wurde von zahlreichen Legenden umrankt – nicht zuletzt von der später literarisch und filmisch immer wieder bearbeiteten Sage, dass er – ein Vorläufer Frankensteins – aus Ton eine menschliche Figur erschaffen und sie mit magischen Praktiken belebt habe: den Golem. Tatsächlich war Jehuda Löw jedoch ein Neuerer, der in seiner Theologie und rabbinischen Praxis den modernen Impulsen folgte, die auch die Reformation beflügelten. Wie die Reformatoren lehnte er die Entlohnung von Geistlichen, in diesem Fall von Rabbinern, für rituelle Vollzüge ab, wie die Reformatoren forderte er eine Rückkehr zum ursprünglichen biblischen und talmudischen Text und lehnte eine zum Selbstzweck gewordene Auslegungs- und Diskussionskultur ab. Vor allem aber forderte Jehuda Löw eine moderne, individualisierte didaktische Methode des Talmudstudiums, die Alter und Reifegrad der Schüler und Studenten zu berücksichtigen hatte. Diese Forderung erhob er nicht etwa willkürlich, sondern wohlbegründet aus den talmudischen Quellen. Die bis heute verbreiteten legendären Überlieferungen, die ihn als Schöpfer des Golem sehen, verdecken die historisch belegten theologischen Leistungen dieses Gelehrten, der als einer der ersten eine moderne Theologie des jüdischen Volkes vorgelegt hat.

Er steht damit in einem aufschlussreichen Spannungsverhältnis zu Baruch Spinoza, der als Erster eine säkulare Theorie des jüdischen Volkes entwarf. Jehuda Löw sieht die Juden als Volk im Ausnahmezustand des Exils,

Der in Spanien erzogene Habsburgerkaiser **Rudolf II.** regierte von 1552 bis 1612. Er förderte die nach Galilei bekanntesten Vertreter der modernen Astronomie, nämlich Tycho Brahe und Johannes Kepler, und legte den Grundstock zu einer der größten Gemäldesammlungen der Welt, die bei der Eroberung Prags durch die Schweden im Jahr 1648 in alle Welt zerstreut wurde.

Die Altneu-Synagoge in Prag. Auf ihrem Dachboden liegen der Legende nach noch immer die tönernen Überreste des Golem.

was aber – so argumentiert er gegen die christlichen Verwerfungslehren – kein Beweis dafür sei, dass Gott Israel verlassen habe. Israels allmächtiger Gott mache seine Treue nicht davon abhängig, ob Israel selbst seine Weisungen immer einhalte. Rabbi Löw, der bereits in Begriffen des entstehenden Nationalstaats dachte, ging wie selbstverständlich davon aus, dass Völker normalerweise einen ihnen zugewiesenen Ort auf Erden hätten, weshalb die Juden durch ihre Trennung von dem ihnen zugewiesenen Land Unfreiheit lebten – entgegen der natürlichen Weltordnung. *»Denn«*, so Löw in einer Schrift, *»die Unterwerfung eines Volkes unter ein anderes verträgt sich nicht mit der angemessenen Ordnung der Wirklichkeit, denn es ist das Recht jedes Volkes, frei zu sein.«* Der anormale Zustand des Exils aber wird in der messianischen Zeit beendet sein, einer Zeit, in der kein menschlicher Messias geboren werden wird, sondern sich eine messianische Potentialität entfaltet. Gott ging mit dem Exil Israels selbst in die Verbannung, und das bedeutet für Löw, dass die Erlösung Israels – ganz ähnlich wie in der lurianischen Kabbala – die Erlösung der ganzen Welt sein wird. Den Juden, denen Löw mit der aristotelischen Kategorienlehre eine herausragende Rolle als formgebendes Prinzip inmitten der übrigen als bloßer Stoff bestimmten Völkerwelt zuspricht, kommt somit eine besondere Verantwortung zu.

Als Jehuda Löw 1609 in Prag zu Grabe getragen wurde, war Menasse Ben Israel – es ist bis heute nicht geklärt, ob er auf Madeira oder in Lissabon geboren wurde – gerade fünf Jahre alt. Als katholischer Täufling unter dem Namen Manoel Dias Soreiro zur Welt gekommen, erreichte er mit seiner Familie auf der Flucht vor der Inquisition in den 1620er Jahren Amsterdam, wo er förmlich zum Judentum zurückkehrte, eine Druckerei gründete und zum Gründer und Rabbiner der sefardischen Gemeinde wurde. Er war ein Freund Rembrandts, der ihn mehrfach porträtierte, und Briefpartner französischer, deutscher und holländischer Philologen, Historiker und Rechtsgelehrter, unter ihnen vor allem Hugo Grotius, einer der Begründer des Völkerrechts. 1655 reiste Menasse nach England, um mit dem Londoner Parlament und dem puritanischen Diktator Oliver Cromwell erfolgreich über die offizielle Wiederzulassung von

Juden in England zu verhandeln. Scheinchristen und einige trotz des Verbots offen ihren Glauben bekennende Juden lebten bereits vereinzelt seit dem frühen sechzehnten Jahrhundert in England – wovon etwa Shakespeares *Shylock* handelt. Im Grundsatz nicht anders als der frühe Luther hoffte auch Cromwell, die Juden durch die Zulassung ihrer Religionsausübung zum Christentum zu bekehren, ohne jedoch wie dieser aus Enttäuschung über den ausgebliebenen Erfolg mit Judenhass zu reagieren. 1651 bereits erschien Menasse Ben Israels Buch *Die Hoffnung Israels* in London – ein Buch, in dem der Autor über die wahre Herkunft der Ureinwohner Amerikas auf biblischer Grundlage spekuliert und schließlich zu dem Schluss kommt, dass es sich bei ihnen um Nachkommen der verlorenen zehn Stämme des antiken Israel handele – eine Spekulation, die die puritanische Vorliebe für die Neue Welt mit ihrer Idee eines »Neuen Jerusalem« intensiv beflügelte.

Joseph Smith (1805–1844), der Begründer des amerikanischen **Mormonentums,** machte die Vorstellung von den nach Amerika gelangten verlorenen Stämmen Israels zur Grundlage der Offenbarung im die Bibel fortschreibenden Buch Mormon.

Menasse Ben Israel segnete 1657, auf der Rückreise von England nach Amsterdam, in Middelburg das Zeitliche. In diesem Jahr 1657 wurde der »*mystische Messias*« (Gerschom Scholem) Sabbatai Zwi gerade dreißig Jahre alt, und war eben wegen häretischer Lehren aus seiner Heimatgemeinde Smyrna, dann auch aus der jüdischen Gemeinde von Saloniki ausgeschlossen worden. Nach unsteten Jahren des Reisens – unter anderem in das von den Osmanen beherrschte Jerusalem – offenbarte sich Sabbatai Zwi, der sich schon vorher als Prophet verstanden hatte, unter dem Einfluss des jüdischen Theologen Nathan von Gaza im Jahr 1665 als der von Gott gesandte Erlöser, als Messias.

Im letzten Drittel des siebzehnten Jahrhunderts litten auch die Juden an den Nachwehen des Dreißigjährigen Krieges. In der Ukraine kam es in den Jahren 1648/49 unter der Führung des Kosakenhetmans

Menasse Ben Israel. Zeitgenössischer Stich, vermutlich nach einem gemalten Porträt

Sabbatai Zwi.
Zeitgenössischer
Kupferstich

Bogdan Chmielnicki, der in der Ukraine bis heute als antipolnischer Freiheitsheld gilt, zu schrecklichen Pogromen, denen etwa einhunderttausend Juden zum Opfer fielen; dreihundert Gemeinden wurden vernichtet. Diese Situation war geeignet, mystische Religiosität und messianische Erlösungssehnsucht zu fördern. Sabbatai wurde daher schnell von immer mehr Jüdinnen und Juden als Messias anerkannt, der die Zerstreuten ins Heilige Land zurückführen werde. Die Erregung, die er auslöste, erstreckte sich nicht nur auf Städte des osmanischen Reiches, sondern bis weit in das deutschsprachige Europa. Indes scheiterte der Versuch Sabbatai Zwis, in Jerusalem mit den von ihm ernannten Vertretern der zwölf Stämme auf dem Tempelberg Opfer darzubringen, am dortigen Rabbinat. In den deutschen Ländern verkauften jüdische Familien unterdessen Haus und Hof, um ins Heilige Land aufzubrechen. 1665 schließlich hatten die bis dahin wohlwollenden osmanischen Behörden angesichts der Zerstrittenheit der jüdischen Gemeinden über den Status Sabbatais als Messias genug von dem Treiben und nahmen Sabbatai 1666 in Haft. Im Gerichtsverfahren vor die Wahl gestellt, entweder zum Islam zu konvertieren oder enthauptet zu werden, trat Sabbatai Zwi förmlich zum Islam über, nahm den Namen Mehmed Effendi an und wurde 1672, als er wegen der Wiederaufnahme seiner messianischen Umtriebe erneut verhaftet wurde, nach Albanien verbannt, wo er 1676 starb.

Sabbatai Zwi war weder der erste noch der letzte historisch bekannte jüdische Messiasprätendent: Von Jesus von Nazareth und Simon Bar Kochba in der Antike über Ascher Lämmlein und David Reubeni in der Renaissance bis zu dem chassidischen Rabbi Menachem Mendel Schneerson in den letzten Jahren des zwanzigsten Jahrhunderts reicht die Reihe jener jüdischen Männer – Frauen traten mit diesem Anspruch niemals auf –, die entweder von sich selbst oder von anderen für Gottes Gesalbten, den Erlöser gehalten wurden. Die Anhängerschaft Sabbatai Zwis spaltete sich nach seiner Konversion zum Islam. Die überwiegende Mehrheit sah seinen messianischen Anspruch als verwirkt an, eine kleine, 1683 in Saloniki entstandene Gruppe aber deutete seine Konversion als genau jene tiefste Erniedrigung, durch die der Gesalbte Gottes in seiner Authentizität erwiesen sei – analog zur Erhebung Jesu durch den schmählichen Tod am Kreuz. Diese kryptojüdische, offiziell türkisch sprechende Sekte, der man unter anderem orgiastische und regelwidrige, auf Hebräisch gehaltene Gottesdienste mit Frauentausch nachsagte, soll in kleinen Gruppen bis heute noch in Istanbul existieren.

Das jüdische Leben im siebzehnten Jahrhundert entfaltete sich zwischen den Polen des von messianischen Hoffnungen belebten Festhaltens an der Tradition und einem in seiner Identität erschütterten und daher besonders wachen »Neujudentum«. Dieses entstand unter den Marranen, die vor allem in den niederländischen, aber auch deutschen und englischen Handelsstädten lebten, als Reaktion auf das erzwungene Neuchristentum. Es entfaltete sich im Rahmen und unter dem Einfluss einer sich festigenden bürgerlichen Gesellschaft, der Durchsetzung des Kapitalismus und der modernen, mathematisierten, auf systematischer Beobachtung beruhenden Naturwissenschaft sowie nicht zuletzt der sich herausbildenden Nationalstaaten und immer deutlicher formulierter republikanischer Ideen. Beispielhaft für diese Konstellation waren die Niederlande und vor allem die calvinistisch regierte Handelsstadt Amsterdam, in der 1632 der später unter dem Namen Baruch Spinoza bekannt gewordene Abkömmling einer marranischen Familie als Bento de Espinosa zur Welt kam. Die Familie steckte in wirtschaftlichen Schwierigkeiten – Bento de Espinosas Bruder Gabriel sollte nach immer neuen Geschäftsschulden, die er nur mühsam bedienen konnte, schließlich in die Karibik auswandern. Bento alias Baruch, der eine solide Bildung in den talmudischen Schriften wie auch gewisse Kenntnisse in der Kabbala hatte, kam schon im Alter von etwa achtzehn

Baruch Spinoza. Um 1665 entstandenes Porträtgemälde

Jahren mit der Gedankenwelt nonkonformistischer Protestanten, der Mennoniten, in Berührung und lernte in der Schule eines aus seinem Orden entlassenen Jesuiten Latein. Spinoza, der ein ausgezeichneter Kenner der cartesischen Philosophie wurde, verdiente seinen Lebensunterhalt als Optiker und Linsenschleifer. Diese Tätigkeit ließ ihm genug Zeit, bahnbrechende Werke zu schreiben wie die *Ethik*, die posthum im Jahre seines Todes 1677 oder den *Philosophisch-politischen Traktat*, der 1670 erschien. Sein früher Verkehr mit Freigeistern aller Art machte ihn der jüdischen Gemeinde, die unter strenger Beobachtung der calvinistischen Obrigkeit stand, missliebig: Bei aller Toleranz durften gewisse Grundprinzipien, etwa die Unsterblichkeit der Seele, auch von Juden nicht angezweifelt werden. Spinoza aber hatte in frühen Schriften genau das getan und wurde daher 1656 – er war gerade vierundzwanzig Jahre alt – mit einem feierlichen rituellen Akt aus der Gemeinde ausgeschlossen. Wie revolutionär seine Ansichten wirklich waren, sollte sich in seiner *Ethik* erweisen, in der er – womöglich von kabbalistischen Quellen inspiriert – die Identität von Gott und Natur behauptete. Spinoza, der als Privatgelehrter im Jahr 1673 einen kurfürstlichen Ruf an die Universität Heidelberg erhielt, ihn jedoch aus Angst um seine Unabhängigkeit und Meinungsfreiheit ablehnte, begründete in seinem *Tractatus theologico-politicus* nicht nur die historisch-kritische Analyse der biblischen Schriften, sondern auch eine antimonarchische Theorie politischer Freiheit, weshalb das Buch 1674 förmlich verboten wurde. Um sich Anfeindungen und Druck zu entziehen, lebte Spinoza in verschiedenen holländischen Städten, zuletzt in Den Haag, wo er 1677 die Augen schloss. Spinoza war der erste moderne Jude – ein Denker, der sowohl die Juden als auch ihre biblischen Schriften als natürliche, gesellschaftliche Gegebenheiten ohne höhere theologische Bedeutung ansah und daher auch die Vermutung äußern konnte, dass sie später einmal ihre ehemalige Heimat, das Land Israel, wieder in Besitz nehmen könnten.

Glikl von Hameln war keine Philosophin, wohl aber eine gebildete, des Lesens und Schreibens kundige Frau. Ähnlich wie die neuchristliche Gracia Mendes entstammte sie einer wohlhabenden Kaufmannsfamilie. Ihr Vater, der mit Diamanten handelte, hatte in Hamburg ein Wohnrecht erstanden.

Glikl, die in erster Ehe zwölf Kinder zur Welt brachte, zog – daher ihr Name – während der Pestepidemie des Jahres 1664 zu ihren Schwiegereltern nach Hameln und übernahm nach dem Tod ihres Mannes 1689 dessen weitreichende Geschäftsbeziehungen nach Frankreich, in die Niederlande und nach Österreich. Die Hoffnungen, die sich im Jahr 1700 mit einer zweiten Heirat, mit einem wohlhabenden Bankier in Metz, verbanden, sollten sich nicht erfüllen. Sein Bankrott trieb Glikl, die stets ihre Kinder, ihre Schwiegertöchter und -söhne selbstlos unterstützte, in den Ruin. Verarmt brachte sie ihr reiches Leben im Haus ihrer Tochter in Metz 1724 zu Ende. Das Buch, das sie vor allem für ihre Kinder in judendeutscher Sprache schrieb, die *Denkwürdigkeiten der Glückl von Hameln,* enthält an zentraler Stelle folgenden Satz: *»Meine lieben Kinder, ich schreib euch dieses, damit, wenn heute oder morgen eure lieben kinder und enkel kommen und sie ihre familie nicht kennen, ich dieses in kürze aufgestellt habe, damit ihr wisst, von was für leuten ihr her seid.«*

Die auf judendeutsch verfassten Erinnerungen wurden erstmals 1896 von der ersten Patientin Sigmund Freuds, der jüdischen Frauenrechtlerin Bertha Pappenheim übersetzt und erschienen 1910 im Druck.

Sie stellen eine unersetzbare sozialhistorische Quelle dar, denn sie berichten nicht nur über das Alltagsleben einer jüdischen Frau jener Zeit, sondern ebenso lebhaft und anschaulich über die von Sabbatai Zwi ausgelöste messianische Erregung. Die ersten Sätze des

Die sefardische Synagoge in Amsterdam im siebzehnten Jahrhundert

Bertha Pappenheim, als Glikl von Hameln posierend. Gemälde von Leopold Pilichowski

Buchs geben den Ton an: »*Im Jahr 1691 beginne ich dies zu schreiben, aus vielen Sorgen und Nöten und Herzeleid, wie weiter folgen wird. Gott aber erfreue uns so lange Zeit, als er uns plagte, und schicke uns unseren Messias und Erlöser bald. Amen.*«

Glikl von Hamelns Erinnerungen sind nicht nur deshalb bemerkenswert, weil sie die erste jüdische Autobiographie überhaupt darstellen, sondern weil sie – nach den autobiographischen Bemerkungen der französischen Frühhumanistin Christine de Pizan und den Bekenntnissen der zunächst protestantischen Niederländerin Elizabeth Schuerman – eine der ersten weiblichen Autobiographien der Neuzeit überhaupt sind.

Gerade am Beispiel der marranisch geprägten Jüdinnen und Juden wird deutlich, dass eine hohe literarische Kultur, kombiniert mit einem intensiv wahrgenommenen Riss im eigenen Selbstverständnis, unter bestimmten Umständen zu einer hohen Artikulations- und Durchsetzungsfähigkeit disponiert. Sie, die Marranen und Marraninnen, waren mit ihrer gebrochenen Subjektivität die Vorläufer einer jüdischen Moderne, die sich unter dem Einfluss vor allem der deutschen Aufklärung entwickeln sollte.

Haskala

Die jüdische Aufklärung

Glikl von Hameln war keine Marranin, wohl aber eine Frau, die in einer vor allem protestantischen Umwelt erhebliche Lebenskrisen zu meistern hatte – in einer Zeit, als das moderne Bürgertum seine Macht zu entdecken begann und neu erwachte Formen der Subjektivität gemeinsam mit Ideen der Aufklärung die innere Welt und den Blick auf die Gesellschaft radikal veränderten. Auch das jüdische Selbstverständnis sollte sich durch die Aufklärung grundlegend wandeln. Am Anfang stand ein Königsberger Professor, der »Alleszermalmer« Immanuel Kant. Kant verfasste seine Schrift über die *Religion innerhalb der Grenzen der bloßen Vernunft* im Jahre 1793, zwölf Jahre nach Erscheinen der *Kritik der reinen Vernunft* 1781. Der gebürtige Dessauer Moses Mendelssohn (1729–1786) mit dem Kant eine zwar respektvolle, aber nicht unbedingt von Zuneigung getragene Bekanntschaft pflegte, publizierte sein religionsphilosophisches Hauptwerk *Jerusalem* 1783. Mit Moses Mendelssohn, der die rationalistische Aufklärung in der Tradition von Leibniz und Wolff vollendete und der als autodidaktischer »jüdischer Sokrates« ein Kuriosum seiner Zeit war, begann eine geistige Bewegung unter den in den deutschen Ländern lebenden Juden, die sich im Lauf der nächsten einhundert Jahre bis weit nach Osteuropa verbreiten und zur Voraussetzung sämtlicher Strömungen des modernen Judentums werden sollte: des liberalen Reformjudentums so gut wie des Zionismus, der modernen Orthodoxie wie des Assimilationismus, ja sogar der sozialistischen Strömungen jiddischistischer Kultur.

Die Juden West- und Mitteleuropas lebten vor der Französischen Revolution – von den Ausnahmen der Hof- und Finanzjuden abgesehen – als oft nur mäßig gebildete, ökonomisch

Eng gedrängt stehen die Häuser in der Judengasse, dem ummauerten Ghetto in Frankfurt am Main. Aus dieser physischen und geistigen Enge sollte die Aufklärung die Juden hinausführen. Ausschnitt aus dem Vogelschauplan Frankfurts von Matthäus Merian, 1628.

Das hebräische Wort **Haskala** geht auf den Wortstamm »Sekel« (Verstand) zurück und bezeichnet die jüdische Aufklärung in Deutschland, Mittel- und Osteuropa vom späten achtzehnten bis nach der Mitte des neunzehnten Jahrhunderts.

stark benachteiligte Bevölkerungsgruppe in traditional bestimmten Gemeinschaften. Den Sinn ihrer kollektiven Existenz fanden sie in der Tora sowie in den Weisungen des Religionsgesetzes, dessen göttlichen Ursprung sie in allen Details tagtäglich beglaubigten.

An ihren von Rabbinen geleiteten, weitgehend abgeschlossenen Gemeinden gingen die geistigen Erneuerungsprozesse, die die christliche Welt seit Renaissance und Reformation umtrieben, zunächst vorbei. Die wenigen freilich, die als Kaufleute oder Hoffaktoren jenseits der Ghettomauern lebten, kamen durchaus in Kontakt mit säkularer Philosophie und Wissenschaft. Das Unbehagen gegenüber der Lebenswelt, aus der sie stammten, dem sie aus ihrer vergleichsweise privilegierten Position heraus im Lichte der modernen Philosophie Ausdruck verleihen konnten, gab der »Haskala« genannten jüdischen Aufklärung den wesentlichen Impuls.

Die Haskala folgte einem doppelten Programm, dessen zwei zunächst parallel verlaufende Zielsetzungen später miteinander in Konflikt geraten sollten: Den »Maskilim« – den der Haskala verpflichteten Publizisten und Gelehrten – ging es einerseits um die Aufklärung der Juden als Menschen und andererseits um die Erneuerung des Judentums. Während das Programm einer Aufklärung der Juden als Menschen diese zu gleichwertigen und gleichberechtigten Mitgliedern der bürgerlichen Gesellschaft bilden wollte, ging es einer Aufklärung der Juden als Juden um ein neues, zeitgemäßes theologisch-religiöses Selbstverständnis. In beiden Fällen galt es, zum traditionellen, bis dahin weitgehend mittelalterlichen und die religiöse und rechtliche Wertsphäre nicht trennenden Religionsgesetz Stellung zu beziehen. So war erstens zu zeigen, dass die Weisungen des Glaubens nicht mit den üblichen staatsbürgerlichen Pflichten in Konflikt geraten müssen, und zweitens darzutun, dass die

Kontinuität verbürgenden Lebensregeln nicht in Widerstreit mit der Vernunft liegen. Wie also sollten sich aufgeklärte Juden zum Glauben an die Tora verhalten, die doch Gott selbst dem Moses am Sinai offenbart hatte? Während Maimonides, der mittelalterliche, in der islamischen Welt lebende und von ihr geprägte Rationalist, Moses als Empfänger einer göttlichen Offenbarung verstand, deren Weisungen in keinem Fall als profan angesehen werden konnten, war Baruch Spinoza ein radikaler Frühaufklärer: Ihm galt Moses als nichts anderes denn eine historische Person, die mit der Tora von Menschen verfasste und keineswegs universell gültige Verfassungsschriften autorisiert hatte. An diesem Punkt setzte rund hundert Jahre später »Mosche mi Dessau«, Moses Mendelssohn aus Dessau, mit seiner Schrift *Jerusalem* ein.

Persönlich genügte Mendelssohn, der in der modernen Philosophie und Wissenschaft Autodidakt war, seinen traditionellen Pflichten als Jude. Als Autor suchte er einen Weg zwischen Maimonides und Spinoza: Er hielt mit Ersterem am Gedanken des göttlichen Ursprungs der Tora fest, räumte aber gleichwohl mit Letzterem ein, dass ihr Kodex von Weisungen auch auf die konkrete historische Situation bezogene Bestandteile ohne allgemeinen Geltungsanspruch enthält. Mit diesem Kompromiss wurde es Juden jetzt in christlich-bürgerlichen Gesellschaften möglich, an einen – allen Menschen gemeinsamen – von Gott offenbarten sittlichen Vernunftkern der Tora zu glauben und als Staatsbürger, ganz wie es schon die spätantiken Rabbinen gefordert hatten, den Gesetzen der jeweiligen Länder nachzukommen. Die Weisungen der Zeremonialgesetze wurden zwar ebenfalls Gott zugeschrieben, jedoch als spezifische Weisungen nur an die Juden verstanden, und so war es jetzt möglich, widerspruchsfrei in der Öffentlichkeit als aufgeklärter Staatsbürger und zu Hause als observanter Jude zu leben. Die von Mendelssohn angestoßene geistige Bewegung wandte sich gegen unverstandene oder abergläubisch missverstandene Riten, gegen die fraglos hingenommene Macht der Rabbinen

Moses Mendelssohn, 1729 in Dessau geboren, folgte 1742 seinem Lehrer, dem Oberrabiner David Fränkel, einem Maimonides-Kenner, nach Berlin. 1754 schloss er Freundschaft mit Gotthold Ephraim Lessing, der ihm in seinem Drama *Nathan der Weise* ein Denkmal setzte. Mendelssohn war der Großvater des Komponisten Felix Mendelssohn Bartholdy.

sowie gegen dem wissenschaftlichen Zeitgeist nicht mehr entsprechende Lebensformen.

Die epochenprägende Philosophie der Aufklärung, die seit Kant, Mendelssohn und Lessing die gebildeten Stände in den deutschen Ländern prägte, konnte sich die Wahrheit der Religion, aller Religionen, nur als poetische Umhüllung eines höheren, allen Menschen zugänglichen moralischen Prinzips vorstellen, das – wie es Lessing in seinem *Nathan* demonstriert hatte – in ganz unterschiedlichen, jeweils gerechtfertigten Formen auftreten konnte. Im Leben und Werk Moses Mendelssohns, der als orthodox lebender Jude die Religion gleichwohl auf Vernunft gründen wollte, fand diese Haltung ihren vornehmsten Ausdruck. Als Glaube enthielt für ihn das Judentum nichts anderes als den Kern, den jede auf Vernunft gegründete Religion trage. Indem Mendelssohn eine scharfe Unterscheidung zwischen vernünftig begründeter Religion hier und zeitabhängigen Gesetzen und Bräuchen dort traf, schuf er bei aller persönlichen traditionellen Frömmigkeit die Basis für eine Fortentwicklung des jüdischen Glaubens: »... *nicht an Worte und Schriftzeichen* [waren die Lehrbegriffe und Gesetze] *gebunden, die für alle Menschen und Zeiten, unter allen Revolutionen der Sprachen, Sitten, Lebensart und Verhältnisse immer dieselben bleiben, uns immer dieselbe steifen Formen darbieten sollen, in welche wir unsere Begriffe nicht einzwängen können, ohne sie zu zertrümmern.*«

Der von Mendelssohn postulierte Kompromiss von geschichtlichem Ursprung und überzeitlicher Geltung der Weisung, ein Gedanke, der den Gott vom Sinai im Unterschied zum konfessionsübergreifenden vernünftigen Gott zum historischen Gesetzgeber nur für die Juden machte, unterlag freilich einer eigenen Dialektik: Er war nur solange aufrecht zu erhalten, als eine rationale theistische Metaphysik denkbar war. In dem Augenblick, als Kants Kritik der Idee, die göttliche Offenbarung ließe sich rational beweisen, den Boden entzog, standen auch die konkreten Lebensregeln vom Sinai, die Mendelssohn noch als autoritativ offenbart ansehen konnte, radikal zur Disposition.

Die Dialektik von rationalem Offenbarungsglauben und historischer Kritik prägte das intellektuelle Leben der führenden Maskilim, der Friedländer, Wessely, Herz und Euchel, der Bendavid und Ascher und – last but not least – Salomon Maimon. Ihre Kämpfe und Lebensentwürfe galten sowohl der Erneuerung der hebräischen Sprache, der historischen Bibelkritik, neuen Formen der Gottesdienste, schärfster Kritik am Rabbinismus, einer wissenschaftlichen Erforschung des Judentums und der Neugründung eines jüdischen Schulwesens.

Bei der Analyse der Leistungen dieser jüdischen Aufklärer zeigt sich, dass die immer wieder zu lesende Behauptung, der Antijudaismus vor allem protestantischer Theologen des neunzehnten Jahrhunderts habe sich überhaupt nicht von den kritischen Einstellungen der Maskilim zu Talmud und Kabbala unterschieden, falsch ist. Bei aller Kritik kannten die meisten Maskilim die talmudischen Schriften, mussten allerdings einräumen, sie in ihrer systematischen Bedeutung nicht mehr verstehen zu können. Zu Behauptungen etwa des protestantischen Philosophen und Theologen Friedrich Daniel Schleiermacher, es handele sich beim Talmud um tote Schriften oder gar um Lügenbücher, ließen sich die Maskilim nie hinreißen. Freilich – das bleibt unübersehbar – folgten die Maskilim nicht nur den Prämissen der Aufklärung, sondern in den protestantischen deutschen Ländern auch der lutherischen Reformation. In ihrem Rückgang auf Bibel und Propheten wollten die Maskilim zwar ein erneuertes ethisches Selbstverständnis gewinnen, aber nicht mehr das jüdische Erbe in seiner Gesamtheit be-

David Friedländer (1750–1834), ein erfolgreicher Unternehmer in Berlin, war mit Mendelssohn befreundet; der Kaufmann und Gelehrte **Naphtali Herz Wessely** (1725–1805) stammte aus Kopenhagen, ließ sich in Wesel – daher sein Name – nieder und starb in Hamburg; **Henriette Herz** (1764–1847) führte in Berlin einen von allen Geistesgrößen ihrer Zeit besuchten Salon; **Isaak Euchel** (1756–1804) kam aus Kopenhagen nach Berlin. Er war Kantschüler und mit Friedländer befreundet; **Lazarus Bendavid** aus Berlin (1762–1832) war Philosoph und Pädagoge; **Saul Ascher** (1767–1822) war Publizist und machte sich über das Neugermanentum der deutschen Studenten lustig; der aus Litauen stammende Philosoph **Salomon Maimon** (1753–1800) war Mendelssohnschüler und Kantianer.

wahren. Diese Einschränkung war willkürlich und lässt sich kaum anders als aus ihrem aufklärerischen Deismus erklären, dem sie aller zum Teil gelebten Gesetzestreue zum Trotz anhingen. Die Maskilim der zweiten Generation waren fast ausnahmslos Kantianer. Gleichwohl wäre es verfehlt, die Haskala lediglich als eine nachgeholte, späte Aufklärung zu betrachten. Vielmehr konnte die Forschung zeigen, dass die kantische Religionsphilosophie ihrerseits ohne die Bemühungen der Maskilim um eine neue Form des Judentums gar nicht verständlich ist. Kant hat demnach die Theorie zu einer aufklärerischen Praxis geliefert, an der er heftig Anteil nahm, die auf seinen eigenen christlichen Glauben anzuwenden er jedoch zu ängstlich war.

Der in der Aufklärung verbreitete **Deismus** besagt, dass Gott die Welt sehr wohl geschaffen hat, dass diese sich seitdem aber ohne göttliches Zutun weiterbewegt und -entwickelt.

Chassidismus
Frömmigkeit und mystische Spekulation

Die Geschichte der Juden Europas im späten achtzehnten und frühen neunzehnten Jahrhundert hat indes ein doppeltes Gesicht. Dem Wunsch nach Sicherheit, Gleichberechtigung und Respekt in den westlichen Staaten, in Deutschland und Österreich-Ungarn entsprach im russischen Herrschaftsbereich, in Polen, der Ukraine, in Weißrussland und den restlichen Teilen des Zarenreiches, das Bedürfnis nach Trost und Erbauung. Unter den Bedingungen einer großen Armut, der zaristischen Repression, der Einengung des jüdischen Siedlungsgebiets auf bestimmte Regionen und der noch nachwirkenden Erschütterung durch die verheerenden Pogrome des Kosakenhetmans Chmielnicki entstand hier die Frömmigkeitsbewegung des sogenannten Chassidismus. Sie war sowohl von der kabbalistischen als auch von der orthodox-christlichen Tradition des »Starzentums« (die Starzen waren einzelne als heiligmäßig verehrte Mönche) beeinflusst; sie kehrte sich entschlossen von der hohen Gelehrsamkeit ab, wie sie etwa an den litauischen Rabbinatsakademien gepflegt wurde, und gestattete auch minder gebildeten Jüdinnen und Juden eine Frömmigkeit des Herzens. Martin Buber hat dem Chassidismus, ohne dabei historisch präzise gewesen zu sein, in seinen *Erzählungen der Chassidim* ein bleibendes Denkmal gesetzt. Der Chassidismus verband die charismatische Führerschaft einzelner Rebben (wie Rabbiner auf Jiddisch heißen), denen eine besondere Nähe zu Gott nachgesagt wurde, mit einer Religionsausübung, die mehr auf Inbrunst oder auf Feste und Feiern Wert legte als auf subtile talmudische Argumente. Neben dem Gründer der Bewegung, Rabbi Baal Schem Tov, »Meister des guten Namens« – eine Bezeichnung, die auf magische Fähigkeiten schließen lässt –, der von 1698 bis 1760 vor allem in

Schneur Salman
von Ljosna im Jahre
1798

Podolien (der heutigen südwestlichen Ukraine) lebte, ist vor allem Schneur Salman von Ljosna (1745–1813) zu nennen, der in seiner Schule mystische Frömmigkeit und hohe Gelehrsamkeit zu einer Synthese brachte und die bis heute größte und bekannteste chassidische Schule gründete. Auf ihn geht die auch heute noch einflussreiche Gruppe der »Lubawitscher« zurück. Schneur Salman suchte im Unterschied zu anderen chassidischen Gemeinden den Anschluss an die Gelehrsamkeit der »Mitnagdim«, der Anhänger des der chassidischen Bewegung feindlich gegenüberstehenden Gaon (etwa: »Großgelehrten«) von Wilna. In seinem 1796 erschienenen Buch *Tania* legte Schneur Salman als Erster eine systematische Philosophie des Chassidismus vor. Im Anschluss an die spätmittelalterliche Kabbala entwickelt er eine Gotteslehre, die von einem über alle Begriffe hinausgehenden »Ein Sof«, einem Unendlichen, ausgeht, das gleichwohl alle Dinge durchdringt und sich bei den Menschen in einer dreigegliederten Seele mit den Dimensionen Weisheit, Einsicht und Erkenntnis manifestiert. Die Seele mit ihren göttlichen Eigenschaften aber ist für ihn eingeschlossen in »Kelippoth«, das sind Schalen des Materiellen, aus denen sie durch der Weisung entsprechendes Handeln befreit werden muss. In diesem Zusammenhang entwirft Schneur Salman von Ljosna dann eine eigene Theorie des jüdischen Volkes, die der bedeutende jüdische Historiker Simon Dubnow in seiner erstmals 1931 erschienenen *Geschichte des Chassidismus* so wiedergibt: »*Allerdings sei da ein Unterschied zwischen Israel und den übrigen Völkern zu machen: Die animalische Lebenskraft des jüdischen Menschen nähre sich von den ein Gemisch von Böse und Gut bildenden reinen Kelippoth, weshalb auch dem Judentum Barmherzigkeit und Milde von Natur angeboren seien, während die Seelen der Angehörigen der ›Völker der Welt‹ sich von den unreinen Schalen herleiten, in denen das Gute überhaupt nicht enthalten sei.*«

Salmans theologische Psychologie gipfelt dann in Aussagen wie dieser: »*Der Sitz der tierischen Seele, die bei jedem Juden von der strahlenden Klippa herkommt, ist das Herz, in dem das Blut konzentriert ist ... Der Sitz der göttlichen Seele aber ist das Gehirn. Da beide danach streben, den Leib mit all seinen Gliedern zu beherrschen, führen sie Krieg miteinander. Gelingt es nun dem Menschen, seiner göttlichen Seele die Oberhand zu sichern, ... dann ist er ein Gerechter (Zaddik); ist sein Sieg nicht vollständig, dann heißt er ein Durchschnittsmensch, siegt aber die tierische Seele ob, dann ist er ein Frevler zu nennen.«*

Dies führt Schneur Salman schließlich zur Annahme der Göttlichkeit einzelner »Zaddikim«: »*Die zweite, einzigartige jüdische Seele ist wahrlich ein Teil Gottes in der Höhe, wie denn geschrieben steht: Und er blies eine Seele des Lebens in seine Nase ... Ihr seid die Kinder Gottes. Das heißt – wie ein Kind seines Vaters Geist [Gehirn] entstammt – genauso gehört die Seele jedes Menschen aus Israel zu Gottes Denken und Weisheit.*«

Mit diesen Sätzen hat Salman von Ljosna eine Inkarnationslehre entwickelt, die in vielem an die neuplatonische christliche und jüdische Logosspekulation erinnert, aber darüber hinaus eine auf das jüdische Volk bezogene Zweinaturenlehre entwickelt, wonach der göttliche Logos nur in Juden Wohnung genommen hat, freilich nicht in reiner, sondern stets in vom Animalischen bedrängter Form.

Eine andere chassidische Schule begründete Rabbi Nachman von Bratzlaw 1808 mit seiner in dem Buch *Likutei Moharan* entwickelten Theorie des »Zaddikismus«. Nachman vemutet, dass in jeder Generation ein heiligmäßiger Zaddik erstehe, der gemäß Jesaja 53, 5 messianische Züge trage und »unserer Missetaten wegen verwundet« worden sei. Rabbi Nachman war ein überzeugter Gegner aller rationalen Philosophie und strikter Befürworter eines bedingungslosen Glaubens. Seiner Überzeugung, dass die Welt in jeder Hinsicht dem Unheil verfallen sei, zum Trotz verbot er sich und seinen Anhängern jede Verzweiflung und präsentierte als Gegengift Glaube, Ermutigung, Freude, Melodien, Tanz, ständige Selbstkritik und Kommunikation mit einem Zaddik, also einem inspirierten Rabbi. Im Zaddik kommt die in der jüdischen Seele in Teilen angelegte Göttlichkeit am reinsten zum Ausdruck, was ihm eine erlösende, messianische Kraft verleiht und ihn zum Messias, zum »Moshiach«, macht.

Emanzipation und Reform
Die Juden im neunzehnten Jahrhundert

Der Blick der aufgeklärten Juden Europas richtete sich Ende des achtzehnten Jahrhunderts auf das revolutionäre Frankreich, das die Verbindung von Staat und Kirche aufgelöst und Religion zur privaten, frei wählbaren und nicht mehr diskriminierbaren Konfession gemacht hatte. Konsequenterweise, wenn auch erst nach langen Debatten in der Nationalversammlung, wurden 1790 zuerst die sefardischen Juden von Bordeaux und 1791 auch die aschkenasischen Juden des Elsass und alle übrigen zu gleichberechtigten Staatsbürgern. Damit war – gleichzeitig mit der Aufnahme der Religionsfreiheit in die Verfassung der Vereinigten Staaten von Amerika – die Befreiung der Juden von allen Einschränkungen, ihre »Emanzipation« erstmals durchgesetzt. Freilich lebten in Frankreich sehr viel weniger Juden als in den deutschsprachigen Ländern, doch auch hier sollte die Emanzipation der Juden Fortschritte machen.

Die vom russischen Zarenreich, von Preußen, Großbritannien und dem österreichischen Kaiserreich gegen das revolutionäre Frankreich geführten Kriege endeten 1801 mit einem Sieg des revolutionären Frankreich unter Führung seines Ersten Konsuls, Napoleon Bonaparte. Durch den Frieden von Luneville im Februar 1801 kamen die linksrheinischen Gebiete des Reichs zu Frankreich, und damit waren auch die dort lebenden Juden befreit. Durch die französischen Erfolge gerieten die spätabsolutistisch regierten rechtsrheinischen Staaten, wie Preußen, aber auch das kleine Herzogtum Braunschweig, unter einen erheblichen innenpolitischen Reformdruck.

Die aufgeklärten Juden auch in den deutschen Staaten verlangten nun ihre bürgerliche Gleichstellung, waren sich aber auch der Tatsache bewusst, dass dies eine Reform des Judentums voraussetzte.

David Friedländer, ein Freund von Moses Mendelssohn, wohlhabender Textilfabrikant und seit 1783 Generaldeputierter der preußischen Judenheit, gab seinem Unbehagen am traditionellen Judentum freimütig Ausdruck:

David Friedländer

»Wir sind von jüdischen Eltern geboren und in der jüdischen Religion erzogen ... Der Talmud, als Lehrbuch, wurde uns bereits in den Kinderjahren, vielleicht früher noch als die heilige Schrift, in die Hände gegeben ... Die Religion, die uns gelehrt wurde, war also voll mystischer Grundsätze ... Charaktere, Sinnesarten und Empfindungen der Personen, die in der heiligen Schrift auftreten, waren nicht bloß dem Ausdrucke nach für uns rätselhaft, sie waren auch mit unsern Gefühlen, Ausdrücken und Handlungsweisen größtentheils kontrastierend. Die Ceremonial Gesetze wurden in dem väterlichen Hause mit der ängstlichsten Pünktlichkeit beobachtet. Diese verfremdeten uns in dem Zirkel des gewöhnlichen Lebens; sie brachten, als leere Gebräuche, ohne allen Einfluss auf unsere anderen Beschäftigungen, keine anderen Wirkungen hervor, als dass deren Beobachtung in Gegenwart fremder Religionsverwandten, selbst der Dienstboten, uns scheu, verlegen und oft unruhig machte.«

Als Ausweg aus diesem Dilemma bot sich die entschlossene Konfessionalisierung des Judentums an, ein Prozess, der sich im Rückblick als die Entstehung des »Reformjudentums« darstellt und im Leben und Werk eines seiner Protagonisten, Israel Jacobson, besonders prägnant in Erscheinung tritt. Israel Jacobson, der, 1768 in Halberstadt geboren, 1795 zum »Kammeragenten und Landrabbiner des Weserdistrikts« ernannt wurde, dürfte das Lebensgefühl David Friedländers geteilt haben. Den besten Weg, Armut und gesellschaftlichen Ausschluss zu überwinden und so eine bürgerliche Besserstellung der Juden zu erreichen, sah Jacobson in der beruflichen Qualifikation jüdischer Knaben. Während jüdisches Lernen traditionell als bildender Selbstzweck angesehen wurde und es die vornehmste Aufgabe jüdischer Frauen gewesen war, durch

Arbeit ihren Männern ein lebenslanges Studium der Schriften zu ermöglichen, knüpfte Jacobson mit seiner – so würden wir es heute nennen – Qualifizierungsoffensive an die spätantike rabbinische Tradition an, wonach Gelehrte einem Handwerk nachgehen sollten. 1801 gründete er auf eigene Kosten – vier Jahre noch vor Gründung des Frankfurter Philanthropins – in Seesen im Harz eine von aufklärerischem Geist getragene Armenschule für jüdische und christliche Knaben, die dem Geist der Zeit entsprechend »Religions- und Industrieschule« hieß. Im Juni 1801 erbat Jacobson daher vom Braunschweiger Herzog »*landesherrlichen Schutz und Concession zur Etablierung eines Schul Instituts für arme Juden Kinder aus hiesigem Lande, in Seesen.*«

In der Internatsschule, die eine »deutsche« und eine »hebräische« Schule aufwies, war auch eine Synagoge untergebracht, in der die jüdischen Kinder nach einem gemeinsamen, deutsch gesprochenen Gebet mit den christlichen Kindern die üblichen hebräischen Morgengebete sagten. Den zeitgenössischen Quellen ist nicht eindeutig zu entnehmen, ob der Hebräisch- und Talmudunterricht auch christlichen Schülern offenstand. Im schulischen Alltag indessen schien es keine merklichen Unterschiede zwischen jüdischen und nichtjüdischen Schülern zu geben, wie aus einem Bericht des Geographen Karl Ritter deutlich wird: »*Zwölf Bürgersöhne aus der Stadt sitzen unter ihnen und haben freyen Unterricht: selbst der Superintendent und Prediger des Städtchens sendet seinen Sohn zum Unterricht in die Judenschule. Doch wirst Du die Christen nicht von den Judenknaben unterscheiden können; sie haben alle Eine Bildung, eine nicht jüdische Bildung in Sprache, Umgang, Lebensweise. Wir wunderten uns wirklich über diese außerordentliche Wirkung; nur die Physiognomien mancher Schüler erinnerten an den individuellen Charakter ihrer Nation ...*«

Jacobson, der 1804 Bürger des Herzogtums Braunschweig wurde, gelang es dank seines Einflusses, 1803 in Braunschweig und 1806 in Baden den erniedrigenden Leibzoll für Juden aufheben zu lassen. Der wache Beobachter seiner Zeit, rabbinisch gebildet und religiös engagiert, wurde 1807 von der Universität Helmstedt zum »Doctor honoris causa« ernannt. Daran, dass seine philanthropische Schulstiftung bei allen pädagogischen Verdiensten im engeren Sinn zugleich ein erster Schritt auf dem Weg einer entschiedenen Emanzipationspolitik war, ist im Rückblick kein Zweifel möglich.

Am 30. Mai 1806 berief Napoleon in Paris eine Versammlung jüdischer Nota-

beln ein, in der die Verträglichkeit des jüdischen Glaubens mit einer säkularen Gesetzgebung überprüft werden sollte. Ein Ergebnis dieser länger als ein halbes Jahr tagenden Versammlung war Napoleons Beschluss, die Juden in Konsistorien mit einer zentralistischen, kirchenähnlichen Struktur zu organisieren, die über eine Zwangssteuer finanziert wurde.

Napoleon stellt den Kultus der Israeliten wieder her, 30. Mai 1806. Zeitgenössischer Stich

Jacobson schrieb Napoleon aus diesem Anlass einen enthusiastischen Brief, in dem er dem Monarchen vorschlug, ein neues Sanhedrin unter einem Patriarchen mit Sitz in Paris einzusetzen. In diesem Brief heißt es:

»*Der deutsche Jude wäre glücklich, würde man ihm erlauben, sich seinen Lebensunterhalt rechtschaffen zu verdienen und in allen Ländern die Menschen- und Bürgerrechte zu genießen; besonders dieses unverjährbare und heilige Recht, von seinen Fähigkeiten und Talenten in einem ehrlichen Gewerbe Gebrauch zu machen. Er wäre es endgültig zufrieden, würde man seiner Religion eine Gestalt und eine Ausübungsform geben, die, ohne von ihren Gesetzen abzuweichen, mit der Ausübung aller bürgerlichen Pflichten vereinbar sind.*« Jacobson kam der Verwirklichung seiner Pläne näher, als Napoleon nach seinem Sieg von 1806 bei Jena und Auerstedt über die Preußen das Königreich Westfalen gründete, in dem das Herzogtum Braunschweig aufging. Das Königreich wurde von Napoleons Bruder Jerôme, im Volksmund »König Immerlustick« geheißen, regiert. Der tolerante Jerôme

*Der **Sanhedrin,** im Neuen Testament »Hoher Rat« genannt, war, wie wir unter anderem von Flavius Josephus wissen, die Versammlung der dem judäischen Adel entstammenden Priester im Tempel zu Jerusalem unter Vorsitz des Hohepriesters. Nach der Zerstörung des Tempels 70 n. Chr. wurde der Sanhedrin nach Jawne verlegt.*

Reformrabbiner-Kleidung, um 1845

erließ am 15. November 1807 eine Verfassung, die den fünfzehntausend Juden seines Königreichs im Unterschied zur sich wieder verschlechternden Gesetzeslage in Frankreich die staatsbürgerliche Gleichberechtigung bescherte. Von der jüdischen Orthodoxie misstrauisch beäugt, organisierte Jacobson im Februar 1808 ein Konsistorium, das 1809 in Kassel eine Konsistorialschule mit Synagoge eröffnete, in der Teile der Gebete auf Deutsch gesungen wurden. Im Juli 1810 wurde der Tempel zu Seesen mit Glockengeläut und deutsch gesungenen und von der Orgel begleiteten Gebeten eröffnet, wobei Jacobson in der Kleidung eines protestantischen Predigers auftrat. Der Historiker Isaak Markus Jost, der am Frankfurter Philanthropin lehrte und die Reformbewegung publizistisch unterstützte, kommentierte 1858 die Eröffnungszeremonie: »*Die Einweihung dieses Gotteshauses am 17. Juli 1810, zu welcher eine Unzahl neugieriger oder eingeladener Staatsmänner, Gelehrter, Künstler, Geistlicher und Schulmänner, Rabbiner und Lehrer herbeiströmte, machte einen unbeschreiblichen Eindruck und namentlich auf die christlichen Gäste, von denen mehrere voller Begeisterung ihren Gefühlen in deutschen, lateinischen und hebräischen Gesängen Luft machten. Man knüpfte an diesen Vorgang große Erwartungen; aber sie fielen, wie das Königreich, auseinander, ja sie würden auch unter längerer Dauer der Fremdherrschaft sich nicht erfüllt haben, wie die weitere Folge lehrte ... Die geringen Verfügungen des Consistoriums begegneten selbst in den kleinsten Gemeinden einem starren Widerstande, den zu besiegen sie nicht die Macht hatten.*«

Nach dem Sturz Napoleons ging Jacobson nach Berlin, wo er in seinem eigenen Hause 1815 eine Reformsynagoge eröffnete. Die romantisch-reaktionäre preußische Regierung untersagte diese Gottesdienste nach kurzer Zeit. Nach einigem Hin und Her wurde die entstehende Reformliturgie auf Betreiben der jüdischen Orthodoxie 1823 endgültig verboten.

Enttäuscht und an Körper und Seele gebrochen starb Jacobson 1828. Nicht anders als im Falle Moses Mendelssohns gilt auch für seine Familie, dass die überwiegende Mehrzahl seiner aus zwei Ehen stammenden Kinder sich später taufen ließen.

1812 wurden im Rahmen **der preußischen Reformgesetzgebung,** die unter anderem auch die Gewerbefreiheit einführte, den Juden – wenn auch mit Einschränkungen – die Bürgerrechte verliehen. An den im selben Jahr beginnenden Befreiungskriegen gegen Napoleon nahmen auch Juden teil, obwohl die damit einhergehende nationale Begeisterung auch antisemitische Ressentiments hochspülte.

Die Widerstände, auf die Jacobson stieß, waren Ausdruck einer Glaubenshaltung, die heute als Neo- oder Ultraorthodoxie gilt, aber alles andere als das alte, ursprüngliche Judentum verkörperte, vielmehr im Kern kaum weniger modern war als die Reform selbst. Zur gleichen Zeit wie die Haskala und im Widerspruch zu ihr entstanden, stützte sie sich auf die reaktionären Kräfte der Restauration, die die Französische Revolution ungeschehen machen und das Rad der Geschichte zurückdrehen wollten und doch nur erreichten, dass die kapitalistisch-bürgerliche Moderne sich im Zeichen politischer Repression durchsetzte.

In der Gestalt des Moses Sofer (1762–1839), der in Frankfurt geboren wurde, später in Pressburg wirkte und dort die größte Jeschiwah (Talmudakademie) seit babylonischer Zeit gründete, entstand der Reformbewegung jene Gegenposition, mit der sie noch heute zu kämpfen hat. Sofer prägte die reaktionäre Formel »Haddasch assur min ha torah«, auf Deutsch: »Die Tora verbietet jede Neuerung«. Er nahm bewusst Abstand vom jüdischen Emanzipationsstreben und befürwortete den Gebrauch der hebräischen Sprache sowie die Rückkehr ins Land Israel. Ganz und gar modern war Sofer darin, dass er die rabbinische Kasuistik durch ein allgemeines Prinzip – Neuerungen sind verboten – zu überbieten versuchte und seinen Widerstand gegen die Reform mit den zeitgemäßesten Mitteln von Publizistik, Propaganda und politischer Agitation vorantrieb. Doch die schlichte Ignorierung des politischen und gesellschaftlichen Wandels erschien den meisten gebildeten Juden nicht tragfähig.

Der Einfluss der Geschichtsphilosophie Hegels und der entstehenden Geisteswissenschaften bewirkte, dass das moderne jüdische Denken die Geschichtlichkeit auch des jüdischen Glaubens erkannte. Die neuen geistigen Strömungen führten zur »Wissenschaft des Judentums«, an deren Entwicklung etwa Eduard Gans (1798–1839), ein getaufter Schüler Hegels, der Gelehrte Leopold Zunz (1794–1886), aber auch der philologisch orientierte Reformrabbiner und Orientalist Abraham Geiger (1810–1847) wesentlich beteiligt waren. Die von dem in Frankfurt am Main wirkenden Rabbiner Samson Rafael Hirsch (1808–1888) angestrebte Vermittlung von orthodoxem Glauben und moderner Kultur mündete schließlich in einer »Neuorthodoxie«, die den Gedanken einer ewig gültigen Offenbarung mit einem zumindest kulturell modernisierten Lebensstil in Übereinstimmung zu bringen suchte. Damit reihte sich auch die jüdische Orthodoxie in jene von Anfang an durch Kant geprägte Geistesströmung ein, die bis in die zwanziger Jahre des zwanzigsten Jahrhunderts die jüdische Philosophie in Deutschland prägte und das Wesen des Judentums vor allem in seiner Moralität sah. Es war schließlich Hermann Cohen (1842–1918), einer der ganz wenigen ungetauften jüdischen Gelehrten, die eine Professur im deutschen Kaiserreich innehatten, der die Deutung der Tora im Sinne des kantischen Sittengesetzes zu ihrer Vollendung führte und dabei zugleich eine moderne Philosophie der Intersubjektivität entwickelte – eine Philosophie des Dialogs, der etwa Martin Buber und Franz Rosenzweig viel zu verdanken hatten.

Als Sohn eines Kantors in Coswig geboren, wurde Cohen nach Studien der Philosophie in Breslau und Halle 1876 Professor für Philosophie in Marburg, wo er bis 1912 lehrte. Seine grundlegenden Arbeiten vor allem zur Erkenntnistheorie Kants hinderten ihn nicht, schon 1879 gegen den judenfeindlichen Historiker Heinrich von Treitschke in die Debatte um den Antisemitismus einzugreifen und sich deutlich zum Judentum zu bekennen. Der von der systematischen Überlegenheit der deutschen Philosophie ebenso wie vom unüberbietbaren sittlichen Gehalt der prophetischen Schriften überzeugte Cohen setzte sich nach 1880 zunehmend stärker mit der Philosophie der Religion auseinander. Diese Bemühungen mündeten schließlich in seinem 1918 posthum erschienenen Hauptwerk *Die Religion der Vernunft aus den Quellen des Judentums*. Die einzigartige Leistung Cohens in seiner auf Kant basierenden vernünftigen Religionsphilosophie besteht darin, dass er die »Religion der Vernunft« nicht auf eine Erkenntnistheorie, sondern auf eine praktische Philosophie gründete, die die Grundgedanken Kants aufnahm und sie ausdrücklich gegen zwei Doktrinen seiner Gegenwart wendete, gegen Materialismus und einen egoistischen Eudämonismus. Erst die Aufnahme des Mitleids scheidet, so Cohen, die Ethik von der Metaphysik. Dieser Erfahrung genügt die Religion, deren moralischer Gehalt durch den Bezug auf die hebräische Bibel gesichert wird. Hier findet Cohen beispielhaft die Ideen der Volksgenossenschaft, der Gastfreundschaft und des Bundes Gottes mit allen Menschen formuliert. Es ist vor allem die prophetische Predigt mit ihrer Ausrichtung auf materiale und irdische Gerechtigkeit, in der für Cohen der Begriff des Mitmenschen historisch zum ersten Mal entfaltet wird.

Hermann Cohen, Lithographie von Carl Dörrbecker

Hermann Cohen lebte während der – trotz eines immer wieder aufbrandenden Antisemitismus – glücklichsten Zeit des deutschen Judentums, in der zweiten Hälfte des neunzehnten und den ersten Jahrzehnten des zwanzigsten Jahrhunderts. Während die Reichsgründung von 1871 den Juden die staatsbürgerliche Gleichberechtigung brachte, erlebte Cohen persönlich – anders als die meisten in ihrem Fortkommen diskriminierten jüdischen Gelehrten – Erfolg und Anerkennung. Die Schmach der Judenzählung im deutschen Heer 1916 und die Erfolge der antisemitischen Vaterlandspartei 1917 erlebte er als alter Mann, die Ostjudenhetze der Deutschnationalen sowie den allmählichen Aufstieg Hitlers seit 1923 überhaupt nicht mehr.

Anders war es um die Generation von Cohens Schülern und jene bestellt, die sich von ihm abwandten, um neue Wege eines jüdischen Selbstverständnisses zu erkunden, um jüdische Intellektuelle also, die – im letzten Drittel des neunzehnten Jahrhunderts geboren – den Ersten Weltkrieg bewusst und zum Teil aktiv miterlebt hatten. Zu ihnen gehört der Rabbiner Leo Baeck (1873–1956). In seinen Hauptwerken – von *Das Wesen des Judentums* aus dem Jahr 1905 bis zu *Dieses Volk – Jüdische Existenz*, das in seiner abschließenden Fassung erst 1957 posthum erschien – bleibt Leo Baeck seiner Maxime treu, den Sinn der jüdischen Existenz ergründen zu wollen. Baeck schreibt dem jüdischen Volk eine »*gestaltende Kraft des israelitischen Genius*« zu, der sich an Fremdes nicht verloren habe und seinen eigentümlichen »*Charakter*« im Lauf der Zeiten nicht geändert habe. Das Judentum kenne weder Heilstatsachen noch Gnadengaben noch einen Erlösung verbürgenden Glaubensakt, sondern sei eine wesentlich undogmatische religiöse Philosophie, der praktisch das Gebot, das Rechte zu tun, entspreche. Für Baecks Religionsverständnis ist die Unterscheidung von »klassischer« und »romantischer« Religion wesentlich. Die romantische Religion, die Baeck am reinsten im Christentum – mit Ausnahme des Calvinismus – verkörpert sieht, gipfelt für ihn im Glauben an den einzigartigen Tod Jesu. Daraus ergebe sich eine sentimental begründete Heiligung von Sakramenten und Dogmen. Indem die romantische Religiosität den Erlösungsgedanken in die Gottheit selbst hineintrage, verlängere sie die menschliche Selbstsucht und gelange so zu einem Gott, der paradoxerweise in seinem Kreisen um sich selbst den Menschen nicht beistehen könne. Anders die klassische Religion des Judentums, der es um die zupackende sittliche Gestaltung des Lebens gehe. Das scheinbar paradoxe Entstehen der romantischen Religion par excellence, des Christentums, aus der klassischen Religion par excellence, dem Judentum, erklärt Baeck, der erste jüdische Neutestamentler in Deutschland, mit einer Theorie der Tradition. Das jüdische Volk, das einen einzigartigen Gottesgedanken hervorbrachte, habe im Unterschied zum Christentum über allen nötigen Neuinterpretationen der Schrift den Kern der Überlieferung nicht vergessen. In seiner 1940 unter den grauenvollen Bedingungen des Konzentrationslagers Theresienstadt verfassten letzten großen Schrift *Dieses Volk* wird diese neue Perspektive auf das jüdische Volk vorgestellt. Leo Baeck versteht hier das jüdische Volk, dessen Blick über das jeweilige Hier und Jetzt hinausweise, als das geschichtliche Volk par excellence. Baecks Entwurf, den Sinn des Judentums aus einer geschichtsphilosophischen Perspektive zu ergründen, wurde durch Denker überboten, denen es um die Sinngebung der je eigenen jüdischen Existenz ging und die von hier aus eine neue Sicht auf das Verhältnis von Judentum und Christentums eröffneten.

Der Zusammenarbeit von Martin Buber (1878–1965) und Franz Rosenzweig (1886–1929) in den zwanziger Jahren verdanken wir die einzigartige, von der Übersetzung Martin Luthers deutlich abweichende Übersetzung des Alten Testaments. Ihre *Verdeutschung der Schrift* unternahm den Versuch, die einzigartige Sprach- und Lautgestalt der Hebräischen Bibel ins Deutsche zu übertragen.

Der in Wien geborene, einer rabbinischen Gelehrtenfamilie entstammende Martin Buber fand seinen Weg zum jüdischen Denken in der Auseinandersetzung mit der deutschen Kulturphilosophie und dem neu erwachenden religiösen, mystischen Bewusstsein der Jahrhundertwende. Früh vom Zionismus und der Welt des Chassidismus angezogen, suchte er den Kern des menschlichen Selbstverständnisses in einem Gottesbezug, den er sprachphilosophisch aus der dialogischen Struktur allen menschlichen Lebens erläutern wollte. In seiner 1923 erschienenen Schrift *Ich und Du* entfaltet er den Gedanken zweier radikal unterschiedlicher, in der Sprache angelegter Weltverhältnisse: »Ich/Du« und »Ich/Es« und setzt den lebendigen Gegenwartsbezug und die Freiheit des Dialogs zwischen Menschen dem feststellenden Vergangenheitsbezug einer objektivierenden Sprache entgegen.

Zuerst mit der bürgerlichen Gleichberechtigung in Frankreich, dann schrittweise auch in den deutschen Staaten, zuletzt mit Bismarcks Reichsgründung im Jahr 1871, wurden Juden im Grundsatz zu gleichberechtigten Bürgern ihrer Staaten. Im Zeitalter des Nationalismus verstanden sie sich immer mehr als Deutsche, Franzosen oder Briten jüdischen Glaubens. Als literate Bevölkerungsgruppe, für die Lernen und formale Bildung seit Jahrhunderten ein hoher, nicht nur

Martin Buber 1937

Martin Buber verließ Deutschland 1938, um ins damalige britische Mandatsgebiet Palästina zu emigrieren, wo er an der Hebräischen Universität lehrte und stets aktiv für einen Ausgleich mit den Arabern Palästinas eintrat. Buber gehörte auch zu den Wegbereitern einer Aussöhnung der Juden mit Deutschland nach dem Zweiten Weltkrieg. Er starb 1965 in Jerusalem.

kultureller, sondern auch religiöser Wert waren, und als Angehörige einer seit langem diskriminierten Gruppe verließen sie das Ghetto mit großen Hoffnungen und dem Willen aufzusteigen. Sie leisteten einen wesentlichen Beitrag zur Modernisierung der Gesellschaften, in denen sie lebten – in der Wissenschaft, in den freien Berufen, in der neuen Publizistik und nicht zuletzt in der Kunst. Juden und Jüdinnen spielten eine bedeutende Rolle in der Entfaltung der kulturellen, ökonomischen und politischen Moderne Europas und Nordamerikas. Entsprechend richtete sich die Wut vieler, die unter der Urbanisierung, der Industrialisierung und der Durchsetzung des industriellen Kapitalismus zu leiden hatten, gegen »die Juden«. Mit Emanzipation und Moderne setzt zugleich der moderne Antisemitismus ein.

Antisemitismus
Das moderne Gewand des Judenhasses

So sehr Jüdinnen und Juden gelegentlich dazu neigen, ihr eigenes Selbstverständnis aus der Reaktion auf den Judenhass zu entwickeln, so wenig hat der Antisemitismus der Sache nach etwas mit dem wirklichen Judentum und den wirklichen Jüdinnen und Juden zu tun. Gleichwohl hat der Judenhass jüdisches Leben und Sterben in der Geschichte nachhaltig geprägt. In einer Geschichte der Juden kann daher eine Erwähnung des Antisemitismus nicht fehlen, obwohl der Antisemitismus grundsätzlich Teil der Geschichte jener Gesellschaften ist, in denen Juden lebten – oder auch nicht lebten, denn der Antisemitismus bedarf als paranoide Projektion der wirklichen Juden überhaupt nicht.

Die im neunzehnten Jahrhundert entstandene Ideologie ist auf dem Boden einer über Jahrhunderte, ja Jahrtausende gewachsenen christlich-abendländischen Tradition erwachsen. Dabei ging und geht es immer wieder um unterschiedlich bemäntelte Formen von Judenfeindschaft und Judenhass – unter »Antisemitismus« im engeren Sinn versteht man im Unterschied dazu die völkisch-rassistische Ausprägung dieser Haltung. Judenfeindschaft äußert sich als Vorurteil (»Juden denken immer nur ans Geld«), als generalisierendes Ressentiment (»Ich kannte einen Juden, der mich abschätzig angesehen hat – so sind sie ...«), aber auch in Form individueller Aggressivität – in gezielten Beleidigungen, in Erniedrigungen, bis hin zu Mord und Totschlag. Im Rahmen totalitärer, diktatorischer Herrschaft, wie vor allem im Nationalsozialismus, nahm Judenfeindschaft die Form eines Staatsverbrechens an. Juden wurden stigmatisiert (erzwungenes Tragen des Gelben Sterns, erzwungene zusätzliche Vornamen), entrechtet (Verbot, ihre erlernten Berufe auszuüben, räuberische Besteuerung, als zivilrechtlicher Verkauf getarnter Raub ihres Eigentums, »Arisierung«) und schließlich ermordet (Tötung von sechs Millionen europäischen Juden durch gezieltes Verhungernlassen, Zwangsarbeit, Erschießung und Vergasung).

Judenfeindschaft ist keine gesellschaftliche Naturkonstante. Sie ist ein soziales Phänomen und daher auch nur aus sozialen Ursachen zu erklären, wobei der Begriff der »sozialen Ursache« nicht aufs Ökonomische beschränkt werden darf, sondern sozialpsychologische und ideologische Faktoren zu berücksichtigen hat. Im frühen christlichen Mittelalter jedenfalls spielte Judenfeindschaft ausweislich der überlieferten Quellen zunächst keine Rolle. Erst mit den Umbrüchen im feudalen Europa, deren Spannungen sich in den ersten Kreuzzügen entluden, wuchs den Juden die Rolle des idealen Feindbildes noch vor den Sarazenen zu. Allenthalben ging jetzt die Kunde um, dass »die Juden« die Brunnen vergifteten, Christenknaben schlachteten, dem Satan huldigten und sich in obszöner Weise mit Säuen vergnügten. Zudem galten sie, die von Landwirtschaft und Handwerk gewaltsam ferngehalten wurden, als geborene Wucherer und Ausbeuter, ganz in der Nachfolge jenes Judas, der nach den Evangelien Jesus um dreißig Silberlinge preisgegeben hatte.

In der christlichen Kultur des Hochmittelalters gab es nur ein einziges großes Deutungsmuster, eine einzige Meistererzählung, in der die einfachen Christen ihr Leiden artikulieren konnten: die Passion Jesu, für die nach den nur oberflächlich bekannten Evangelien die Juden die Schuld trugen. Wer sich also in seinem Leiden mit Jesus identifizierte oder das Leiden anderer im Spiegel der Passionsgeschichte artikulierte, fand immer schon einen Feind vor, der leicht erreichbar war: die in nächster Nähe lebenden Juden. Im Verbund mit dem ökonomischen Interesse, sich der Schulden bei Juden zu entledigen, kam es so während des Mittelalters zu einer Kette von Pogromen und Vertreibungen, die einen großen Teil der in Westeuropa und in den deutschen Ländern lebenden Juden nach Polen und ins heutige Russland führte. Allerdings: Die religiös gerichtete Ideologie des Antijudaismus ließ verfolgten und bedrohten Juden im Grundsatz noch immer die Möglichkeit offen, zum Christentum überzutreten und sich so vor Verfolgung zu schützen. In diesem Zusammenhang fällt besonders das Spanien des fünfzehnten Jahrhunderts auf: Angesichts der zahlreichen, zum Teil durchaus freiwilligen Konversionen von Juden zum Christentum wuchs das Misstrauen gegen die »Conversos«, die oft noch nach Generationen als »Neuchristen« bezeichnet wurden, und nahm die Ausmaße einer Massenhysterie an. Diese äußerte sich in grausamen Inquisitionsprozessen gegen vermeintliche Ketzer jüdischer Herkunft sowie schließlich in der Vertreibung der Juden von der iberischen Halbinsel. Da in diesen Prozessen unabhängig vom bekannten Glauben die jüdische Abstammung die wesentliche Rolle spielte, kann man durchaus von einer frühen Form des Rassismus sprechen.

Die Zeit der Renaissance und der Reformation wies in Bezug auf die Juden gegensätzliche Tendenzen auf: Während ein Teil der Humanisten – auch unter Bezug auf jüdische Quellen – begann, einen Begriff von der Würde des Menschen, jedes Menschen zu entfalten, verschärfte das reformatorische Denken die theologische Judenfeindschaft ein weiteres Mal. Indem Luther – unter Bezug auf den Kirchenvater Augustinus – dem Gott der Hebräischen Bibel und damit dem Glauben des Judentums Gerechtigkeit und Gesetz, dem Christentum und dem als Christus bekannten Jesus von Nazareth jedoch Liebe und Gnade zuordnete, wurde das Judentum zu einer Kraft, die eine menschliche Emanzipation verhinderte.

Die Zeit der Aufklärung zeichnete sich nicht nur durch eine scharfe Religionskritik aus, sondern auch durch eine naturwissenschaftliche Entzauberung des Menschen, der nun nicht mehr nur als die von Gott gewollte Krone der Schöpfung galt. Schon lange vor Darwin galt der Mensch auch als eine zoologische Gattung neben anderen, und jede Gattung oder Art unterteilte sich in Rassen, die – so die Erfahrung von Züchtern – unterschiedliche Eigenschaften besaßen und oft von unterschiedlicher Güte waren. Dies war die Grundlage eines auch auf Menschen angewandten Rassekonzepts, das zunächst noch nicht antisemitisch gedeutet wurde, sondern eher zur »Erklärung« der Überlegenheit der weißen Rasse

Die populären Schriften des 1827 in Berlin geborenen und 1891 gestorbenen Göttinger Orientalistikprofessors **Paul de Lagarde** fanden bis in die Zeit des Nationalsozialismus weite Verbreitung. Lagarde war ein fanatischer Antisemit und träumte von einer deutschen Nationalreligion und einem germanischen Reich, das bis nach Russland und auf den Balkan reichen sollte.

Der Berliner Hofprediger Adolf Stöcker, ein einflussreicher Antisemit, in einer Karikatur aus dem »Wahren Jakob«, 1880

benutzt wurde. Juden wurden zum einen etwa von den deutschen Nationalisten seit den Befreiungskriegen mit der Begründung abgelehnt, dass sie nicht wirklich »deutsch« seien. Zum anderen sahen die meisten französischen Frühsozialisten, aber auch von ihnen beeinflusste Intellektuelle wie Karl Marx oder Richard Wagner, in den Juden den Inbegriff einer vor allem durch die Logik des Geldverkehrs geprägten parasitär lebenden Bourgeoisie.

Der rassentheoretisch begründete Antisemitismus trat erstmals nach der Gründung des Deutschen Reiches durch Bismarck, in dem den Juden alle staatsbürgerlichen Rechte eingeräumt wurden, und der auf diese Gründung folgenden ökonomischen Krise auf. Diese Form des auf antijudaistischen Traditionsbeständen beruhenden pseudonaturwissenschaftlichen Rassismus stellt eine paranoide Verarbeitung der durch die einbrechende Moderne und die Durchsetzung des Kapitalismus verursachten gesellschaftlichen Krisen dar. Indem sich die Judenfeinde – etwa Publizisten wie Wilhelm Marr oder Otto Glagau – vereinsförmig organisierten und sich selbst als »Anti-Semiten« bezeichneten, wollten sie auf ihre wissenschaftliche Grundhaltung aufmerksam machen. Damit, dass Juden nicht mehr als Juden, sondern als Angehörige einer sprachlich charakterisierbaren Rasse bestimmt wurden, sollte deutlich werden, dass es jetzt nicht mehr um veränderbaren religiösen Glauben oder um subjektive Charaktereigenschaften ging, sondern um objektive, schädliche biologische Tatsachen, die nur durch Entfernung von Juden aus dem »Volkskörper« behoben werden konnten.

Der Göttinger Gelehrte Paul de Lagarde sprach in diesem Zusammen-

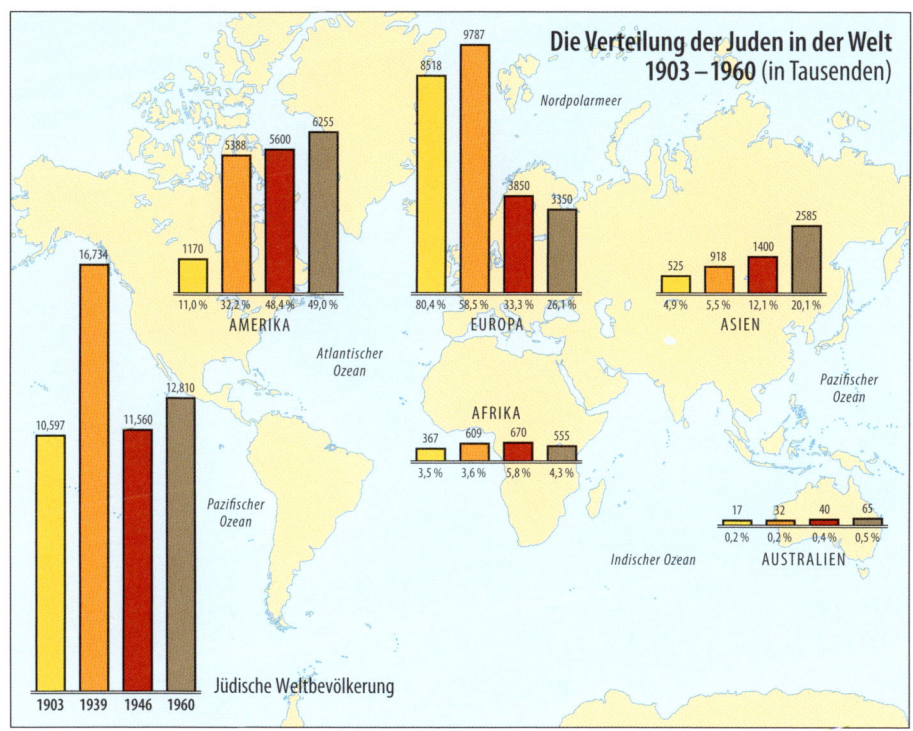

Die Verteilung der Juden in der Welt 1903 – 1960 (in Tausenden)

AMERIKA
1170 — 11,0 %
5388 — 32,2 %
5600 — 48,4 %
6255 — 49,0 %

EUROPA
8518
9787
80,4 % — 58,5 %
3850 — 33,3 %
3350 — 26,1 %

ASIEN
525 — 4,9 %
918 — 5,5 %
1400 — 12,1 %
2585 — 20,1 %

AFRIKA
367 — 3,5 %
609 — 3,6 %
670 — 5,8 %
555 — 4,3 %

AUSTRALIEN
17 — 0,2 %
32 — 0,2 %
40 — 0,4 %
65 — 0,5 %

Nordpolarmeer
Atlantischer Ozean
Pazifischer Ozean
Indischer Ozean

Jüdische Weltbevölkerung
10,597 — 16,734 — 11,560 — 12,810
1903 — 1939 — 1946 — 1960

hang von »Bazillen«, mit denen man nicht verhandele, sondern die man auszumerzen habe. Ihm erscheinen die Juden in einer paranoid-verschwörungstheoretischen Sicht, wie sie etwa auch in den vom zaristischen Geheimdienst erstellten *Protokollen der Weisen von Zion* zum Ausdruck kommt, vor allem als »Zersetzer«: des traditionalen Handwerks und der bäuerlichen Wirtschaft durch das Geld, von Religion und Sitte durch Wissenschaft und Aufklärung, des Staates durch Verrat und Illoyalität, gesellschaftlicher Autorität durch unbotmäßigen Journalismus sowie von Volk und Rasse durch Einbringen kranken Blutes. Gegen all diese zersetzenden Kräfte helfen – so Adolf Hitler in einem Brief an einen Freund im Jahre 1920 – weder Pogrome noch Wutausbrüche, sondern einzig ein »Antisemitismus der Vernunft«, der in der Entfernung des Juden bestehe. Es sollte sich um eine Entfernung in den Tod handeln.

Der europäische Antisemitismus, der sich im letzten Drittel des neunzehnten Jahrhunderts zu entwickeln begann, provozierte unterschiedliche Reaktionen von Jüdinnen und Juden: erstens die private Auswanderung aus dem im späten neunzehnten Jahrhundert immer wieder von Pogromen heimgesuchten Russland und Russisch-Polen, aber auch aus den deutschen Staaten in Länder, in denen mehr Freiheit zu herrschen schien – vor allem in die USA, nach Kanada oder Lateinamerika; zweitens die Hoffnung auf eine revolutionäre, sozialistische Veränderung und drittens die Idee der Gründung eines eigenen Nationalstaats: den Zionismus.

Neuanfang in der Neuen Welt
Die Emigration nach Amerika

Ein Ausdruck der Modernisierung jüdischen Lebens war die Entstehung des Reformjudentums. Seine volle Entfaltung sollte diese von Israel Jacobson und rabbinischen Gelehrten wie Abraham Geiger ins Leben gerufene und in den deutschen Ländern entstandene moderne Ausformung des Judentums jedoch erst in den USA finden, wohin nach der gescheiterten deutschen Revolution von 1848/49 viele republikanisch gesonnene Juden, unter ihnen einige Rabbiner, auswanderten.

Gleichwohl waren es zumeist eher unpolitische jüdische Emigranten nach Nordamerika, die danach strebten, den moralischen Verpflichtungen, die allen Jüdinnen und Juden obliegen, auch in der Neuen Welt nachzukommen. Dies in einer über bloße Gemeindeaktivitäten hinausgehenden Weise zu tun, war von Anfang an das vornehmste Ziel der 1843 nicht zufällig in New York, im vor allem von Immigranten bewohnten Stadtteil der Lower East Side von zwölf Männern gegründeten ersten jüdischen Loge. Es handelte sich dabei zunächst um eine Selbsthilfe-, eine Bürger- und Menschenrechtsbewegung von unten, die durchaus in einem gewissen Gegensatz zu den zum Teil sehr wohlhabenden bereits etablierten deutsch-jüdischen Immigranten stand. Eine der ersten Aufgaben der Loge war es daher, eine Beerdigungsversicherung für arme jüdische Immigranten einzurichten. Die Gründer des der Form nach freimaurerischen jüdischen Männerbundes Bnai Brith (»Söhne des Bundes«), unter ihnen Männer wie Isaac Dittenhöfer und Henry Jones, waren bezeichnenderweise deutsche Juden, und so erklärt es

Die **deutsche Revolution** und die sie kulturell vorbereitende Bewegung des **Vormärz** hatten nicht wenige jüdische Mitstreiter: Zu nennen ist hier nicht nur der Dichter Heinrich Heine, sondern auch der streitbare Publizist und Kritiker Ludwig Börne. Zu nennen sind jüdische Achtundvierziger wie Johann Jacoby, der utopische Sozialist und erste »Zionist« Moses Hess und auch der zwar einer jüdischen Familie entstammende, dem Judentum jedoch in heftiger Abneigung verbundene Karl Marx.

Ephraim Mosse Lilien, »Gestern . . .« Zeichnung von 1922, die die Überfahrt nach Amerika zum Thema hat.

sich auch, dass Bnai Brith von Anfang an in engster, geschwisterlicher Verbindung zum amerikanischen Reformjudentum stand.

Dass sich die Gründung der freiheitlichen und solidarischen Loge in New York vollzog, war kein Zufall, denn wie kein anderes Land verkörperten die protestantisch geprägten Vereinigten Staaten, in denen seit ihrer Gründung Juden zunächst weitaus eher gelitten waren als Katholiken, neben Zionismus und jüdischem Sozialismus die dritte große säkulare jüdische Utopie: den Traum, in einer durch und durch offenen und liberalen Gesellschaft bei Wahrung individuell religiöser und gesellschaftlicher Unterschiede auf Anerkennung zu stoßen. Immerhin hatte schon die 1776, im Jahr der Unabhängigkeit, beschlossene *Virginia Bill of Rights* in ihrem Artikel 6 die vollständige Religionsfreiheit garantiert, die fünfzehn Jahre später auch in die Verfassung der Vereinigten Staaten einging. Während der spätere Zionismus dem Judentum seine Transformation in eine moderne, nicht mehr auf Religion gegründete Nation vorschlug und der jüdische Sozialismus auf eine Erlösung durch Revolution setzte, beruhte die amerikanische Vision auf dem Willen, die wesentlichen Gehalte der Tora in eine universalistische jüdische Ethik zu überführen, die in der Lage sein sollte, den Herausforderungen der modernen Welt zu genügen. Die Präambel der *Bnai-Brith-Constitution* drückt das so aus: »*Bnai Brith dient dem Zweck, Menschen jüdischen Glaubens in dem Bemühen zu vereinigen, ihre eigenen edelsten Ziele und die der Menschheit zu verfolgen, die Menschen unseres Glaubens geistig und moralisch zu heben, ihnen die reinsten Prinzipien von Philanthropie, Ehre und Patriotismus einzuprägen, Wissenschaft und Künste zu fördern, die Not der Armen und Bedürftigen zu lindern, die Kranken zu besuchen und zu pflegen, den Opfern von Verfolgung zu Hilfe zu kommen und Witwen und Waisen gemäß den allgemeinsten Prinzipien der Menschlichkeit zu helfen.«*

Die Gründer von Bnai Brith waren davon überzeugt, dass die moralischen Ziele des jüdischen Glaubens und die Gehalte einer menschheitlichen, universalistischen Moral letztlich deckungsgleich sind – im Geiste der Propheten der Hebräischen Bibel war ihrer Überzeugung nach beides vorweggenommen. 1843, als in New York Bnai Brith gegründet wurde, herrschte in den Südstaaten der USA noch die Sklaverei, und die jüdische Gemeinschaft in den USA war über dieser Frage zerstritten: So waren sowohl Orthodoxe als auch liberale Rabbiner für die Sklaverei, während sich unter den Gegnern der Sklaverei ausschließlich Rabbiner der Reformbewegung fanden.

Die erste, gleichsam aus den USA reimportierte, deutsche Bnai-Brith-Loge wurde 1882 gegründet und widmete sich vor allem der innerjüdischen Wohltätigkeit – gerade so, wie das die amerikanischen Schwesterlogen taten, die sich seit 1901 verstärkt der Unterstützung der in Massen einwandernden armen Juden aus dem Zarenreich zuwandten. Leo Baeck, der 1924 zum deutschen Großpräsidenten der Bnai-Brith-Loge gewählt wurde und dieses Amt bis zum Verbot der Logen durch die Nationalsozialisten innehaben sollte, drückte den Geist und das Handeln der Logen anlässlich einer Debatte im Jahre 1928 über interkonfessionelle Ehen und die ihnen entsprossenen Kinder in folgender Formel aus: »*Wir erleben die menschliche Gesellschaft als unsere jüdische Gesellschaft. Nicht fort vom Judentum, sondern durch unser Judentum führt der Weg zur Verwirklichung unserer Vorstellung vom Menschsein.*« Leo Baecks Formel steht in einem aufschlussreichen Spannungsverhältnis zur Präambel der Gründungsurkunde von Bnai Brith in New York 1843.

Die Emigration nach Nord- und Südamerika, vor allem in die USA, aber auch nach Argentinien, war seit den letzten Jahrzehnten des neunzehnten Jahrhunderts vor allem ein

Mitgliedszertifikat von Bnai Brith

Projekt der Juden Ost-und Mitteleuropas. Sie wanderten unter dem Druck der zaristischen Repression, des volkstümlichen Pogromantisemitismus und großer Armut, oft genug über Deutschland, in die »Goldene Medine«, in das goldene Land, das eine große Zukunft verhieß, aus und wurden dort tatsächlich zu einer zwar gelegentlich angefeindeten und gesellschaftlich bisweilen stigmatisierten, alles in allem aber höchst erfolgreichen und angesehenen Minderheit. Nordamerika war und ist bis heute jenes in sich vielfältige Zentrum, in dem sich jüdisches Leben qualitativ und quantitativ am intensivsten entwickelt hat. In den USA entfaltete sich die heute größte Strömung des religiösen Judentums, das Reformjudentum mit seinen liturgischen Neuerungen, seiner Gleichberechtigung der Frau und seinen Gottesdiensten in der Landessprache. In den USA aber bildeten sich auch das konservative und das neoorthodoxe Judentum, das der Tradition treu blieb und dennoch zeitgemäß sein wollte, vollends aus. Das Judentum wandelte sich in den USA unter dem Einfluss des im deutschsprachigen Raum in der Mitte des neunzehnten Jahrhunderts entstandenen Reformjudentums zu einer modernen bürgerlichen Religion.

Alternativen zur Auswanderung
Jiddischismus, Sozialismus und Kommunismus

Die Juden Russlands, Polens und Südosteuropas waren Klientel und Sorgenkind der ökonomisch und politisch besser gestellten Juden im Westen. Deutsche und amerikanische Bnai-Brith-Logen setzten sich in den letzten Jahren des neunzehnten Jahrhunderts für die von Antisemitismus bedrängten Juden aus dem russischen Reich und aus Rumänien ein und unterstützten sie bei der Emigration. Von den 1880er Jahren bis zum Beginn des Ersten Weltkriegs wanderten etwa 2,5 Millionen Juden aus Mittel- und Osteuropa aus. Zwei Millionen davon gelangten in die USA, die übrigen in andere Länder, davon etwa 40 000 ins osmanische Palästina.

Dem privaten Ausweg aus der jüdischen Misere im östlichen Europa, der Auswanderung, standen drei politische Optionen gegenüber: die sozialrevolutionär-bundistische, die revolutionär-sozialistische und die nationale, zionistische.

Die Ideale der Aufklärung und der Emanzipation hatten sehr wohl auch die Juden Ost- und Ostmitteleuropas erreicht, wenn sie in ihren Ländern auch schwerer zu verwirklichen waren als im Westen. Doch am Ende des neunzehnten Jahrhunderts lebten von den polnischen, russischen und rumänischen Juden mindestens ebenso viele in den großen Städten wie in den traditionellen Schtetln mit ihren chassidischen Wunderrabbis, und viele Stadtbewohner hatten sich dem Reformjudentum oder den sozialistischen Bewegungen angeschlossen. Auch der Zionismus fand hier seine Anhänger.

Die sogenannten **Ostjuden** stammten meist von Einwanderern aus den deutschen Ländern ab, die im spätmittelalterlichen Polen und Litauen bereitwillig aufgenommen worden waren. Polen und Litauen wurden damals gemeinsam regiert, und der Doppelstaat erstreckte sich über Gebiete, die Teile des heutigen Russland, Weißrussland, die westliche Ukraine und das nördliche Rumänien umfassten. Dieses gesamte Gebiet war das der ostjüdischen jiddischsprachigen Kultur. Im achtzehnten Jahrhundert wurde der großpolnische Staat zwischen Russland, Österreich und Preußen aufgeteilt, und nach der Niederlage Napoleons gelangte der größte Teil Polens an das russische Zarenreich.

Leben und Denken der Juden im östlichen Europa ist heute in der öffentlichen Wahrnehmung von einem beinahe mystisch anmutenden Schleier umgeben. Zumal nach der systematischen Ermordung von sechs Millionen Juden, die zum weit überwiegenden Teil aus Polen und Russland stammten, durch das nationalsozialistische Deutschland wird die Wahrnehmung ihrer Kultur vom berechtigten Gefühl eines unwiederbringlichen Verlusts begleitet. Doch hat dies zu einem verengten Blick auf die Realität der vernichteten Kultur geführt, der die wichtige Rolle der Juden bei den russischen Sozialisten, die Gründung einer jiddischsprachigen, sozialistischen und kulturautonomistisch operierenden Partei und Gewerkschaft, den »Allgemeinen Arbeiterbund«, und den sozialistischen Zionismus ebenso außer Acht lässt wie die Tatsachen, dass es eine nicht eben schwache Klasse von jüdischen Kapitalisten und eine große jüdische Unterwelt gab. Die Buntheit dieses Mit-, Neben- und Gegeneinanders verschiedenster Klassen, Gruppen, Weltanschauungen und religiöser Prägungen hat sich vor allem in den Romanen und Novellen des Nobelpreisträgers Isaac Bashevis Singer (1902–1991) erhalten. Der historische Blick auf diese Vielfalt lässt sich nicht mit einer auf mystische Erbauung zielenden Schtetl-Romantik vereinbaren.

Jiddisch war zunächst das altertümliche, mit hebräischen und slawischen Wörtern durchsetzte und traditionell mit hebräischen Buchstaben geschriebene Judendeutsch der Juden Ost- und Ostmitteleuropas. Als Sprache der einfachen Juden wurde es im neunzehnten Jahrhundert zu einer modernen Literatursprache. Vor dem Holocaust wurde Jiddisch von etwa zwölf Millionen Menschen gesprochen. Heute sprechen es noch etwa drei Millionen, vor allem chassidische Juden.

Die Sprache Singers ist das Jiddische. Die deutschen Juden sahen darin ein schlechtes Deutsch und schauten auf die jiddischsprechenden »Ostjuden« als ihre armen Verwandten oft hinab. Der »Osten« erschien ihnen wie ihren christlichen Zeitgenossen vor allem als Quelle einer nicht versiegenden Flut von Migranten, die in die großen Bevölkerungszentren Mitteleuropas strömten, nach Wien, nach Berlin oder auch nach Hamburg, um von dort meist weiterzuwandern, in die USA oder nach Kanada, nach Argentinien – oder in die osmanische Provinz Filastin.

Die meisten Juden des Zarenreichs blieben freilich im Lande. Sie lebten hier im »Ansiedlungsrayon« im Westen Russlands, den zu verlassen ihnen nur mit Ausnahmegenehmigungen möglich war. Dieses Gebiet zeichnete sich durch eine relativ fortgeschrittene Industrialisierung vor allem im Bereich der Textilindustrie und des Bergbaus aus, durch eine aus Juden bestehende Arbeiterklasse und eine Vielzahl jüdischer Unternehmer. Aus der doppelten Abwehrstellung gegen den vom zaristischen Regime geförderten Antisemitismus und gegen die Klasseninteressen jüdischer wie nichtjüdischer Unternehmer gründeten unter anderem Studenten des ehrwürdigen Wilnaer Rabbinerseminars im Jahr 1897 eine Organisation mit dem Namen »Algemeyner Yidisher Arbeter Bund in Lite, Poyln un Rusland«, der eng mit der russischen Sozialdemokratie zusammenarbeitete. Im Kampf für sozialen Fortschritt und das Recht der Juden auf eine eigene Lebensweise setzten sich die »Bundisten« für die Gründung jüdisch-autonomer Regionen in Russland ein, wobei sie in Bildung und Kultur auf die jiddische Sprache, die Sprache der proletarischen jüdischen Massen, setzten. In Russland wurde der »Bund« 1920 aufgelöst, viele seiner Mitglieder traten in die Kommunistische Partei Russlands ein, in Polen spielte er bis zum Jahr 1939 eine führende Rolle in der jüdischen Kultur des Landes. Als Erneuerer und Bewahrer der jiddischen Kultur und Sprache vertrat der Bund eine weder religiöse noch assimilatorisch-bürgerliche Alternative zum Zionismus, und seine Anhänger setzten nach dem Ersten Weltkrieg in Polen wie in Russland die Pflege der jiddischen Kultur durch. Erst durch die Verbote, Verhaftungen

1895 wurde die **russische Sozialdemokratie** begründet. 1903 spaltete sich die Sozialdemokratische Arbeiterpartei Russlands in den Flügel der **Bolschwewiki** (»Mehrheitler«) unter Führung Lenins und den der **Menschewiki** (»Minderheitler«). In der Oktoberrevolution von 1917 wurden die Bolschewiki die führende Kraft unter den sozialistischen Organisationen Russlands. 1918 benannten sich die Bolschewiki in »Kommunistische Partei Russlands« um; aus dieser entstand 1925 die »Kommunistische Partei der Sowjetunion«.

und Liquidationen Stalins und dann durch den nationalsozialistischen Massenmord fanden die jiddisch-sozialistischen Aktivitäten ein Ende. Ihr letztes Aufflackern war der Aufstand der Juden im Warschauer Ghetto 1942.

Auch in der russischen Sozialdemokratie waren Juden stark vertreten, nicht zuletzt in deren bolschewistischer Fraktion, aus der nach der Oktoberrevolution die Kommunistische Partei wurde. Zwar waren nicht alle Bolschewiki Juden, noch alle Juden Bolschewiki; doch nichtsdestoweniger fanden sich in den führenden Positionen des Partei- und dann auch des Repressionsapparats der russischen Kommunisten deutlich mehr Juden als nach ihrem Bevölkerungsanteil zu erwarten gewesen wären.

Das Erwähnen dieser historischen Tatsache löst nach wie vor Unruhe aus, scheint sie doch zu belegen, dass der Antisemitismus, der sich gern auch mit einem militanten Antikommunismus paart, vielleicht doch ein Körnchen Wahrheit enthält, nämlich dass Juden als »Bolschewisten« womöglich – entgegen dem politisch korrekten common sense – doch eine Mitschuld an der Judenfeindschaft der Nationalsozialisten tragen.

Zweifellos gehörte die Tatsache, dass viele Kommunisten – auch in Deutschland, wenn hier auch in ungleich geringerem Maße als in Russland – Juden waren, zu den Motiven, kaum allerdings zu den wirklichen Ursachen des modernen Antisemitismus bis zur nationalsozialistischen Massenvernichtung.

Gerade deshalb aber verdient die Attraktivität des Sozialismus und Kommunismus für Juden eine eingehendere Erörterung. Der in Berkeley lehrende Historiker Yuri Slezkine stellt sie in Zusammenhang mit der besonderen Rolle der Juden im Prozess der Modernisierung und gelangt dabei sogar zu der kühnen Formulierung, das zwanzigste Jahrhundert sei ein »Jüdisches Jahrhundert« gewesen. Um seine These zu illustrieren, greift Slezkine auf den inzwischen auch als Musical (*Anatevka*) bekannt gewordenen jiddischen Klassiker *Tewje*,

der Milchiger des jiddischen Dichters Scholem Alechem (Schalom Yakov Rabinowitsch, 1859–1943) zurück, die in Briefen er-
zählte Geschichte eines russisch-jüdischen Milchmanns und
Käsers, der mit fünf Töchtern gesegnet ist, die zu verheiraten
sind. Mit vier dieser Töchter schließt die Leserschaft nähere
Bekanntschaft: mit Zeitl, Hodl, Chava und Bejlke. Zeitl, die
Älteste, heiratet konventionell einen armen Schneider und
kehrt nach einer unauffälligen Ehe und dem Tod ihres Mannes ins Haus des inzwischen verwitweten Vaters zurück. Chava, die dritte, verliebt sich in einen nichtjüdischen Literaten,
heiratet ihn, wird vom Vater verstoßen, kehrt aber auch, Jahre
später, zu ihm zurück. Bejlke, die viertälteste, heiratet einen
großspurigen jüdischen Geschäftsmann und Emporkömm-
ling, mit dem sie – nach einem ersten Bankrott – nach Amerika emigriert. Tewjes zweitälteste Tochter, Hodl, schließlich ist
ein Mädchen, das immer viel gelesen hat, und sie verliebt sich
in einen abtrünnigen jüdischen Rabbinatsstudenten, der sein
Leben den universalistischen Zielen der Revolution geweiht
hat. Ihm wie auch seiner Frau Hodl gilt sowohl die Sympathie
des Erzählers als auch des erzählten Erzählers, Tewje. Denn
im Unterschied zu ihren Schwestern verkörpert Hodl zwei im
traditionellen jüdischen Leben zentrale – wenn auch sonst für
Männer reservierte – Tugenden: die Liebe zum Studium und
die Überzeugung, sich für die Gerechtigkeit einsetzen zu sollen. Tewje sagt von seiner Hodl, dass sie jiddisch und russisch
schreibt und Bücher wie Mehlknödel verschlingt. Das unan-
sehnliche Bürschchen, in das sich Hodl verliebt hat, Pfefferl
geheißen, ist der studierte Sohn eines Zigarettendrehers. Auf
Tewjes Frage, ob er bereit sei, auch mit reichen Juden zusammen zu lernen, antwortet er nur: »*Das werden die Reichen nicht
erleben, dass ich mich mit ihnen in eine Reihe stelle. Sie sollen meinet-
wegen zur Hölle fahren.*«

Gegen Ende der Erzählung offenbart Hodl ihrem Vater, dass
sie und Pfefferl ohne die Dienste eines traditionellen Heirats-
vermittlers ein Paar geworden sind. Danach verschwindet
Pfefferl; Hodl bleibt allein zurück, und auf die Fragen ihres Vaters nach dem Verbleib des Bräutigams kann sie nur antworten: »*Kollektivinteressen ... Arbeiter ... lauter so Zeugs.*« Aber sie

ist entschlossen, ihrem Bräutigam in die Verbannung zu folgen. Auf eine letzte Frage ihres Vaters nach dem Sinn all dessen kann sie schließlich nur noch antworten: »*Das lässt sich allein rational nicht mehr verstehen, das muss man fühlen, mit dem Herzen fühlen ...*«

Tewje gehört Slezkine zufolge zur Schicht der »Dienstleistungsnomaden«, der Müller, Käser, Hausierer, Schnapsproduzenten und kleinen Handwerker. Diese Dienstleistungsnomaden rekrutieren sich aus zugewanderten Gruppen, die im Unterschied zur bodenständigen Bauernbevölkerung von Handel und Wandel, von medizinischen Kenntnissen, von handwerklichem und künstlerischem Geschick sowie von einer allgemeinen Cleverness leben. Als Beispiele nennt er die Armenier in Europa und Kleinasien, die Überseechinesen in Südostasien, die Inder Ostafrikas sowie die Libanesen in Lateinamerika.

Mit der Auflösung der traditionalen agrarischen Gesellschaft verloren die Juden, die im alten Europa die Dienstleistungsnomaden waren, ihren anerkannten Status und wurden nun, wie es bei Slezkine heißt »*zum auserwählten Volk, weil sie par excellence modern waren.*« Dabei scheut er sich nicht, mit der Idee eines allgemeinen »Jüdischwerdens« moderner Gesellschaften zu spielen, wenn er rückwirkend mit den damaligen, im Zeitalter der Emanzipation lebenden, assimilationsbereiten, auf Glaube und Tradition verzichtenden Juden die Frage stellt: »*... wer brauchte dergleichen noch, wenn ohnehin jeder jüdisch wurde?*« Die Welt schien von einem Mosaik partiku-

»Dienstleistungsnomaden«: Jüdische Schausteller, um 1835

larer Lebenswelten zur universalen Moderne zu werden, und Juden waren die Ersten, die das zu begreifen meinten.

Ähnlich wie die Lage der Inder in Ostafrika oder der Han-Chinesen in Südostasien war die Lage der Juden im späten Zarenreich prekär. Der traditionelle christliche Antijudaismus wie auch der politisch geförderte Antisemitismus trugen mit Mobilitäts- und Berufsbeschränkungen am Ende des neunzehnten Jahrhunderts zu einer schwierigen wirtschaftlichen Lage im Ansiedlungsrayon bei. Während die Juden wie Tataren, Mordwinen, Tschetschenen oder Litauer im Zarenreich durchaus als »Völkerschaft« oder »Ethnie« galten, war ihnen dennoch – im Unterschied zu den anderen Ethnien – ein eigenes Siedlungsgebiet vorenthalten. Das Leben im Ansiedlungsrayon beschränkte ihre Mobilität, ohne dass dies indes eine flächendeckende ethnische Homogenität bedeutete. Ethnisch homogen waren nur die traditionellen Schtetl, und gerade sie waren in den Augen der Jüngeren eine stagnierende Lebensform, die es in zweifacher Hinsicht zu verlassen galt: geographisch durch die Auswanderung in andere Länder oder in die großen Städte, sozial durch ein entschlossenes Überschreiten des traditionalen Partikularismus. Das Überschreiten der partikularistischen, traditionalen Lebensform, zu deren Prinzipien zugleich die Hochschätzung intellektueller Tugenden wesentlich dazugehörte, war auf der Basis eines allmählich erneuerten Bildungswesens in zwei Richtungen möglich: erstens in der Zuwendung zur russischen Nationalkultur mitsamt ihrem romantischen Dichterkult und zur modernen Wissenschaft, zweitens in der politischen Radikalisierung der universalistischen Gerechtigkeitsmaximen der jüdischen Religion. Die Überschreitung des partikularistisch-jüdischen Horizonts vor dem Hintergrund einer Modernisierungskrise führte zu zwei Revolutionen, die einander rückkoppelnd verstärkten: zum einen zu einer antiautoritären, antipatriarchalischen Revolution innerhalb der Lebenswelten traditionaler jüdischer Familien, zum anderen zu jener sozialen und schließlich politischen Revolution, die 1905 das gesamte Zarenreich erschütterten und es 1917 schließlich hinwegfegte. Die Abwendung vom elterlichen Traditionalismus konnte in individuelles Aufstiegsstreben ebenso münden wie in den Wunsch nach Teilhabe an der russischen Kulturnation, in den Zionismus wie in den unideologischen Wunsch nach Emigration, in eine Form des jüdischen Sozialismus (»Bundismus«) ebenso wie in das Engagement für eine der antizaristischen Gruppierungen der Linken – von den »Volksfreunden« über die Menschewiki bis zu den Bolschewiki. Das Fehlen eines ethnisch-nationalen Territoriums disponierte die Juden Russlands in besonderer Weise dazu, sich als Bürger des gesamten, nun sozialistisch umzugestaltenden Reiches zu empfinden, als berufene Vertreter einer übernationalen »Sowjetnationalität«, die es so noch nie gegeben hatte und die mit dem bereits von Marx propagierten »proletarischen Internationalismus« Ernst machen wollte. Diese übernationale Orientierung war ein Kulturentwurf, der auch in den Augen der nichtjüdischen Bolschewiki attraktiv war und die Stellung der Juden in der Partei festigte. Gerade unter den Bolschewiki des frühen zwanzigsten Jahrhunderts war die Rate von Ehen zwischen Juden und Nichtjuden besonders hoch. In den ersten Jahren nach der Revolution bildete sich so die ganz eigene Spielart eines Judentums heraus, das sich entschlossen von seinen religiösen Wurzeln löste und das, was späterhin oftmals einer »bolschewistischen« Tyrannei zugesprochen wurde, nämlich die Unterdrückung und Verdrängung des religiösen Erbes, ganz aus sich selbst heraus bewerkstelligte, etwa in der »Jüdischen Abteilung« der KP Russlands und später der KPdSU, der »Jewsekzia«. Damit ist keineswegs gesagt, dass alle Juden auf dem Gebiet der Sowjetunion diese Politik mittrugen, wohl aber, dass es durchaus auch Juden waren, die daran höchst aktiv beteiligt waren. Ein Blick auf die Führungskader der Bolschewiki zwischen 1917 und 1922 rundet das Bild ab: Trotzki, Sinowjew, Kamenjew und Swerdlow waren ethnische Juden. Die Mitgliedszahlen der Bolschewiki bestätigen das Bild: Beim ersten Allrussischen Kongress der Sowjets im Juni 1917 waren mindestens einunddreißig Prozent der Delegierten der Bolschewiki und siebenunddreißig Prozent der Delegierten der Menschewiki Juden; im Zentralkomitee der Bolschewiki waren 1917 fünf von zwölf und im Politbüro drei von sieben

Mitgliedern ethnische Juden. Juden stellten für lange Zeit konstant fünfundzwanzig Prozent der Mitglieder des Zentralkomitees der Partei. Das Personal des sich bald entwickelnden Terrorapparats der Partei, der Tscheka, rekrutierte sich zwar nur zu zwischen drei und neun Prozent aus ethnischen Juden, doch in der Führung der Geheimpolizei waren Juden wieder mit etwa fünfzehn Prozent vertreten.

Mit der Machtübernahme Stalins begannen jedoch zunehmend national-russische und judenfeindliche Tendenzen die Politik der Kommunistischen Partei zu prägen. Nach dem Ende des Zweiten Weltkrieges steigerte sich dies, trotz der anfänglichen Unterstützung Israels durch die Sowjetunion, zu einer regelrechten antisemitischen Paranoia. In einer kruden Umkehrung der Ideale der frühen Bolschewiki wurden die Juden nun als »wurzellose Kosmopoliten« denunziert, und Gruppen einflussreicher Juden wurden offenbar gezielt verfolgt. Manches spricht dafür, dass Stalin plante, die sowjetischen Juden allesamt nach Sibirien zu deportieren. Wenn es diesen Plan gab, so wurde er vermutlich nur wegen Stalins Tod 1953 wieder aufgegeben.

Zionismus
Die jüdische Nationalstaatsidee

Neben der Emigration, neben dem jiddischistischen Gewerkschaftssozialismus und dem Kommunismus war der jüdische Nationalismus, der Zionismus, eine der Antworten, mit denen Juden auf das Scheitern oder die Verzögerung ihrer bürgerlichen Emanzipation reagierten. Der Zionismus fasst die Juden als Nation im modernen Sinne auf.

Der Gedanke der Nation selbst entstand in der heutigen Bedeutung des Worts nicht vor der Französischen Revolution, wo der Begriff zunächst die im Geiste einer auf Demokratie und Menschenrechten beruhenden Verfassung geeinten Bürger auf einem historisch vorgegebenen Territorium bezeichnete. Diese Form der Nation lässt sich als ein auf gleichen Rechten aller Citoyens beruhendes Zukunftsbündnis verstehen, dem es um die Verwirklichung der gemeinsamen Freiheit aller Bürger geht. Dieses Verständnis von Nation als Staatsvolk haben Jean-Jacques Rousseau in seinem 1762 verfassten *Contrat social* sowie der Abbé Sieyès mit seinem Traktat *Was ist der Dritte Stand* entfaltet. Im Gegenzug und in Konkurrenz dazu entstand vor allem in den deutschsprachigen Ländern, in Reaktion auf die napoleonische Besatzung, ein ethnischer Begriff der Nation, der nicht die gemeinsame Zukunft der Staatsbürger, sondern ihre gemeinsame Sprache und Herkunft zur Grundlage machte. Exemplarischer Ausdruck dieser Idee von Nation, die auf die von Johann Gottfried Herder angestoßene romantische Rückbesinnung auf die volkstümlichen Traditionen zurückging, sind die von Johann Gottlieb Fichte 1808 verfassten *Reden an die deutsche Nation.*

Der Unterschied zwischen einem aufklärerischen Begriff der Nation im französischen und einem romantischen Begriff der Nation im deutschen Sinne sollte auch die zionistische

Bewegung in ihren vielfältigen Schattierungen prägen. Doch es trat noch ein spezifisch jüdisches Element hinzu: Die Anhänger der Idee einer jüdischen Nation standen von Anfang an unter dem Druck des Antisemitismus; deshalb empfanden sie es als vordringlich, vor aller kulturellen Selbstverwirklichung der Nation oder allen liberalen Garantien, Leib und Leben verfolgter Juden zu schützen sowie ihre verletzte Selbstachtung wieder aufzurichten, und dafür bedurfte es eines geschützten Territoriums. Ben Gurion bezeichnete diesen – nicht zuletzt von Theodor Herzl propagierten – Aspekt der jüdischen Nationalstaatsidee als »Philanthropie«.

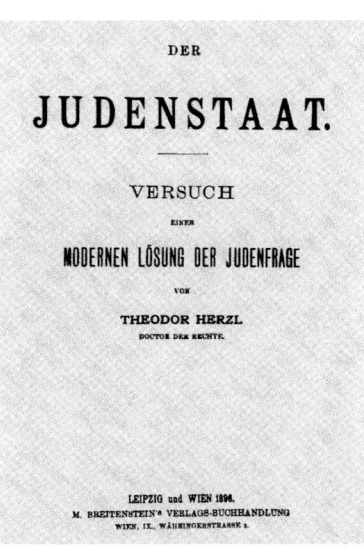

Als Reaktion auf die Judenfeindschaft entstanden voneinander unabhängig zuerst in Russland, und nach der französischen Dreyfusaffäre vor allem auf Betreiben des Wiener Journalisten Theodor Herzl auch in England, Deutschland und Österreich Gruppen, die die Judenfeindschaft als mittelfristig nicht behebbare gesellschaftliche, bisweilen sogar biologische, Tatsache ansahen. Sie erwogen daher den Exodus der bedrohten Juden in ein ungefährdetes, selbstregiertes Territorium am Rande der Einflusszonen der damaligen Großmächte, also in eine nationale Heimstätte im südlichen Lateinamerika, in Ostafrika oder im osmanischen Reich, zumal im Sinai oder im Land Israel, in Palästina. Diese philanthropische Grundidee wurde von zwei anderen geistigen Strömungen überlagert: von einem romantischen Nationalismus Herder-Fichtescher Prägung, der ein in Sprache, Geschichte und kollektiven Institutionen geeintes jüdisches Volk als Gegenmittel gegen die unterschiedlichen Formen der Entfremdung von Juden in der modernen Welt sah, und einem lebensreformerischen Sozialismus nach Art der russischen, von Tolstoi beeinflussten »Volkstümler«, der in der Hinwendung zu Körper und Erde, zu einem bäuerlichen Gemeinschaftsleben, die Grundlage für eine neue Stärke sah. Alle drei Elemente des modernen Zionismus: philanthropischer Territorialgedanke, romantisch verstandener Nationalstaat und lebensreformerischer Sozialismus entstanden völlig unabhängig von den Überlieferungen des konfessionalisierten oder auch in den einzelnen Gemeinden gelebten Glaubens, ja ausdrücklich gegen sie.

Erst die 1903 anstehende, die zionistische Bewegung spaltende Entscheidung darüber, ob man als rettendes Territorium anstelle Palästinas im osmanischen Reich das damals dem britischen Empire zugehörige Uganda akzeptieren sollte, rührte an die traditionellen Bindungen auch des modernen Judentums. Zumal ostjüdische Zionisten bedeuteten unmissverständlich und dramatisch, dass eine Wahl etwa der britischen Kolonie Uganda als Territorium eines künftigen jüdischen Gemeinwesen auf die wanderungsbereiten jüdischen Massen Osteuropas abschreckend wirken müsse. Erst die »Ugandakrise« hat freigelegt, dass ein Zionismus, der seine religiösen Wurzeln gänzlich kappt, keinen Widerhall finden konnte. Diese Debatte lenkte die Strömungen der säkularen Erlösungsreligionen des romantischen Nationalismus und des lebensreformerischen Sozialismus in das Bett jüdischen Traditionsbewusstseins und gab ihm damit seine Richtung vor: ins Land Israel, die osmanische Provinz Palästina. Als nach dem Ersten Weltkrieg der erste Oberrabbiner der aschkenasischen Juden im britisch verwalteten Völkerbundesmandat Palästina, Raw Kuk, auf der Basis mystischer Spekulationen die landwirtschaftliche Arbeit auch atheistischer Sozialisten zum »Erlösungswerk« erklärte, gelang ihm jene nationalreligiöse Synthese, die den jüdischen Staat für gottgewollt erklärte und wie selbstverständlich davon ausging, dass sich die in Palästina lebende jüdische Bevölkerung früher oder später eine Verfassung im Geist der Tora geben müsse.

Der Zionismus war eine Idee, die im Herzen der österreichisch-ungarischen Kultur entstand. Einer glaubwürdigen Sottise zufolge sollen österreichische Geheimpolizisten, die den Zusammenbruch des Habsburgerreichs überstanden hatten, anlässlich von Nachrichten aus dem russischen Bürgerkrieg gefragt haben: »Waas – der Herr Trotzki aus dem Café Central?« Das Wiener Caféhaus, in dem man stundenlang bei einem »Braunen« und einem Glas Wasser über einen Stapel von Zeitungen gebeugt sitzen konnte, spielte um die Jahrhundertwende die Rolle, die heute Chatrooms im Internet spielen. Der vermeintliche Überblick über die ganze Welt, die vermeintlich unbegrenzte Zeit sowie die wie auch immer wirkliche oder virtuelle Anwesenheit ähnlich Interessierter lassen Caféhaus und Chatroom zu einer Brutstätte weltverbessernder Ideen werden.

»*Dr. Friedrich Löwenberg saß*«, so die ersten Zeilen eines 1902 publizierten deutschsprachigen Romans, »*in tiefer Melancholie an dem runden Marmortische seines Kaffeehauses ... Und wenn er mit den Tages- und Wochenzeitungen, Witzblättern und Fachjournalen fertig war, was nie weniger als anderthalb Stunden in Anspruch nahm, kamen die Gespräche mit Freunden oder die einsamen Träume.*« Der Held dieses Romans wird seine Traurigkeit überwinden, eine Reise in die damalige Provinz Palästina des Osmanischen Reiches antreten und dort in bildenden Gesprächen und bei Besuchen von Musterkolonien wissenschaftlicher, medizinischer und landwirtschaftlicher Art ein multikulturelles Gemeinwesen kennenlernen, das den Nukleus eines Judenstaates darstellt. Der bei Abfassung des Manuskripts eben neununddreißig Jahre alte Autor gab dem Roman ein kurzes Postskript mit auf den Weg: »*Traum ist von Tat nicht so verschieden, wie mancher glaubt.*«

Theodor Herzl

Theodor Herzl, dessen Roman unter dem Titel *Altneuland* erschien, wurde 1860 in Budapest geboren, war Student der Rechte in Wien, verließ mit dreiundzwanzig Jahren aus Protest gegen deren Antisemitismus eine deutsch-völkische Studentenverbindung, promovierte 1884 und machte sich bald als elegant formulierender Feuilletonist und Verfasser von Salonstücken einen Namen. Das Problem des Antisemitismus, das die Juden in Westeuropa in Form gesellschaftlicher Diskriminierung, im Zarenreich hingegen immer wieder in Form

Dreyfusaffäre: 1894 wurde der Hauptmann Alfred Dreyfus wegen angeblicher Spionage zur Verbannung auf die Teufelsinsel vor dem tropischen Cayenne verurteilt. Da es bei der Verurteilung offensichtlich nicht mit rechten Dingen zugegangen war, kam die Affäre nicht zur Ruhe. 1898 griff der berühmte Romancier Emile Zola publizistisch ein, 1899 kam es zur Revision des Prozesses, in der Dreyfus zwar erneut verurteilt, danach aber vom Staatspräsidenten begnadigt wurde. Das Revisionsurteil, das aufgrund gefälschter Dokumente gefällt worden war, warf ein schlechtes Licht auf die Militärs und die ihnen nahestehenden katholisch-konservativen Kreise, was zu einer strikten Trennung von Staat und Kirche in Frankreich führte. 1906 endlich wurde Dreyfus offiziell freigesprochen.

brutaler Pogrome und Mobilitätsbeschränkungen traf, beunruhigte ihn früh. In diesen Jahren verfolgten die Franzosen und mit ihnen die gesamte europäische Öffentlichkeit die Affäre um den zu Unrecht der Spionage bezichtigten französischen Hauptmann jüdischer Abstammung Dreyfus.

1893 noch erwog Herzl, die »Judenfrage« durch einen massenhaften Übertritt aller Juden zum Christentum zu lösen, dergestalt dass alle Juden Österreichs-Ungarns an einem Sonntag in feierlicher Prozession, unter dem Läuten der Glocken des Stephansdoms, die Taufe empfangen sollten. Ein entsprechendes Schreiben an den damaligen Papst ließ er sich ausreden. Das Scheitern der Konversionsidee führte ihn dann zu neuen Ufern, und er entwickelte unabhängig von anderen jüdischen Intellektuellen, die schon seit langem ähnliche Gedanken hegten, die Idee eines »Judenstaates«, die er der Öffentlichkeit 1896 als Traktat vorlegte.

Dem stets elegant gekleideten und charismatischen Journalisten blieben noch acht Jahre, während derer er in rastloser Tätigkeit Zionistenkongresse einberief und bei führenden Staatsmännern antichambrierte. Er wusste, dass im Zeitalter des Imperialismus nur ein »Charter«, das heißt die Erlaubnis einer Großmacht, es ermöglichen würde, einen »Judenstaat« zu etablieren. So sehr Herzl etwa den Toleranzgedanken Lessings schätzte, so sehr war er doch davon überzeugt, dass sich diese Ideale kaum schnell würden durchsetzen lassen. Dazu hatte er als Wiener, der in einer Stadt lebte, deren prominentester Bürger, der bekennende Antisemit und kommunalpolitisch progressive Bürgermeister Karl Lueger, der Liebling des Volkes war, auch nicht den geringsten Anlass. 1897 berief Herzl den ersten Zionistenkongress nach Basel ein – eine Zufallslösung, weil die Juden in der ursprünglich dafür vorgesehenen Hauptstadt des Königreiches Bayern ihre staatsbürgerliche Integration gefährdet gesehen hatten. Gleichwohl: Am 3. September 1897 konnte Herzl ebenso selbstbewusst wie prophetisch in seinem Tagebuch notieren: »Heute habe ich den Judenstaat gegründet« – fünfzig Jahre, bevor David Ben Gurion im Mai 1948 in Jerusalem den Staat Israel ausrief. Herzls Kongress stieß unter den meisten Juden West- und Mitteleuropas auf heftigen Widerstand. Rabbinerversammlungen stellten fest, dass die Idee eines jüdischen Nationalstaats dem messianischen Gedanken zuwiderliefe, und der später zum Christentum konvertierte Karl Kraus höhnte Herzl und den Zionisten in einem Beitrag unter dem doppeldeutigen Titel Eine Krone für Zion nach, sie antworteten auf die judenfeindliche Parole »*Hinaus mit Euch, Juden*« mit der Devise:»*Jawohl, hinaus mit uns Juden*«, legitimierten also den Antisemitismus.

Verleugnet und angegriffen, aber auch verehrt und bewundert, gründete Herzl seine Organisation, akquirierte nicht unerhebliche Geldmittel, verhandelte mit der Hohen Pforte, mit dem Großherzog von Baden, mit der Entourage Wilhelms II. und traf schließlich, 1898 in Jerusalem, mit dem deutschen Kaiser selbst zusammen. Herzl verstand bald, dass der Plan eines deutschen »Charters« nicht weiterführen werde und setzte vom vierten Zionistenkongress an, der 1900 in London abgehalten wurde, auf die britische Karte. Als die Verhandlungen mit der Hohen Pforte, die unerfüllbar hohe finanzielle Forderungen an die von Herzl initiierten Organisationen »Jewish Colonial Trust« und »Jewish National Fund« stellte, 1902 endgültig gescheitert waren (Herzl nannte den habgierigen Sultan in seiner privaten Korrespondenz immer nur »Cohn«), sondierte er über die englischen Rothschilds bei hohen britischen Beamten die Möglichkeit einer jüdischen Kolonie in Ostafrika, im heutigen Uganda. Der blutige Pogrom von Kischinew im Jahr 1903 bestärkte Herzl darin, mit dem reaktionären zaristischen Minister Plehwe intensiv über eine jüdische Auswanderung zu sprechen. Auf dem Zionistenkongress desselben Jahres er-

Herzl begrüßt 1898 Wilhelm II. im Heiligen Land.

rang er trotz heftigen Widerstands der stark religiös geprägten osteuropäischen Zionisten zwar noch einen knappen Abstimmungssieg für eine Prüfung des Uganda-Projekts, trotzdem war klar, dass dieses gescheitert war, weil es ohne osteuropäische Masseneinwanderung keinen Judenstaat geben würde. Erschöpft von Reisen, fieberhaften Verhandlungen und der Suche nach einem Kompromiss mit den osteuropäischen Zionistenführern starb Herzl am 3. Juli 1904. Theodor Herzl beschloss sein Buch *Altneuland* mit den angesichts des heutigen israelischen Staates prophetischen Zeilen: »*Alles Tun der Menschen war vorher Traum und wird später zum Traume.*«

Dieser Traum wurde auf seine Weise Wirklichkeit. Der Staat Israel ist in seiner heutigen Form als jüdischer Staat Ausdruck des staatsbildenden Zionismus, der als Weltanschauung und Praxis gegenüber dem nicht auf den Nationalstaat fixierten Kulturzionismus obsiegt hat. Die in sich vielfältige Weltanschauung des Zionismus hat einen gemeinsamen Nenner: den Wunsch von Juden, auf dem Gebiet des biblischen Landes Israel zu leben. Wie, unter welchen Umständen und in welcher politischen Form, das war zu Beginn des zwanzigsten Jahrhunderts durchaus umstritten. Während die einen dort utopisch-sozialistische Gemeinschaftssiedlungen errichten wollten, um in kleinen Gruppen dem entfremdeten Leben in der Diaspora zu entfliehen, wollten die anderen einen regulären, autarken Nationalstaat gründen – sogar dann, wenn dies mit hoher Sicherheit auf einen Konflikt mit der arabischen Einwohnerschaft hinauslaufen würde.

Der 1948 auf der Basis des Plans der UN, das britische Mandatsgebiet Palästina zu teilen, ausgerufene Staat Israel ist nach dem Holocaust, aber nicht wegen des Holocaust, entstanden. Sogar wenn Juden bereits in den 1920er und frühen 1930er Jahren in großer Zahl, was siedlungsgeographisch und ökonomisch allerdings unmöglich gewesen wäre, in Palästina eingewandert wären, hätte das den Massenmord an den Juden nicht verhindern können. Dass der Jischuw, die jüdische Gemeinschaft in Palästina, den Zweiten Weltkrieg überstand, ist allein dem Umstand zu verdanken, dass General Montgomery das deutsche Afrikakorps unter Rommel 1942 bei El Alamein zum

Stehen brachte. Die historische Forschung konnte inzwischen nachweisen, dass 1941 in Athen bereits die ersten Vorauskommandos der SS stationiert waren, um den jüdischen Einwohnern Palästinas dasselbe Schicksal zu bereiten wie den Juden Europas. Daher gilt: Der Staat Israel ist weder die Folge des Holocaust, noch hätte er ihn verhindern können. Nach dem Zweiten Weltkrieg riefen die Vereinten Nationen den Staat Israel völkerrechtlich legitim mit dem Teilungsplan von 1947 ins Leben, um am Vorabend des Kalten Krieges einen absehbaren Krisenherd zu entschärfen.

Die blutigen und bewaffneten Auseinandersetzungen zwischen Arabern und Juden im britischen Palästina hatten ihre Ursachen im zionistischen Siedlungsprojekt und dann im zunehmend hasserfüllten Konflikt zweier Nationalbewegungen, nicht aber in der nationalsozialistischen Politik gegenüber den Juden bis 1939. Äußerungen wie die, »... dass Judenpogrome, Holocaust und Massenflucht Deutschland zurechenbar und eine conditio sine qua non für die nachfolgenden Verwerfungen in Palästina sind«, sind zwar wohlmeinend, aber falsch. Unter Historikern besteht inzwischen Konsens darüber, dass der Auslöser, keineswegs aber die Ursache der palästinensischen Tragödie seit 1948 der Unwillen der arabischen Nachbarn des neu gegründeten Staates Israel war, die Teilung Palästinas hinzunehmen, und sie dies mit dem öffentlich bekundeten Bestreben verbanden, den neu entstehenden Staat mit einem Krieg auszulöschen. Infolge der Kriegshandlungen kam es dann, wie nicht zuletzt der israelische Historiker Benny Morris belegt hat, zur Vertreibung von etwa 700 000 palästinensischen Arabern durch die israelische Armee. Auf jeden Fall: Die teils militärisch für notwendig erachteten, teils fatalen strategischen Entscheidungen

Die Entstehung des Staates Israel begann damit, dass Großbritannien im April 1947 seine Mandatsverpflichtung für Palästina an die Vereinten Nationen übergab. Am 29. November empfahl die Generalversammlung der UN die Teilung Palästinas in zwei etwa gleich große Staatsgebiete, ein arabisches und ein jüdisches. Jerusalem sollte internationalisiert werden. Der Teilungsplan konnte jedoch nicht umgesetzt werden, weil noch am selben Tag Kämpfe zwischen Arabern und Juden ausbrachen. Die Briten verweigerten daraufhin der Teilungskommission der UN die Einreise und versuchten, die Auseinandersetzungen zu verhindern. Allerdings kündigten sie für Mitte Mai den Abzug ihrer Truppen an. Im April verschärft sich daher der unerklärte Krieg zwischen jüdischen und palästinensischen Kämpfern sowie den Briten. Am 14. Mai ziehen die letzten britischen Truppen ab, und Ben Gurion ruft den souveränen Staat Israel aus, der umgehend von den USA und der Sowjetunion anerkannt wird. Zugleich gehen die arabischen Nachbarstaaten gegen den neuen Staat militärisch vor. In dem nun folgenden Krieg besetzen die Israelis das gesamte ehemalige Mandatsgebiet Palästina bis auf den Gazastreifen und das Westjordanland.

Ben Gurion verkündet die Unabhängigkeit Israels am 14. Mai 1948

der damaligen israelischen Regierung unter Ben Gurion, die zu dieser Vertreibung geführt haben, sind beim besten Willen nicht Deutschland zurechenbar. Auch die für eine Staatsgründung erforderliche Schwungmasse an Menschen gewann der neu gegründete jüdische Staat weniger aus Überlebenden des Holocaust – zwischen 1945 und der Staatsgründung waren dies etwa siebzigtausend Menschen – als aus den nach der Staatsgründung aus arabischen Ländern vertriebenen Juden, alles in allem etwa 650 000 Menschen. Historisch begründen lässt sich allenfalls, dass es der Eindruck der Massenvernichtung war, der die zionistische Weltorganisation 1942 in ihrem Biltmore-Programm dazu brachte, ein klares und eindeutiges Votum für eine Staatsgründung auf dem Territorium ganz Palästinas abzugeben. Nachweisen lässt sich auch, dass die Agitation zionistischer Politiker wie die Ben Gurions und die Aktivitäten der zionistischen Fluchthilfeorganisation »Breicha« in den Lagern für »displaced persons« – meist Holocaustüberlebende – auf deutschem Boden erheblichen Druck auf die internationale Öffentlichkeit vor der entscheidenden UN-Sitzung im November 1947 ausübten. Aus alledem folgt aber nur, dass es ohne den Zweiten Weltkrieg nicht zur Gründung der Vereinten Nationen gekommen wäre und dass der Eindruck des von Deutschland zu verantwortenden Holocaust wenigstens viele westliche Staaten dazu brachte, dem Teilungsplan zuzustimmen. Diese moralischen Erwägungen aber waren gewiss nicht das Motiv der unter Stalin immer deutlicher judenfeindlichen Sowjetunion und der von ihr dominierten Staaten, eines Machtblocks, ohne dessen Zustimmung es in den UN kaum zu einer Mehrheit zugunsten der Teilung Palästinas gekommen wäre. Moskaus Befürwortung der Staatsgründung folgte allein dem Kalkül, dem damals im Mittleren Osten herrschenden britischen »Imperialismus« mit einem sozialistischen Judenstaat einen strategischen Brückenkopf entgegenzusetzen. Dass es der Sowjetunion damit völlig ernst war, erhellt auch daraus, dass sich der militärische Erfolg Israels im Sommer 1948 nicht zuletzt erheblichen Waffen- und Flugzeuglieferungen aus der Tschechoslowakei verdankt.

Der israelische Unabhängigkeitskrieg, die Reaktion auf den Angriff fünf arabischer Staaten, war – wie zumal die neuere israelische Forschung zeigen konnte – nicht der Kampf eines David gegen fünf Goliathe, sondern ein Krieg, in dem sich die weitaus besser ausgebildete, bewaffnete und motivierte israelische Armee gegen arabische Armeen behauptete, denen es – mit Ausnahme der transjordanischen, von Briten geführten »Arabischen Legion« – an jeder militärischen Professionalität fehlte. Der Krieg mit der Arabischen Legion war indes ein – wenn auch blutiger – Scheinkrieg: Hinter den Kulissen wurden bereits diplomatische Verhandlungen zwischen Israel und Transjordanien über die Aufteilung des ehemaligen britischen Mandatsgebiets geführt. Der völkerrechtlich illegitime Angriff der fünf arabischen Staaten bot Israel die Chance, ein zusammenhängendes Staatsgebiet zu erobern, siebenhunderttausend Palästinenser gezielt zu vertreiben, sich deren Eigentum an Boden sowie anderer Habe zu bemächtigen und diese Vertreibung durch ein Rückkehrverbot zu besiegeln. Die Gründung des Staates Israel bedeutete zugleich das Ende der jahrtausendealten Existenz von Juden in den orientalischen Ländern. Denn teils infolge von Racheakten und judenfeindlichen Repressalien in den arabischen Staaten von Marokko bis in den Irak, teils aus begründeter Angst vor Verfolgung verließen hunderttausende arabischer Juden ihre Heimatländer, um in den neu gegründeten Staat Israel einzuwandern. Eine paradoxe Konstellation: Die Juden Ost- und Ostmitteleuropas, für die die Gründung des zionistischen Staates eigentlich gedacht war, wurden bis auf wenige Ausnahmen von den deutschen Nationalsozialisten und ihren europäischen Kollaborateuren ermordet, während die arabischen Juden, unter denen der Zionismus alles in allem keine große Rolle gespielt hatte, zum demographischen Fundament des neu gegründeten Staates wurden.

Den Juden in der Diaspora jedoch, die sechs Millionen Tote zu betrauern hatten, erschien die Entstehung des Staates als ein Wunder, und oft wurde die Entstehung Israels nach einem theologischen Deutungsmuster verstanden: Tod und Auferstehung.

Seit seiner ersten Gründung hatte der Staat Israel immer wieder Kriege zu führen, zunächst 1956, als sich David Ben Gurion dazu entschloss, sich an dem Krieg Großbritanniens und Frankreichs gegen Ägypten, das den Suezkanal verstaatlicht hatte, zu beteiligen, um terroristische Angriffe auf den Süden des Landes zu verhindern. Elf Jahre später, im Juni 1967, führte Israel dann noch einmal Krieg, diesmal, um die Bedrohung seiner Versorgungswege durch die ägyptische Sperrung des Roten Meeres zu beenden und um einen Angriff Ägyptens, Syriens und Jordaniens zuvorzukommen, der von einer mörderischen Propaganda der arabischen Straße vorbereitet wurde. Der glanzvolle Sieg in nur fünf Tagen ließ Israel die ganze Sinaihalbinsel, die syrischen Golanhöhen sowie das gesamte Westjordanland erobern; nur einen Teil dieser eroberten Gebiete, die Sinaihalbinsel, musste es nach dem Jom-Kippur-Krieg des Jahres 1972 wieder zurückgeben. 1967 wurde Israel mit der Eroberung dieser Gebiete faktisch ein zweites Mal gegründet.

Zwischen der ersten Staatsgründung und dem Junikrieg vergingen neunzehn Jahre, seit der Eroberung des Westjordanlands sind inzwischen mehr als vierzig Jahre vergangen, und es ist eine historische Situation entstanden, in der im eroberten Westjordanland dreihunderttausend Siedler leben, von denen niemand weiß, wie und warum sie diese Gebiete jemals wieder verlassen sollten. Die vorliegende geschichtliche Darstellung bricht jedoch mit dem Hinweis auf die zweite Gründung Israels 1967 bewusst ab; die verwickelte und komplexe Geschichte des Palästinakonflikts ist zu umfänglich, um sie in eine kurze Weltgeschichte des Judentums einzupassen.

Heute, mehr als sechzig Jahre nach seiner Gründung, stellt Israel für die überwiegende Mehrzahl der Juden in der Diaspora ein starkes, identitätsbildendes Element dar, das umso stärker wirkt, je geringer ihre Bereitschaft ist, selbst dort zu leben.

Das in der Bibel verheißene »Land Israel«, »Erez Israel«, ist für den jüdischen Glauben von unverzichtbarer Bedeutung. Schon die Rabbinen der späten Antike diskutierten heftig über das Verhältnis von Land Israel und Erfüllung der Mitzwoth, der religiösen Pflichten. Da jedoch weder die Autoren des Tenach noch die Stimmen des Talmud einen Begriff vom modernen Nationalstaat hatten, verbietet sich jeder Versuch, die Geschichte des Zionismus und der Entstehung des Staates Israel in theologische Kategorien zu fassen oder gar als Ereignis einer Heilsgeschichte zu sehen.

Ausblick

Die Schoah und die Zukunft von Juden in Deutschland

Kaum je wurde eine Gruppe von Menschen mehr zum Opfer der Geschichte als die Juden in der Schoah, wie das hebräische Wort für Holocaust heißt. Doch anders als Hannah Arendt vor allem in ihrem berühmt-berüchtigten Buch *Eichmann in Jerusalem* meinte, wurden die Juden Europas weder von schwachen, kompromisslerischen Funktionären zur Wehrlosigkeit oder zum opportunistischen Mittun verleitet, noch ließen sie sich – wie manche selbstgerechten Ideologen glaubten – wie Schafe zur Schlachtbank führen. Vielmehr widerstanden sie in den Formen, die ihnen als durchschnittlichen Menschen des zwanzigsten Jahrhunderts aus den bürgerlichen Gesellschaften Deutschlands und Österreichs, aus der noch stark agrarisch bestimmten Gesellschaft Polens oder aus der totalitär regierten Sowjetunion offenstanden. Sie widerstanden, indem sie wie Anne Frank oder Etty Hillesum Bücher und Tagebücher schrieben, sie widerstanden, indem sie wie die Partisanen von Wilna unter ihrem Kommandanten Abba Kowner oder wie die in Weißrussland überlebenden Brüder Bielski in die Wälder gingen und Wehrmacht und SS bekämpften, sie widerstanden, indem viele von ihnen auf republikanischer Seite am Spanischen Bürgerkrieg teilnahmen; sie widerstanden, indem sie sich im Lager und während der Deportation um Freunde und Angehörige kümmerten, sie widerstanden wie die aus Ungarn stammende junge Frau Chana Szenesz, die 1943 als Fallschirmspringerin über Ungarn absprang, um Juden zu retten, sie widerstanden ohne jede Aussicht auf militärischen Erfolg beim Aufstand im Warschauer Ghetto, und sie widerstanden sogar dort, wo ihre Würde am stärksten gefährdet war, indem sie versuchten, den Vernichtungslagern zu entfliehen, sich im Lager politisch organisierten oder sogar, wie die Angehörigen

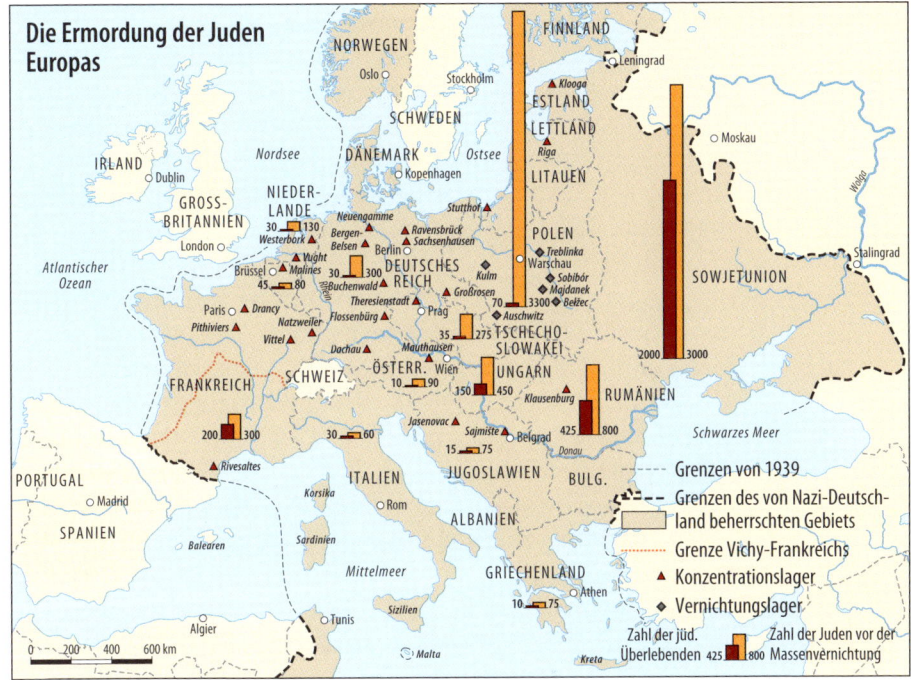

Die Ermordung der Juden Europas

Legende:
- Grenzen von 1939 (- - -)
- Grenzen des von Nazi-Deutschland beherrschten Gebiets
- Grenze Vichy-Frankreichs
- ▲ Konzentrationslager
- ◆ Vernichtungslager
- Zahl der jüd. Überlebenden / Zahl der Juden vor der Massenvernichtung

des Sonderkommandos in Auschwitz-Birkenau, einen Aufstand planten. Andere wollten Zeugen sein, sie fotografierten heimlich den Mord und das Grauen und schrieben Berichte, die sie in Flaschen und Konserven vergruben – eine Flaschenpost, die nach ihrem Tod die Nachwelt über ihr Leiden aufklären würde. Aber ein solches Widerstehen in Tod und Vernichtung schreibt noch keine Geschichte, sondern allenfalls einzelne Ruhmesblätter. Geschichte, das ist etwas, was geschieht oder aktiv betrieben wird und reale Folgen hat. In diesem Sinn aber ist die Schoah kein Teil der jüdischen, sondern vor allem der deutschen und darüber hinaus in gewissem Maße auch der europäischen Geschichte.

Geschichte oder doch das Schreiben oder Erzählen von Geschichte folgt Deutungsmustern, und ein solches Deutungsmuster ist das religiös-mythische Deutungsmuster vom Phönix aus der Asche – von der Ausrufung des Staates Israel im Mai 1948 nach dem tödlichen Ende des europäischen Judentums mit sechs Millionen Toten.

Doch könnte nichts falscher sein, als gegen solche Geschichtsmythen bei der Feststellung stehenzubleiben, dass die Toten tot sind und der Zionismus, der zur Gründung des Staates Israel führte, die Katastrophe der europäischen Juden zu keiner Zeit hätte verhindern können. Vielmehr ist die Frage zu stellen, wie nach der traumatischen Katastrophe der Schoah die weitere Existenz von Juden in Europa, gar in Deutschland, möglich ist.

Klezmermusik ist heute die auch unter Nichtjuden beliebteste Form jüdischer Kultur nicht nur in Deutschland. Wenn Joel Rubin, Koautor eines Buches über Klezmermusik, recht hat, dann ist Klezmermusik eine politische Bewegung, der »*Versuch, eine von Israel getrennte, eigene ethnische Identität zu schaffen und gleichzeitig die Vorstellung von der Schoah als Zentrum der jüdischen Geschichte abzustreifen.*« Dass es sich dabei nur um einen von Juden zu unternehmenden Versuch handeln kann, liegt auf der Hand.

Und doch mag man sich fragen, warum Klezmermusik sich gegenwärtig weltweit so großer Beliebtheit erfreut, und man mag den Argwohn hegen, dass das mit der allgemeinen Sehnsucht nach einer Wiederbelebung dessen zu tun hat, was durch das nationalsozialistische Deutschland vernichtet wurde. Juden in Deutschland, Nachkommen deutscher Juden zumal, sind vom Boom der Klezmermusik nicht immer begeistert. Sie können zu Recht darauf hinweisen, dass ihre musikalische Tradition eine gänzlich andere ist – nämlich die der spätromantischen Synagogalmusik von Sulzer und Lewandowski, der späten Werke von Bernard Sekles und Matyas Seyber etwa. Und dennoch: Dass Klezmermusik heute hierzulande beinahe zur Leitmusik eines multikulturellen Gesellschaftsprojekts geworden ist, das auch das hiesige Judentum und die hiesige Judenheit nicht unberührt lässt, ist kaum zu bezweifeln.

Die Renaissance der Klezmermusik konvergiert in eigenartiger Weise mit den Such- und Selbstverständigungsprozessen von Juden in aller Welt, nicht nur in Deutschland.

Klezmer oder Klesmermusik ist die in Jahrhunderten entwickelte weltliche Festmusik der aschkenasischen Juden. Charakteristisch für sie ist die melodiöse Nachahmung der menschlichen Stimme, etwa mit Geige oder Klarinette. Etwa um 1970 begann in den USA das Revival der Klezmermusik.

Mit dem Abschluss eines Vertrages zwischen der Bundesrepublik Deutschland und dem Zentralrat der Juden in Deutschland im Jahre 2002 und der gemeinsamen Einweihung der neuen Wuppertaler Synagoge durch den israelischen Staatspräsidenten Katzaw und Bundespräsident Rau ist das deutsche Nachkriegsjudentum von sich

Der Klezmermusiker Giora Feidman 2007 in Deutschland

selbst, dem deutschen, aber auch dem israelischen Staat anerkannt worden. Es gilt nicht mehr, dass Juden in Deutschland eigentlich nicht mehr leben dürften. Für die in Deutschland lebenden Juden stehen seitdem nicht nur die inneren Probleme ihrer Gemeinden – die Integration der russischen Immigranten sowie der Ausgleich zwischen liberalen und orthodoxen Strömungen – auf der Tagesordnung; unausweichlich stellt sich für die einzelnen Jüdinnen und Juden die Frage, ob man sich weiterhin als fleischgewordenes Denkmal des Holocaust oder als kulturell kreative Minderheit verstehen will. Dieser jüdische Selbstfindungsprozess findet in einer deutschen Gesellschaft statt, die ihrerseits dabei ist, die deutsche Nation von einer ethnischen Abstammungsgemeinschaft zu einer multikulturellen Staatsbürgernation umzuformen.

In der Auseinandersetzung über die jüdische Zukunft in Europa konkurrieren derzeit zwei Lehrmeinungen. Die italienisch-amerikanische, in Frankreich lebende Politologin Diana Pinto verbreitet in Vorträgen und Aufsätzen die Botschaft eines Europa, das erstmals jüdische Erfahrungen und Kultur zu seiner eigenen Angelegenheit macht und damit eine jüdische Renaissance auch jenseits von Israel und den USA ermöglicht. Demgegenüber vertritt der Oxforder Historiker Bernard Wasserstein in seinem Buch *Europa ohne Juden* die pessimistische These, dass der Aderlass der Massenvernichtung sowie die unaufhörliche Zunahme interkonfessioneller Ehen zu einem absehbaren demographischen Ende des Judentums in Europa führen werden. Während Pinto jenen Traum noch einmal träumt, den die assimilierten französischen, britischen und deutschen Juden zwischen 1850 und 1933 träumten, den Traum einer jüdisch inspirierten universalistischen Kultur, kann Wasserstein auf die Härte seiner unbestreitbaren demographischen Extrapolationen pochen.

Es scheint, als befinde sich das Judentum heute, weit über sechzig Jahre nach dem Ende des Zweiten Weltkrieges und der Massenvernichtung sowie gut sechzig Jahre nach der Gründung des Staates Israel, in einer Phase dramatischer Veränderungen – auf dem Wege vom Zionismus zum Postzionismus. Postzionismus aber heißt, den Zionismus als historisch mehr oder minder abgeschlossene Epoche zu betrachten.

Dieser Gedanke einte zunächst eine Reihe jüngerer israelischer Historiker. Dieser in sich durchaus heterogenen Gruppe war bei allen Unterschieden eines gemeinsam: dass sie den Glauben ablehnen, der Staat Israel sei das notwendige und logische Ergebnis der jüdischen Geschichte in der Neuzeit. Zudem vertreten die meisten von ihnen die Auffassung, dass ein erheblicher Teil der seit 1948 geflüchteten Araber dies aufgrund gezielter militärischer Aktionen von Truppen des Jischuw taten, und rühren damit an den israelischen Gründungsmythos. Postzionismus ist im heutigen Israel allen Wahlergebnissen zum Trotz darüber hinaus eine kulturelle Befindlichkeit, ein mehr oder minder offenes, mehr oder minder stolzes Bekenntnis zu den kulturellen Wurzeln, genauer, zur hebräischen Sprache, die sich über die Brüchigkeit politischer, ethnischer und nationaler Organisationsformen hinweg als wahre Heimat des Judentums erweist. Wenn etwa die nicht nur in Deutschland so erfolgreiche israelische Autorin Zeruya Shalev in ihren ganz und gar unpolitischen Romanen, die von sexuellen Obsessionen und missglückten Ehen handeln, an entscheidender Stelle, dort wo es um das Allerprivateste, die erotische Beziehung zwischen Mann und Frau geht, über Seiten die Bibel zitiert oder wenn die lange Zeit in Berlin forschende Historikerin Fania Oz-Salzberger über die wahre Heimat der im Ausland lebenden Israelis spekuliert, dann wird deutlich, dass Land und Staat Israel sogar in den Augen ihrer jüdischen Bürger geistig an Bedeutung verlieren. »*Sie sind nicht*«, so Oz-Salzberger über Israelis in Berlin, »*in eine neue Welt, in eine entlegene Kolonie ausgewandert, sondern in den Schmelztiegel, dem wir entstammen: in das Zentrum der Welt, die einmal war und nicht mehr ist. Ihre und ihrer Kinder ererbte Kunst wird die Kunst des Nichtvergessens sein.«*

Postzionismus, das bedeutet heute für die jüdische Bevölkerung Israels und damit in absehbarer Zeit auch die der Diaspora die sich kulturell und darüber auch politisch allmählich vollziehende Abkehr von der Zentrierung auf Staat und Land Israel. Israel erscheint dagegen immer deutlicher als das, was es in der Geschichte des Judentums immer gewesen ist: als ein Unterpfand von Gottes Treue und Objekt der Sehnsucht. Der um die Jahrhundertwende wirkende 1929 gestorbene deutsch-jüdische Philosoph Franz Rosenzweig hat dieser Auffassung in seinem Buch *Der Stern der Erlösung* ihren prägnantesten Ausdruck verliehen, als er über das Verhältnis des jüdischen Volkes zum Land Israel schrieb:

»Das Land ist ihm im tiefsten Sinn eigen eben nur als Land seiner Sehnsucht, als – heiliges Land. Und darum wird ihm sogar, wenn es daheim ist, wiederum anders als allen Völkern der Erde, dies volle Eigentum seiner Heimat bestritten: ... die Heiligkeit des Landes ... steigert seine Sehnsucht nach dem Verlorenen ins Unendliche und lässt es hinfürder in keinem anderen Land mehr ganz heimisch werden.«

Die hebräische Sprache aber war für Rosenzweig zwar nicht mehr die Sprache des täglichen Lebens, *»und dennoch, wie schon ihr ständiges Hineinregieren in die Sprache des täglichen Lebens zeigt, alles andere als eine tote Sprache.«* In der Abkehr der hebräischen Sprache vom Alltag, in ihrer immer wieder auf Gott und den Gottesdienst verweisenden Heiligkeit, verspüren Juden die für sie bezeichnende Entfremdung von der Umgebung ihres Alltags. Man könnte auch sagen, dass jüdische Existenz als solche ganz und gar eine Existenz in und durch die Sprache ist. Judentum ist Sprache, oder noch prägnanter: Judentum, das ist Schrift. Das zumindest war und ist die Überzeugung einer Reihe frankophoner jüdischer Denker, von Emmanuel Levinas, Edmond Jabès und zuletzt Jacques Derrida, der in seiner mehrere hundert Seiten langen autobiographischen Fußnote »Zirkumfession« (ein Wortspiel, das die Begriffe »Circumcision«, also Beschneidung, und »Konfession«, das heißt Bekenntnis, verbindet) aus dem Jahre 1994 die ihm widerfahrene blutige Beschneidung, die »Brit Mila«, als Einschnitt, als Zeichen deutet, aus dem sich für ihn die Worte ergeben: »... *denn was, aber was sollte ich schließlich sein, wer bin ich, wenn ich nicht das bin, was ich bewohne und worin ich stattfinde? ... ›Ich bleibe also Jude‹, d. h. ich bleibe heute in dem, was in dieser Welt, in der jüdischen und der anderen, vom Judentum bleibt, in diesem Rest ...*«

Das Judentum, so könnte man zusammenfassen, ist eine Sprache, genauer eine Schrift, also ein historisch und kulturell überdeterminiertes Kommunikationssystem, das in seinem Kern eine unbedingte, die Würde des Nächsten in ihr Zentrum stellende Ethik aufweist. Es äußert sich empirisch in einer mal eher ethnisch, mal eher konfessionell gebundenen Alltagsfrömmigkeit, die sich heute wieder von Nation, Staat und Territorium abkehrt, um sich dem zuzuwenden, worum es jedenfalls dem rabbinischen Judentum immer ging: einer Tora, der göttlichen Weisung als Weg zum Leben.

Lassen sich, so ist abschließend zu fragen, die Elemente eines postzionistischen Judentums überhaupt noch in eine bestimmte Lebensform kleiden oder wird das postzionistische Judentum neben einer äußerlichen, geographischen Zerstreuung auch noch eine innerliche Zerstreuung nie gekannter Art erleben?

Die Einwände gegen derlei Überlegungen liegen auf der Hand. Geistesgeschichtlich Bewanderte mögen bei dem Zitieren postmoderner Denker unruhig geworden sein und sich gefragt haben, was derlei verquere Überlegungen mit den höchst konkreten Fakten von radikalislamistischen Selbstmordanschlägen, der weiterhin wachsenden Rate interkonfessioneller Ehen, den Versorgungs- und Integrationsproblemen russisch-jüdischer Immigranten, dem hassgeprägten Nebeneinander jüdischer und islamischer Franzosen nordafrikanischer Herkunft sowie dem durchaus nachwirkenden Verfolgungstrauma junger Juden zu tun haben. Ganz zu schweigen von der Holocaustleugnung des iranischen Präsidenten Ahmadinedjad, seinem Wunsch, den Staat Israel auszulöschen, und seinem Willen, den Iran nuklear zu bewaffnen. Oder mit der demographischen Entwicklung, die das europäische Judentum in seinem Bevölkerungsstand bedroht.

Demographisch stellt Deutschland mit seiner relativ rasch wachsenden jüdischen Gemeinschaft eine Ausnahme dar. Allerdings: Bezogen auf Europa im Ganzen handelt es sich dabei um keine echte demographische Zunahme, sondern lediglich um Wanderungsgewinne. Juden, die vorher in Russland lebten, leben jetzt einfach in Deutschland. Eine demographische Zunahme des Judentums kann, jedenfalls in Europa und Nordamerika, nur noch aus der Konversion resultieren. Auch hierum geht es bei den Konflikten zwischen liberalen und orthodoxen Juden. Während die Liberalen neben liturgischen Reformen und der Emanzipation von Frauen im Gottesdienst die Erleichterung von Übertritten zumal von nichtjüdischen Ehepartnern befürworten, beharren die Orthodoxen aus Angst vor einer Verwässerung der jüdischen Substanz strikt auf innerjüdischen Ehen und dem biblischen Gebot, sich zu mehren.

Mit alledem ist freilich nur wenig über die künftige Entwicklung einer jüdischen Kultur in Europa, zumal in Deutschland, gesagt. Die deutsche Situation zeichnet sich etwa noch immer dadurch aus, dass der jüdischen Kultur entweder etwas vermeintlich unaufhebbar Museales oder das Zeichen des Epigonalen anhaftet. Nachdem die deutsche Nation sich während des Nationalsozialismus aufs Brutalste ihrer Juden entledigt und darüber hinaus die Wurzeln und Blüten einer etwa anderthalb Jahrtausende alten Tradition ausgerissen hat, klafft hier eine schmerzliche Lücke, die durch bloße Erinnerungsarbeit nicht geschlossen werden kann. Jedoch würde es dem deutschen Judentum auch ohne den Aderlass von Entrechtung, Vertreibung und Vernichtung schwerfallen, das einstige Niveau und die einstige Intensität dessen wieder zu erreichen, was als deutsch-jüdische Symbiose bezeichnet wird und durch Namen von Dichtern und Schriftstellern wie Heinrich Heine, Rahel Varnhagen, Berthold Auerbach, Jakob Wassermann oder Kurt Tucholsky, dem Maler Lesser Ury und die Namen von Philosophen wie Hermann Cohen, Franz Rosenzweig, Martin Buber, Hannah Arendt und Walter Benjamin in seinem Reichtum und seiner Fülle nur unzureichend gekennzeichnet ist. Wie sollte sich die dezimierte Gruppe von Überlebenden und Entwurzelten, mit denen die Geschichte der Juden im Nachkriegsdeutschland wieder begann und denen diese Tradition meist völlig fremd war, zu ihr verhalten? Welche Chance hatten die Juden im Nachkriegsdeutschland überhaupt, ein kulturell artikuliertes Selbstverständnis zu entwickeln und damit auch einen Beitrag zur Kultur der Bundesrepublik zu leisten?

Nun kann eine schrumpfende Gruppe sowohl im Hinblick auf ihre eigene Geschichte als auch im Hinblick auf ihre Gesellschaft Exzellentes leisten. Aus dem literarischen, wissenschaftlichen und filmisch-dramatischen Werk der vor oder um 1920 geborenen deutschen Juden – etwa der Lyrikerin Hilde Domin, des Kritikers Marcel Reich-Ranicki, des Filmautors Peter Lilienthal, der Schriftsteller Wolfgang Hildesheimer und Edgar Hilsenrath, der Theaterregisseure Peter Zadek und George Tabori, der Philosophen Theodor W. Adorno und Max Horkheimer, Ernst Bloch und Ernst Tugendhat, des Historikers Arno Lustiger, des Soziologen Alphons Silbermann, des Publizisten Ralf Giordano und des Literaturwissenschaftlers Hans Mayer – ist die Erfahrung erzwungener Emigration und Verfolgung und der Vernichtung nächster Angehöriger nicht wegzudenken. Ihr Werk hat gleichwohl, ohne dass sie es in einen erklärten Zusammenhang mit ihrer jüdischen Existenz gestellt hätten, die öffentliche Kultur sowie die Kunst in der Bundesrepublik Deutschland nachhaltig geprägt.

Von ihren Werken könnte indes noch gelten, dass sie ein letzter Ausdruck der deutsch-jüdischen Kultur der Vorkriegszeit gewesen sind. Die nach dem Krieg vor allem in der Bundesrepublik entstandene jüdische Gemeinschaft hat mit dem Vorkriegsjudentum nichts mehr zu tun. In ihren Anfängen aus wenigen deutsch-jüdischen Überlebenden und zahlreicheren vor allem in die Westzonen versprengten polnisch-jüdischen Überlebenden der Vernichtungslager, sogenannten displaced persons, zusammengesetzt, war sie oft ohne jüdische Bildung oder stand in der Tradition des polnischen Judentums. Ihre Sprache war auch noch in Deutschland oft genug Jiddisch. Die Kinder dieser Generation waren es, die die erste originäre Welle jener Kultur schufen, die als Kultur der bundesrepublikanischen Juden gelten darf.

Die gemessen an ihrer Zahl geringfügige jüdische Minderheit im Westen Deutschlands hat die geschichtspolitischen Debatten der alten Bundesrepublik wesentlich mitbestimmt. Auch die wenigen bekennenden jüdischen Intellektuellen der DDR haben unter unvergleichlich härteren Bedingungen das Fortbestehen jüdischer Kultur bezeugt.

Die Generation der heute Fünfzig- bis Sechzigjährigen – Polemiker, Historiker und Soziologen, Regisseure, Schriftstellerinnen und Schriftsteller, Intellektuelle, Unterhaltungsautoren – zehrt von ihrem nonkonformistischen Blick auf ihr oft erstarrtes jüdisches Milieu sowie die von ihr als verlogen erfahrene deutsche Gesellschaft. Die Dreißig- bis Vierzigjährigen – Literaten und Journalisten, feministische Publizistinnen und Rabbinerinnen, Gelehrte, Universitätsprofessoren und Judaisten – sind heute dabei, im kritischen Blick auf die deutsch-jüdische Geschichte neue Fundamente zu legen. In der Auseinandersetzung mit der jüdischen Kultur der Weimarer Republik, der Judenfeindschaft des neunzehnten Jahrhunderts, dem »sokratischen Judentum« Moses Mendelssohns oder dem Wirken der ersten Rabbinerin der Welt, der 1935 ordinierten Regina Jonas, nehmen sie Traditionsfäden auf, die unwiderruflich zerrissen schienen, und verknüpfen sie mit jüdischer Gegenwart. Andere wiederum bemühen sich in Theorie und Praxis mit großem Erfolg um die Wiederbelebung jüdischer Musik.

Junge Autoren und Autorinnen aus der zweiten Generation russisch-jüdischer Einwanderer in die Bundesrepublik Deutschland legen die Grundsteine für ein neues deutsches Judentum und intonieren seine Leitmotive. Das im Entstehen begriffene neue deutsche Judentum rekrutiert sich vor allem aus Immigranten aus der ehemaligen Sowjetunion und steht so vor einer einzigartigen Aufgabe: ein zerstörtes und verlassenes Erbe, das des deutschen Judentums, anzutreten und es mit den ganz eigenen Erfahrungen einer teils säkularen, teils der Tradition entfremdeten jüdischen Gemeinschaft zu verbinden.

Das Denkmal für die ermordeten Juden Europas in Berlin. Das von Peter Eisenman entworfene Stelenfeld war lange umstritten, ist heute aber zum Touristenmagnet geworden.

Heute steht diese vielfältige Gemeinschaft vor der Herausforderung, unter Rückbesinnung und Neuinterpretation der vor allem religiösen Quellen des Judentums das Selbstverständnis der pluralistisch gewordenen Bundesrepublik mitzugestalten. Ohne die existentielle Beziehung zum Staat Israel aufzugeben, angesichts eines über Jahre und Generationen glücklicherweise nachlassenden Traumas und im nicht mehr ganz so unsicheren Bewusstsein, auch ohne ethnisches »Deutschtum« zur deutschen Gesellschaft zu gehören, bildet sich so ein Judentum heraus, dessen Form schon alleine deshalb nicht zu umreißen ist, weil sein größter Teil, die russischen Immigranten, ihre höchst eigentümlichen Erfahrungen noch kaum artikuliert haben. Wenn nicht alles täuscht, wird die Zukunft jüdischer Kultur in Deutschland und Europa auf der Schnittstelle des stets schmerzhaften Eingedenkens der unwiederbringlichen Verluste der Schoah mit dem Bewusstsein liegen, eine unter den vielen Stimmen ganz unterschiedlicher ethnischer und religiöser Gruppen in einer Immigrationsgesellschaft zu sein. Damit würde die jüdische Kultur auf einzigartige Weise die schuldhafte nationalsozialistische Vorgeschichte der Bundesrepublik mit ihrer hoffentlich liberalen und weltoffenen, wenn auch gewiss nicht konfliktfreien Zukunft verbinden.

Anhang

Literatur

Allgemein

H.H. Ben-Sasson (Hrsg.), *Geschichte des jüdischen Volkes*, Bände I–III, München 1980

E.-V. Kotowski, J.H. Schoeps u. H. Wallenborn (Hrsg.), *Handbuch zur Geschichte der Juden Europas*, Bände I u. II, Darmstadt 2001

Antike und Spätantike

H. Frankemölle, *Frühjudentum und Urchristentum.Vorgeschichte – Verlauf – Auswirkungen (4. Jahrhundert v. Chr. bis 4. Jahrhundert n. Chr.)*, Stuttgart 2006

J. Klausner, *Von Jesus zu Paulus*, Königstein 1980

G. Mayer, *Die jüdische Frau in der hellenistisch-römischen Antike*, Stuttgart 1987

P. Schäfer, *Geschichte der Juden in der Antike. Die Juden Palästinas von Alexander dem Großen bis zur arabischen Eroberung*, Stuttgart 1983

G. Stemberger, *Juden und Christen im Heiligen Land. Palästina unter Konstantin und Theodosius*, München 1987

Ders., *Das klassische Judentum. Kultur und Geschichte der rabbinischen Zeit*, München 2009

Z. Yavetz, *Judenfeindschaft in der Antike*, München 1997

Mittelalterliches Europa

K.H. Rengstorf/S. v. Kortzfleisch (Hrsg.), *Kirche und Synagoge. Handbuch zur Geschichte von Christen und Juden. Darstellung mit Quellen*, Bd. I, Stuttgart 1968; Bd. II, Stuttgart 1970

Islamische Welt

M.R. Cohen, *Unter Kreuz und Halbmond. Die Juden im Mittelalter*, München 2005

B. Lewis, *Die Juden in der islamischen Welt*, München 1987

Renaissance, Reformation und Barock

H.A. Oberman, *Wurzeln des Antisemitismus. Christenangst und Judenplage im Zeitalter von Humanismus und Reformation*, Berlin 1981

P. v.d. Osten-Sacken, *Martin Luther und die Juden*, Stuttgart 2002

G. Scholem, *Sabbatai Zwi. Der mystische Messias*, Frankfurt am Main 1992

S. Wiesenthal, *Segel der Hoffnung. Christoph Kolumbus auf der Suche nach dem gelobten Land*, Berlin 1991

Aufklärung und bürgerliche Revolution

H.M. Graupe, *Die Entstehung des modernen Judentums. Geistesgeschichte der deutschen Juden 1650–1942*, Hamburg 1969

M. Kaplan (Hrsg.), *Geschichte des jüdischen Alltags in Deutschland. Vom 17. Jahrhundert bis 1945*, München 2003

J. Katz, *Aus dem Ghetto in die bürgerliche Gesellschaft. Jüdische Emanzipation 1770–1870*, Frankfurt am Main 1986

M.A. Meyer, *Antwort auf die Moderne. Geschichte der Reformbewegung im Judentum*, Wien 2000

K. Schneider, *Judentum und Modernisierung. Ein deutsch-amerikanischer Vergleich 1870–1920*, Frankfurt am Main/New York 2005

C. Schulte, *Die jüdische Aufklärung*, München 2002

Chassidismus und Jiddischismus, Sozialismus und Migration

S. Dubnow, *Geschichte des Chassidismus*, zwei Bände, Königstein 1982

J.L. Laikin, *150 Jahre Einsamkeit. Die Geschichte der Juden in Lateinamerika*, Hamburg 1996

H. Haumann, *Geschichte der Ostjuden*, München 1998

A. Hertzberg, *Shalom Amerika. Die Geschichte der Juden in der Neuen Welt*, München 1992

A. Lustiger, *Rotbuch. Stalin und die Juden*, Berlin 1998

J. Slezkine, *Das jüdische Jahrhundert*, Göttingen 2006

E. Traverso, *»Die Juden, der Sozialismus und die Arbeiterbewegung«*, in: E.V. Kotowski u.a. (Hrsg.), *Geschichte der Juden in Europa*, Bd. II, Darmstadt 2001, S. 460–470

Antisemitismus

H. Berding, *Moderner Antisemitismus in Deutschland*, Frankfurt am Main 1988

L. Poliakov, *Geschichte des Antisemitismus*, Bände I–VIII, Worms /Frankfurt am Main 1977–1988

S. Volkov, *Jüdisches Leben und Antisemitismus im 19. und 20. Jahrhundert*, München 1990

M.F. Zumbini, »Die Wurzeln des Bösen. Gründerjahre des Antisemitismus«: *Von der Bismarckzeit zu Hitler*, Frankfurt am Main 2003

Schoah

R. Hilberg, *Die Vernichtung der europäischen Juden*, Bände I–III, Frankfurt am Main 1990

S. Friedländer, *Das Dritte Reich und die Juden. Die Jahre der Verfolgung 1933–1939*, München 1998

S. Friedländer, *Die Jahre der Vernichtung. Das Dritte Reich und die Juden 1939–1945*, München 2006

Zionismus und Entstehung des Staates Israel

A. Elon, Theodor Herzl. Eine Biographie, Wien 1979

G. Krämer, *Geschichte Palästinas*, München 2002

W. Laqueur, *Der Weg zum Staat Israel. Geschichte des Zionismus*, Wien 1972

T. Segev, *1967. Israels zweite Geburt*, München 2005

Ders., *Die ersten Israelis. Die Anfänge des jüdischen Staates*, München 2008

Bundesrepublik Deutschland

A.D. Kanders, *Unmögliche Heimat. Eine deutsch-jüdische Geschichte der Bundesrepublik*, München 2007

Zeittafel

587 v. Chr.	Der babylonische König Nebukadnezar zerstört Jerusalem und lässt die Oberschicht der Israeliten zwangsweise nach Babylon umsiedeln (Babylonisches Exil).
Mitte des 6. Jhs. v. Chr.	Im babylonischen Exil entstehen wichtige Teile der Bibel, z.T. als Redaktion aus älterer Zeit überlieferter Texte, zum Teil als neue Geschichtswerke und theologische Schriften.
538 v. Chr.	Die Perser unter Kyros II. erobern Babylon. Beginn der Rückwanderung von Israeliten nach Judäa
520–515 v. Chr.	Wiedererrichtung des Jerusalemer Tempels
445 v. Chr.	Der Perserkönig Artaxerxes I. entsendet Nehemia nach Jerusalem, der dort eine autonome Provinzverwaltung mit dem Tempel als Mittelpunkt errichtet.
um 400 v. Chr.	Esra ordnet das jüdische Leben nach den Gesetzen der Tora; Heiratsverbot gegenüber Nichtjuden. Eigentliche Begründung des Judentums. Abspaltung der Samaritaner
332 v. Chr.	Alexander d. Gr. erobert Judäa.
320 v. Chr.	Judäa fällt mit dem übrigen Palästina an die in Alexandria residierende Diadochendynastie der Ptolemäer. Beginn des hellenistischen Einflusses
3. Jahrhundert v. Chr.	Blühende jüdische Kultur in Alexandria; Entstehung der griechischen Bibelübersetzung der Septuaginta

200 v Chr.	Eroberung Judäas durch den Seleukidenherrscher Antiochos III.; verstärkte Hellenisierung, u.a. Errichtung eines Gymnasion in Jerusalem
167 v. Chr.	Nachdem Antiochos IV. den jüdischen Kult verboten und den Tempel in einen Zeustempel umgewandelt hat, bricht der Makkabäeraufstand gegen die Seleukidenherrschaft aus, der gleichzeitig ein innerjüdischer Bürgerkrieg ist.
142 v. Chr.	Errichtung eines unabhängigen jüdischen Staats unter der Führung der Hasmonäer
63 v. Chr.	Pompeius erobert Syrien und macht den Staat von Jerusalem zu einem abhängigen Klientelkönigtum.
um 50 v. Chr.	Seit Cäsar ist die religiöse Sonderstellung der Juden im ganzen römischen Reich anerkannt und geschützt.
40–4 v. Chr.	Herodes d. Gr. herrscht mit Billigung Roms in Judäa. Erweiterung des Tempels.
6 n. Chr.	Judäa wird von Augustus der römischen Provinz Syrien zugeschlagen, behält aber eine innere Autonomie.
19	Tiberius weist vorübergehend die Juden aus Rom aus.
um 30	Jesus von Nazareth, den manche Juden für den Messias halten, wird gekreuzigt.
50	Erneute Ausweisung der Juden aus Rom unter Claudius
66	Jüdischer Aufstand in Judäa gegen die römische Herrschaft
70	Titus, der Sohn Kaiser Vespasians, erobert Jerusalem; Plünderung des Tempels. Judäa wird endgültig eine römische Provinz.
115–117	Aufstandsbewegung der Diasporajuden in Ägypten, in der Cyrenaika, auf Zypern, in Babylonien und Palästina. Sie wird gewaltsam niedergeschlagen; in Alexandria zahlt die jüdische Bevölkerung einen hohen Blutzoll.

132–135/36	Bar-Kochba-Aufstand in Judäa gegen den Plan Kaiser Hadrians, Jerusalem zu einer römischen Kolonie zu machen. Der Aufstand führt zur Zerschlagung aller jüdischen politischen Strukturen in Judäa. Fortan ist von dem vormals weitgehend jüdisch besiedelten Gebiet nur noch als Palästina die Rede. Die religiöse Sonderstellung der Juden im römischen Reich bleibt unangetastet.
325	Mit dem Konzil von Nicäa, das die uneingeschränkte Göttlichkeit Jesu festlegt, grenzt sich die christliche Kirche endgültig vom Judentum ab.
380	Kaiser Theodosius II. macht das Christentum zur Staatsreligion des Römischen Reichs. Das Judentum wird geduldet, doch die Konversion zum Judentum wird untersagt und Rechte von Juden werden eingeschränkt.
430	Todesjahr des wichtigsten westlichen Kirchenlehrers Augustinus, für den die Juden wegen der Strafe der Zerstreuung den lebenden Beweis für die Wahrheit des Christentums darstellen.
528–534	Im *Corpus iuris* Justinians werden die – minderen – Rechte der Juden in einer lange Zeit verbindlichen Form geregelt.
590–604	Papst Gregor der Große versucht, die Sicherheit der Juden zu garantieren und meint, sie durch milde Behandlung bekehren zu können.
9.–11. Jahrhundert	Die karolingischen, ottonischen und salischen Kaiser schützen die Juden; vor allem am Oberrhein entwickelt sich eine reiche jüdische Kultur.
11.–12. Jahrhundert	Blütezeit der jüdischen Kultur im maurischen Spanien
1096	Vor dem ersten Kreuzzug kommt es zu Judenpogromen vor allem am Oberrhein. Solche Pogrome wiederholen sich während der gesamten Kreuzzugszeit.

12.–13. Jahrhundert	In ganz Westeuropa beginnen die Städte sich selbst zu verwalten. Juden sind von der Stadtregierung ausgeschlossen.
1290	Ausweisung der Juden aus England
1394	Ausweisung der Juden aus Frankreich
seit etwa 1350	Massenhafte Auswanderung deutscher, »aschkenasischer«, Juden ins polnisch-litauische Großreich
15. Jahrhundert	Nach der Eroberung des Großteils der iberischen Halbinsel durch die christlichen Herrscher konvertieren viele Juden zum Christentum; die kirchliche Inquisition misstraut der Ehrlichkeit der Konversionen und verfolgt viele »Conversos« nur wegen ihrer jüdischen Herkunft.
1492	Vertreibung der Juden aus Spanien. Die meisten der Vertriebenen lassen sich im Osmanischen Reich nieder, andere »Marranen« gelangen nach Holland, London oder Hamburg.
1543	Luther, enttäuscht davon, dass die Juden sich nicht seiner Reformation anschließen wollen, hetzt gegen sie in seiner Schrift *Von den Jüden und ihren Lügen*.
um 1600	Rabbi Löw wirkt in Prag.
17. Jahrhundert	Blütezeit der marranischen Kultur in Holland. Wirken Spinozas
um 1650	Cromwell lässt die Juden in England wieder zu.
1665	Sabbatai Zwi erklärt sich zum Messias. Allenthalben in Europa sind Juden bereit, ihm zu folgen.
2. Hälfte des 18. Jahrhunderts	Mit dem Wirken Moses Mendelssohns erreicht die Haskala, die jüdische Aufklärung, ihren ersten Höhepunkt. 1779 verfasst Mendelssohns Freund Lessing das Drama *Nathan der Weise*, in dem er die Toleranz zwischen Christen, Juden und Muslimen zum Ziel erklärt.

	Etwa zu selben Zeit entsteht die chassidische Mystik.
1786	Einrichtung des Ansiedlungsrayons für Juden im Westen Russlands: Bis auf Ausnahmen durften Juden nur innerhalb des Rayons leben. Hier entwickelt sich die »Schtetl«-Kultur.
1791	Im revolutionären Frankreich und in den USA werden die Juden zu völlig gleichberechtigten Staatsbürgern.
nach 1800	Entstehung des Reformjudentums in deutschen Ländern
1812	Eingeschränkte Judenemanzipation in Preußen
etwa 1830–1848	»Vormärz« im deutschen Sprachraum. Produktion demokratischer Publizistik unter starker Beteiligung von Juden.
nach 1849	Nach der in den deutschen Ländern gescheiterten Revolution wandern viele Demokraten, unter ihnen viele Juden, nach Amerika aus.
1843	Gründung der Bnai-Brith-Loge in New York
1871	Mit der Reichsgründung erhalten die deutschen Juden volle bürgerliche Gleichberechtigung. Beginn der Blütezeit des emanzipierten Judentums in Deutschland.
nach 1881	Nach der Ermordung von Zar Alexander II. durch Anarchisten kommt es zu einer Pogromwelle in Russland. Auch in den folgenden Jahrzehnten kommt es immer wieder zu Pogromen. Die Folge ist die massenhafte Auswanderung von Ostjuden, vor allem in die USA.
1897	Gründung des Allgemeinen Jüdischen Arbeiterbunds im Zarenreich
1894	Beginn der Dreyfus-Affäre in Frankreich
1897	Erster Zionistenkongress in Basel unter Leitung von Theodor Herzl

1917	In der Balfour-Deklaration garantiert Großbritannien den Juden eine »nationale Heimstätte« in ihrem Mandatsgebiet Palästina.
1933	Nach der »Machtergreifung« beginnen die Nationalsozialisten in Deutschland mit der schrittweisen Entrechtung der Juden.
1935	Die Nürnberger Rassegesetze verbieten »Mischehen« zwischen Juden und anderen Deutschen, stellen den Geschlechtsverkehr zwischen ihnen unter Strafe und entziehen Juden wichtige Bürgerrechte.
1938	In der »Reichskristallnacht« vom 9. November, einem organisierten reichsweiten Pogrom, gehen die meisten deutschen Synagogen in Flammen auf, jüdische Geschäfte werden zerstört. In der Folge wird jüdisches Eigentum »arisiert«, d.h. faktisch enteignet.
September 1939	Juden müssen sich im besetzten Polen durch den Judenstern kennzeichnen. Von September 1941 an müssen die Juden auch im Deutschen Reich einen Judenstern tragen.
Januar 1942	In der Wannseekonferenz beschließt die Führung der Nationalsozialisten die systematische Ermordung der Juden in ihrem Machtbereich. Die Einrichtung von Vernichtungslagern auf polnischem Boden ist die Folge, in denen etwa sechs Millionen Juden den Tod finden.
1945	Die wenigen Überlebenden des Holocaust werden großenteils in Lagern für sogenannte »displaced persons« untergebracht.
November 1947	Die Vereinten Nationen beschließen die Teilung des britischen Mandatsgebiets Palästina zwischen Arabern und Juden. Bürgerkriegsartige Unruhen sind die Folge.
14. Mai 1948	Ben Gurion ruft den unabhängigen jüdischen Staat Israel aus.

Mai 1948– Juni 1949	Im ersten arabisch-israelischen Krieg vertei- digt die israelische Armee die Existenz des Staates und erobert den größten Teil des ehe- maligen Palästina. Etwa 700 000 Araber werden vertrieben.
Mai 1967	Im Sechstagekrieg erobert Israel auch das Westjordanland und ganz Jerusalem.
2002	Die Einweihung der neuen Synagoge in Wuppertal in Anwesenheit des israelischen Staatspräsidenten und des deutschen Bundes- präsidenten symbolisiert die allseitige Aner- kennung der Existenz einer jüdischen Gemein- schaft in der Bundesrepublik Deutschland.

Personenregister

Otto I., Ks. 114
Otto II., Ks. 82
Oz-Salzberger, Fania 192
Pappenheim, Bertha 135f
Paul IV., Papst 127
Paulus 50, 57, 59, 62f, 73, 105
Philo von Alexandria 21f, 31,
    60, 63
Pinto, Diana 191
Pompeius 21, 32, 35, 63
Ptolemaios IV. Philometor 32
Rabbi Akiba 49, 66f
Rabbi Baal Schem Tov 143
Rabbi Eliezer 66ff
Rabbi Gamaliel 65f, 76
Rabbi Gerschom
    (Or ha Golah) 83, 131
Rabbi Jehuda 65
Rabbi Jehuda ha Hasid 99
Rabbi Jose 69
Rabbi Juda 71
Rabbi Jehuda Löw 128ff
Rabbi Nachman 55, 145
Rabbi Saadia ha Gaon 111
Rabbi Salomo Ben Isaak
    (Raschi) 84, 94, 125
Rabinowitsch, Schalom Yakov
    s. Alechem, Scholem
Ramón Martí, 97
Raschi s. Rabbi Salomo Ben
    Isaak
Rau, Johannes 191
Raw Kuk 178
Raw Simeon Sifra 47
Reich-Ranicki, Marcel 196
Reubeni, David 132
Ritter, Karl 148
Rommel, Erwin Eugen 183
Rosenzweig, Franz 152, 155,
    193, 195
Rousseau, Jean-Jacques 176
Rubin, Joel 190

Rüdiger von Speyer, Bschf.
    84, 96
Rudolf II., Ks. 128f
Salomo ibn Gabirol 115
Salomon, Kg. 13
Salomon Maimons 141
Samawal al Magribi 107
Samuel 107
Sand, Shlomo 45
Sarah 8
Saul von Tarsus
    s. Paulus
Schalom, Imma 66
Schimon 65
Schleiermacher, Friedrich
    David 141
Schmuel der Kleine 65f, 68
Schneerson, Menachem
    Mendel 132, 145
Schneur Salman von Ljosna
    144f
Scholem, Gerschom 131
Schuerman, Elizabeth 136
Sekles, Bernard 190
Seneca 97
Seneor 122
Seyber, Matyas 190
Shalev, Zeruya 192
ha Nagid, Samuel 114
Silbermann, Alphons 196
Simon der Flachsmann 65
Singer, Isaac Bashevis 168
Sinowjew, Grigori 174
Slezkine, Yuri 170, 172
Smith, Joseph 131
Sofer, Moses 151
Spinoza, Baruch 129, 133f, 139
Stöcker, Adolf 160
Strabo 21
Streicher, Julius 126
Sulzer, Salomon 190
Swerdlow, Jakow 174

Sachregister

Aachen 80, 101
Aggada 80
al-Andalus 113, 115, 117f
Alexandria 21f, 24, 31ff, 44, 47,
    58, 60
Almohaden 112, 117
Altes Testament 7, 13, 32, 60,
    73, 117, 125, 155
Amerika 9, 124, 131, 146, 156,
    161ff, 171, 183, 190f, 195
Amsterdam 130f, 133
Ancona 127
Andernach 90
Antigoniden 22
Antijudaismus 29, 93, 95, 126,
    141, 158, 160, 173
Antiochia 72, 78
Antisemitismus 9, 16, 29, 86,
    102, 126, 151ff, 156f, 159ff,
    166f, 169f, 173, 175, 177,
    179ff
Apokalypsen 104
Arianer 73, 77
Aristeasbrief 32, 60
Aristotelismus 99, 116, 121,
    130
Aschkenas, Aschkenasim,
    aschkenasisch 46, 83, 94f,
    99, 101, 146, 178, 190
Aserbaidschan 107
Assyrer 11, 43, 45
Augsburg 127
Auswanderung 45, 92, 105,
    112, 133, 162f, 165, 167, 173f,
    176, 182, 196

Avoda Zara 66
Babylon, Babylonier 11ff, 17,
    36, 39, 43, 45, 51ff, 55, 74,
    115, 151
Babylonische Akademien 52,
    115, 151
Babylonischer Talmud 33, 51,
    53, 64
Babylonisches Exil/Babyloni-
    sche Gefangenschaft 13f, 16,
    18, 20f, 45, 74, 104, 107
Bagdad 101, 107f
Bankwesen, Bankiers 33, 92ff,
    126f, 135
Bar-Kochba-Aufstand 20, 36,
    48ff, 61, 65, 74
Bergjuden 47
Berlin 14, 139ff, 150, 160, 168,
    192, 198
Beschneidung 27, 30, 44, 49,
    53, 60f, 72, 75, 194
Betar 44
Bilderverbot 71
Bingen 90
Blutbeschuldigung 91ff
Böhmen 120, 125, 128
Bonn 90
Braunschweig 146ff
Buchdruck 125
Budapest 57, 179
Bundeslade 104
Calvinismus, calvinistisch
    133f, 154
Chanukka 25
Chasaren 46ff, 114ff

Chassidim, Chassidismus 99,
132, 143ff, 167f
Christen, Christentum 7ff, 21,
24, 26, 36, 39, 41f, 48, 50, 53,
57ff, 62f, 66ff, 70f, 75ff, 80f,
83ff, 90ff, 95ff, 101ff, 108f,
111f, 115ff, 121ff, 127, 130f,
139, 142f, 145, 148, 154, 158f,
173, 180f
Christusmörder 89
Codex Justinianus 76
Codex Theodosianus 76, 79
Conversos (s. auch Maranen)
122, 159
Cyrenaika 43, 46
Dessau 137, 139
Deutscher Idealismus 99
Deutschland 125, 138, 143,
152, 154f, 166, 168, 170, 177,
183f, 188, 190ff, 195ff
Dhimmis 109f, 117
Diaspora, Zerstreuung 14, 16f,
19ff, 31, 34, 36ff, 41, 43, 45,
48, 51f, 54, 59, 71, 73f, 76, 83,
85, 132, 182, 186, 193f
Dienstpriester 39
Duisburg 90
Dura Europos 70ff
Ebioniten 50
Ein-Gott-Glaube s. Mono-
theismus
Einsiedlermönche 7, 88
Elsass 126, 146
Elvira, Konzil von 77
Emanzipation der Juden 120,
146ff, 159, 167, 172, 176, 195
Emigration s. Auswanderung
England 45, 91, 93, 125, 130f,
146, 177, 183, 186
Essener 7, 38ff
Ethik 8, 55, 99, 122, 134, 141,
153, 164, 194

Ethnarch 32
Evangelien 49, 64, 67, 69, 88,
158
Exilarch 52f, 74
Filastin s. Palästina
Frankenreich 77ff, 85, 87
Frankreich 45, 77, 89, 91, 93f,
99, 135, 146, 150, 155, 180,
186, 191, 193
Französische Revolution 120f,
137, 151, 176
Frauen, soziale Stellung der
38, 53ff, 62, 80, 83, 108, 110,
127, 133, 135, 147, 166
Galiläa 41f, 51, 53, 71, 76
Gaon 144
Gemara 51, 80, 95
Gerusia 32
Ghetto 32, 83, 119, 138, 156,
170, 188
Gnostik, Gnostiker, gnostisch
7f, 50, 64, 100, 109
Golem 129
Granada 112, 114, 124
Großbritannien s. England
Habsburger 128f, 178
Hadith 103, 112, 114
Hagenau 126
Halacha 64, 80
Hamburg 135, 141, 168
Hameln 135ff
Hasidej Aschkenas 99, 101
Haskala 137ff, 151
Hasmonäer 25f, 28
Heiden 24, 27, 76f, 109
Heiliges Grab 88
Heiratsverbot, s.a. Mischehen
38, 72, 78, 110,
Hellenismus, Hellenismos 19,
22, 24f, 27ff, 37, 39, 53f, 60,
63f, 66, 122
Hohe Pforte 128, 181

Makkabäer 21, 24ff, 30f, 35, 39, 41, 61, 64
Makkabäerbücher 26, 29, 60
Marranen 124, 127, 133, 136f
Maskilim 138, 141f
masoretische Bibel 18, 26
Massada 41f
Matrilinearitätsprinzip 70
Mazdaismus 74
Mekka 106
Mennoniten 134
Messianismus 36, 38, 41f, 44, 49f, 63, 66, 68, 73, 86, 103f, 112, 130ff
Metz 82, 84, 135
Minäer, Minim 64ff, 69,
Mischehe, interkonfessionelle Ehe 18, 70, 78, 87, 165, 191, 194
Mischna 51, 69f, 80, 95, 106
Mission, christliche 81, 97
Mission, jüdische 7, 43, 45ff, 59ff, 72, 105
Mitzwa, Mitzwoth 62, 64, 187
Modiin 28
Moldawien 128
Monotheismus 11, 15f, 38, 48, 57, 74, 103
Moriscos 124
Mormonen 131
Münster 90
Mystik 90, 99, 121f
Nation, Nationalstaat 94, 96, 120f, 123, 130, 133, 162, 164, 167, 174, 176ff, 181ff, 187, 191f, 194
Nationalismus 96, 151, 155, 177
nationalreligiös 178
Nationalsozialismus 123, 126, 157, 160, 165, 168, 170, 185, 190, 195, 198

Neuchristen 122, 124, 128, 133, 135, 159
Neues Testament 25, 38f, 41, 62, 149
Neuorthodoxie 152, 166
Neuplatonismus 50, 87, 115, 121, 145
Nicäa, Konzil von 77
Niederlande 128, 133, 135f
Nosrim, Nazarener (s. a. Jesusanhänger) 50, 65, 68, 103
Orthodoxie, christliche 123, 143
Orthodoxie, jüdische 137, 140, 150, 152, 165, 191, 195
Osmanen, Osmanisches Reich 102, 123, 127f, 131f, 167f, 177ff
Österreich 45, 135, 146, 167, 177f, 188
Österreich-Ungarn 143, 178, 180
pagan (s.a. Heiden) 24, 27, 54
Pakt des Omar 109, 114
Palästina 20, 36, 45, 50ff, 55, 57, 74, 101, 127, 155, 167, 177ff, 182ff
Palästinakonflikt 9, 186
Paris 90, 93, 149
Partiarchalismus 53f, 57ff, 71, 173
Patriarchen 7, 45, 52, 65f, 76, 149
Pest 91, 93, 135
Pharisäer, pharisäisch 7, 36, 38, 40ff, 49, 63
Pogrom 90ff, 111ff, 118f, 132, 143, 158, 161f, 180f, 183
Polen 46, 75, 92, 120, 127f, 133, 143, 158, 162, 167ff, 188
Polytheismus 16, 27, 103

Bildquellennachweis
Der Verlag dankt allen, die Bilder zur Verfügung gestellt haben, für die freundliche Genehmigung zum Abdruck. Leider war es nicht in allen Fällen möglich, die Rechteinhaber zu ermitteln. Alle Rechte bleiben gewahrt.

akg-images, Berlin: S. 43, 84, 91, 92, 95, 184; Peter Palm, Berlin: Karten S. 37, 98, 161, 189; Privatarchiv: S. 14, 17, 22, 62; Hajor: S. 32; Helmut Voss S. 35; Berthold Werner: S. 52; becklectic: S. 72; Bernd Oliver Sünderhauf: S. 82; Andreas Praefcke: 129; Marc Rohde: S. 191; K. Weisser: S.198
Vordere Einbandseite oben: Die Klagemauer in Jerusalem, Foto Helmut Voss; unten: Tora mit Jad (Torazeiger), Museum der Großen Synagoge von Wlodawa, Polen, Foto Free Software Foundation

In derselben Reihe bereits erschienen:

Barbara Sichtermann
Kurze Geschichte der Frauenemanzipation

192 Seiten
rund 50 Abbildungen in Farbe und s/w
ISBN 978-3-941087-38-5

»Barbara Sichtermann formuliert anspruchsvoll und fakten-
reich; sie schreibt nicht gezielt für ein junges Publikum, obwohl man ihr wünschen würde, dass sie gerade junge Frauen
als Leserinnen gewinnt, damit diese die politischen Erfolge
früherer Generationen würdigen können.«
Süddeutsche Zeitung

»Zwei Dinge fallen besonders auf. Erstens: Der Band ist unter-
haltsam. Zweitens: Die Autorin kennt sich offensichtlich gut
aus. Ein empfehlenswerter Überblick.« *Missy Magazine*

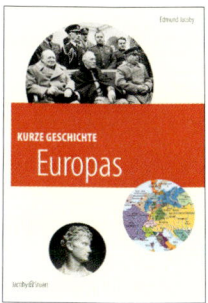

Edmund Jacoby
Kurze Geschichte Europas

272 Seiten
rund 50 Abbildungen in Farbe und s/w
ISBN 978 3 941087-37-8

»Edmund Jacobys *Kurze Geschichte Europas* versteht sich weniger als Chronik, der Band zeigt vielmehr, wie die Identität
des heutigen Europas in der Historie wurzelt.« *P.M. History*